昭通扶贫

# 昭通市脱贫攻坚大决战实录

## 基础设施建设卷

政协昭通市委员会 组编

中国文史出版社
CHINA CULTURAL AND HISTORICAL PRESS

**图书在版编目（CIP）数据**

昭通市脱贫攻坚大决战实录. 基础设施建设卷 / 政协昭通市委员会组编. --北京 : 中国文史出版社, 2021.12

ISBN 978-7-5205-3176-4

Ⅰ. ①昭… Ⅱ. ①政… Ⅲ. ①基础设施建设—扶贫—工作概况—昭通 Ⅳ. ① F127.743

中国版本图书馆 CIP 数据核字 (2021) 第 187201 号

责任编辑：窦忠如　秦千里　方云虎
特约编辑：窦广利　张幼平　邓文华

---

出版发行：中国文史出版社
社　　址：北京市海淀区西八里庄路 69 号院　邮编：100142
电　　话：010－81136606　81136602　81136603（发行部）
传　　真：010－81136655
印　　装：廊坊市海涛印刷有限公司
经　　销：全国新华书店
开　　本：787 毫米 × 1092 毫米　1/16
印　　张：24.75
字　　数：340 千字
版　　次：2021 年 12 月北京第 1 版
印　　次：2021 年 12 月第 1 次印刷
定　　价：1980.00 元（全 19 册）

---

# 《昭通市脱贫攻坚大决战实录》丛书
# 编　委　会



# 《基础设施建设卷》

# 总 序

成联远

贫困是人类社会的顽疾，消除贫困是人类梦寐以求的理想，人类发展史就是与贫困不懈斗争的历史。

中国共产党从成立之日起，始终高度重视解决贫困问题，持续向贫困宣战。党的十八大以来，以习近平同志为核心的党中央，把脱贫攻坚摆在治国理政的突出位置，团结带领全党全国各族人民打响了人类历史上规模最大、力度最强、惠及人口最多的脱贫攻坚战。经过 8 年持续奋斗，如期完成了新时代脱贫攻坚目标任务，现行标准下近 1 亿农村贫困人口全部脱贫，贫困县全部摘帽，消除了绝对贫困和区域性整体贫困，脱贫地区处处呈现山乡巨变、山河锦绣的时代画卷！这是中国共产党团结带领全国各族人民艰苦奋斗所创造的又一个彪炳史册的人间奇迹，生动展示了中华民族摆脱贫困、走向复兴的强大力量。

昭通地处云、贵、川三省接合部的乌蒙山区腹地，是集革命老区、地震灾区、散居民族地区、生态敏感脆弱地区为一体的深度贫困地区，是全国贫困人口最多、贫困程度最深、脱贫任务最重、攻坚压力最大的地级市。全市 11 个县（市、区）中有国家级贫困县 10 个，1379 个村（社区）中有贫困村 1235 个，629 万人口中有贫困人口 185.07 万人，正可谓全国脱贫看云南、云南脱贫看昭通。

历史的洪流浩浩荡荡，精彩的答卷壮阔恢宏。近年来，特别是习近平总书记于2015年视察昭通以来，市委、市政府始终铭记习近平总书记的殷殷嘱托，感恩党中央的亲切关怀，始终把脱贫攻坚作为最大的政治任务，全面落实精准扶贫、精准脱贫方略，团结带领全市各族干部群众，攻坚克难、感恩奋进，发扬钉钉子精神，敢于啃硬骨头，奋力夺取了脱贫攻坚大决战全面胜利。全市现行标准下185.07万农村贫困人口、1235个贫困村、10个贫困县全部退出贫困序列，贫困群众人均收入由2015年的2703元增加到9899元，昭通千百年来的绝对贫困问题历史性地画上句号，全面建成小康社会取得历史性成就。昭通的奋力崛起、华丽转身，是云南乃至全国扶贫开发事业的一个缩影。

荆棘载途，玉汝于成。一切向前走，都不能忘记走过的路。在脱贫攻坚工作中，数万名扶贫干部倾力奉献、苦干实干，将最美的年华无私奉献给了脱贫事业，涌现出许多感人肺腑、可歌可泣的先进事迹。“感动南网”的彝良县牛街镇水田村第一书记吴长碧，用柔弱肩膀扛起扶贫重任；把病情报告单“藏”起来去扶贫的女干部金碧琼，一直坚守在扶贫第一线；特别是即将结婚却没有等到婚礼那一刻的“90后”扶贫干部王秋婷、积劳成疾牺牲在扶贫一线的驻村工作队队长李永春等25名扶贫干部，更是用生命诠释了共产党人的初心使命；还有216对“父子兵”、1284对“夫妻档”，572名干部“轻伤不下火线”，他们用身影、心血和汗水，交出了让党和人民满意的答卷。为全面记录新时代昭通艰苦卓绝、波澜壮阔的脱贫攻坚历史进程，客观反映乌蒙大地发生的翻天覆地历史性巨变，真实记录各级干部群众在脱贫攻坚中的感人故事，经市委同意，我们组织相关县市区、部门、专家对2015年至2020年我市开展脱贫攻坚的重大事件、典型故事进行搜集整理，编写《昭通市脱贫攻坚大决战实录》，旨在通过回望昭通脱贫攻坚的壮阔历程，探索总结蕴含其中的宝贵经验和深刻启示，赓续传承伟大的脱贫攻坚精神，从历史回望中照见未来，以更坚定的信心、更昂扬的斗志，继续走好新时代的长征路，奋力谱写昭通高质量跨越发展新篇章。

以昭通脱贫攻坚的壮阔历程资鉴后世。回望昭通脱贫攻坚的壮阔历程，市委、市政府团结带领全市各族人民披荆斩棘、栉风沐雨，攻克了一个又一个贫中之贫、坚中之坚，脱贫攻坚取得了重大历史性成就。昭通脱贫攻坚任务之艰前所未有，全市基础条件薄弱、致贫原因复杂、发展滞后明显，贫困面积大、贫困人口多、贫困程度深，贫困发生率高达 34.8%，“大山大水大峡谷、天寒地冻不出种、人多地少矛盾多”是昭通最大的市情。昭通脱贫攻坚规模之大前所未有，全市 11 个县市区中有国家级贫困县 10 个，其中深度贫困县 7 个；1235 个贫困村中，有深度贫困村 691 个；农村贫困人口高达 185.07 万人，占全省贫困人口的 1/5 以上，平均每天脱贫人数达到 1000 人以上。昭通脱贫攻坚成效之巨前所未有，全市累计投资 1658 亿元，规划的 12 条高速公路全部落地建设，打通了 11 个“出滇入川进黔”大通道，通车里程达 750 公里；累计新建或改造农村住房 55.89 万户；215.4 万人饮水安全得到巩固提升，自来水普及率达 94%；累计硬化农村公路 1.86 万公里，建成公路安全生命防护工程 1.05 万公里；因地制宜规划建设集中安置区 23 个，35.47 万名搬迁群众全部搬入新居；全市生产总值 5 年连跨 5 个百亿级台阶，年均增长 8%，达 1289 亿元。脱贫地区经济社会发展大踏步赶上来，整体面貌发生历史性巨变，极大增强了人民群众的获得感、幸福感、安全感。我们通过收集广大奋战在一线同志的真实故事，以“当事人”的亲身经历，将昭通脱贫攻坚艰苦卓绝、成效卓著的壮阔历程系统完整地记载下来，形成档案性的历史资料，以资后人，以鉴后世。

探索总结昭通打赢脱贫攻坚大决战的深层逻辑。习近平总书记强调：“办好中国的事情，关键在党。”有了党的坚强领导，脱贫攻坚就有了坐镇中军帐的“帅”，亿万人民就有了众志成城的“主心骨”。面对夺取脱贫攻坚大决战全面胜利的历史重任，市委、市政府始终坚持把党的领导贯穿各项工作全过程，坚持以脱贫攻坚统领经济社会发展全局、以党的建设统领推动各项工作落实“双统领”，强化铁的纪律和硬的作风“双保障”，努力实现党的建设和脱贫攻坚“双推进”。始终坚持以人民为中心的发展思想，提出“坚持以人民为中心、以群众工作为主线，抓住精准、统筹、务实三个关键，实现思想、工作和情感三个认同”的“133”工作思路，让人民群众真正成为脱贫攻坚这棵参天大树的主干。始终坚持精准扶贫、精准脱贫方略，围绕“扶持谁”“怎么扶”“怎么退”“退出后怎么办”四个重点，着力扣好精准识别、精准施策、精准退出、巩固提升“四粒扣子”，构建了一整套行之有效的政策体系、工作体系、制度体系，用发展的办法消除贫困根源。始终深入贯彻落实“五级书记抓扶贫”“党政同责促攻坚”的要求，坚持“一把手”负总责，切实强化市县抓落实机制，着力构建各级领导干部责任上肩、挂甲上任的组织体系。始终坚持集中精锐力量投向脱贫攻坚主战场，累计选派4592名驻村工作队队员、823名驻村督导员、6.37万名各级帮扶干部充实到扶贫一线，鲜红的党旗始终在脱贫攻坚主战场上高高飘扬。这些宝贵经验、深刻启示，我们通过编撰实录的形式如实记录，推动脱贫攻坚的认识和实践实现一个新的飞跃，为以后的改革发展提供重要的历史借鉴和方法指导。

赓续传承新时代脱贫攻坚昭通精神。伟大事业孕育伟大精神，伟大精神引领伟大事业。脱贫攻坚伟大斗争，锻造形成了“上下同心、尽锐出战、精准务实、开拓创新、攻坚克难、不负人民”的脱贫攻坚精神，这是中国精神、中国价值、中国力量的充分彰显。回望昭通脱贫攻坚大决战的壮阔历程，市委、市政府团结带领全市各族人民风雨同舟、携手与共、砥砺奋斗，努力闯出了一条以脱贫攻坚统领经济社会发展全局，倒逼产业形态、基础设施、城乡建设、生态文明等各个领域创新突破的“昭通路径”，奋力跑出了争先进位、赶超跨越的“昭通速度”，锻造锤炼了为民务实、实干求真的“昭通作风”，树立展示了“文明友善、开放包容”的“昭通形象”，淬炼形成了敢打善拼、坚韧求成、再硬的骨头也要嚼碎的脱贫攻坚“昭通精神”，这是一笔昭通当代脱贫攻坚人留给后世的宝贵精神财富。我们着力做好时代的忠实记录者，发挥文史资料“存史、资政、团结、育人”功能，赓续传承、大力弘扬新时代脱贫攻坚昭通精神，激励全市600多万名各族儿女在新征程上再鼓干劲、再聚合力、再立新功。

引领我们不断从胜利走向新的更大胜利。春江浩荡暂徘徊，又踏层峰望眼开。脱贫摘帽不是终点，而是新生活、新奋斗的起点。我们如期完成新时代脱贫攻坚目标任务，为实现两个百年奋斗目标以坚定信心、强劲动力，必将激励我们不断从胜利走向新的更大胜利。站在新的历史交汇点上，推动滇东北开发提速和崛起的奋斗史诗正在书写，我们必须从决战决胜脱贫攻坚的实践中汲取智慧和力量，进一步增强“四个意识”、坚定“四个自信”、做到“两个维护”，不断提升政治判断力、政治领悟力、政治执行力，在以习近平同志为核心的党中央的坚强领导下，永远保持慎终如始、戒骄戒躁的清醒头脑，永远保持不畏艰险、锐意进取的奋斗韧劲，永远保持永不懈怠、一往无前的精神状态，真抓实干、埋头苦干，脚踏实地、久久为功，在推动昭通高质量跨越发展的新征程上奋勇前进！

（作者时任中共昭通市政协党组书记、政协昭通市委员会主席）

# 本卷序言：脱贫攻坚惠人民　建成小康泽万世

傅莫基

昭通，云南省下辖地级市，位于云南省东北部，地处云、贵、川三结合部的乌蒙山区腹地，金沙江下游沿岸，坐落在四川盆地向云贵高原抬升的过渡地带，东侧紧邻贵州省毕节市，南侧紧邻云南曲靖市，西侧紧邻四川凉山彝族自治州，以金沙江为界相邻，北侧紧邻四川宜宾市，以金沙江为界相邻，辖区面积23021平方公里。该地拥有553.7万人（2017年常住人口），人口总数居全滇第三位。但该地交通条件恶劣，多地质灾害，深居内陆，远离海洋，经济开发不易，长期以来深受贫困羁绊，人民生活水平提升缓慢，一度成为全国贫困人口最多的地区。

面对这样的现实，我党和政府愁肠百结。为了帮助贫困地区广大人民群众早日摆脱贫困之苦，为了让老百姓早日过上殷实富足的幸福生活，为了让子孙后代不再受穷山恶水之困顿，当地党和政府为全面建成小康社会而发起了一场轰轰烈烈的脱贫攻坚会战。这场会战的主战场设在交通建设、电力建设、水利建设、网络建设、农村人居环境改善等几个方面。置身这几个主战场，各级党员干部上下一心，矢志不渝，以舍我其谁的魄力担当起振兴乌蒙山区的时代重任，深入一线，广泛发动群众，兴办基础设施，一股治贫致富，普惠民生的英雄气在滇东高原扶摇升起。

受地形地质条件、区位条件和历史条件限制，从“磅礴乌蒙”到“昭明通达”，这条路昭通人走的时间太久，很长一段时间都处于“补短板、强弱项”的“补课”阶段。脱贫攻坚期间，全市交通运输系统各级领导干部撸起袖子、甩开膀子加油干，希望亲自见证昭通交通的宏伟蓝图在自己手中得以实现，以山不过来我就过去的气魄开山修路，为昭通搭起脱贫致富的桥梁，经过大家的共同努力和艰苦奋斗，全市“公、铁、水、航、运”全面得到跨越式发展。

在人类社会已经进入电气化时代 100 多年之后，昭通市仍然不能完全享有第二次工业革命的基本成果。市境内仍有诸多乡村供电困难，这无疑又是脱贫路上的一大难题。昭通市积极响应政府的号召，将基础设施建设摆在首要位置，抓住机遇，进行电力建设。从原本星星点点的几处地方，一处接着一处亮起来，大关、彝良、镇雄、威信……昭通各县市、乡村被一一点亮。而在这片光亮背后，是一群默默付出、甘于奉献的人，他们不辱使命，为昭通带来一片光明。

昭通市缺水的原因在于山区面积占比高，山高坡陡，人在山上愁，水在山下流，山区农户居住分散，耕地分散，可集中连片灌溉率低，水资源开发利用成本高，投资大。但是我党一向勇于战胜一切艰难险阻，5 年来，一座座大坝拔地而起，一道道堤防加高培厚，一条条输水渠穿山越岭。全市在建中小型水库工程共计 30 余件，概算批复总投资金额为 76.26 亿元，设计总库容 29311 万立方米。新开工了镇雄县坝口河、永善县天星坝 2 座中型水库及昭阳区边箐、鲁甸县滴水海子、巧家县小空山等 14 座小（一）型水库。2016 年至 2020 年，全市共有 18 座水库实现下闸蓄水，新增蓄水库容 14313 万立方米，年供水量达 13954 万立方米，受益人口 58.06 万人，控灌农田面积 42 万亩，建成“五小”水利 6.29 万件，为昭通脱贫攻坚提供了坚实的水利支撑。

昭通地区受地理环境影响，网络设施建设较为困难。然而自脱贫攻坚战打响以来，昭通市工信局在市委、市政府的坚强领导下，在市扶贫开发领导小组及办公室的指导下，全面贯彻落实西部大开发“十三五”规划工作要求和《工信部关于推进网络扶贫的实施方案（2018—2020年）》《云南省脱贫攻坚规划（2016—2020年）》，结合部门职能职责，进一步聚焦深度贫困地区，更好发挥宽带网络优势助力精准脱贫攻坚战，圆满完成行业扶贫工作任务。现如今的昭通，网络大大畅通，昔日封闭山区的孩子也能享受互联网所提供的“秀才不出门，便知天下事”的现代信息技术便利条件；彼时只能靠邮递员两条腿的艰苦跋涉才能与远方亲朋好友通信的深山群众，现如今也能在家中与万里之外尽情沟通。

农村往往是一个地区的贫困高发区，昭通市也不例外。农村人居环境整治是落实脱贫攻坚任务的最后一环，是提升贫困户获得感、幸福感，大步迈向小康路的重要举措。昭通市深入贯彻党中央和习总书记决战决胜脱贫攻坚的重大决策部署，各县区的扶贫攻坚工作以改善农村人居环境为重点，狠抓四通，即“通路、通水、通电、通讯”。各驻村扶贫工作者深入实际、深入基层、深入群众，察实情、出实招、办实事、求实效，着力解决好农村危房改建、易地搬迁、医疗条件、教育设施、环境卫生、生产就业等难题，昭通市农村人居环境遂得以稳步提高。

脱贫攻坚，全面建成小康社会，这是中华民族伟大复兴时代大潮对昭通人提出的要求，亦是实现广大昭通人民对美好生活向往的必由之路。为了完成这一宏大历史使命，我广大干部群众万众一心，众志成城，结成脱贫攻坚统一战线。在党的坚强领导下，广大人民群众在交通建设、电力建设、水利建设、网络建设、农村人居环境改善等主战场不断取得骄人战绩，使得贫穷被永远地淹没在脱贫攻坚这一伟大人民战争的汪洋大海之中。有党的光辉恩泽云岭，昭通人民的幸福生活必然如日方升，乌蒙大地的明天定将璀璨辉煌，富足安康的民生画卷势必在滇东高原谱写华丽乐章！

（作者时任昭通学院地理科学与旅游学院院长）

# 目　录



## 第一编　本卷概述



## 第二编　天堑变通途

## 第三编　灯火照万家

## 第四编　兴水润城乡



## 第五编　网络联世界

## 第六编　旧貌换新颜

# 第一编　本卷概述

# 昭通市综合交通发展建设成效及经验概述

吴俊良

昭通市位于云南省东北部，地处云、贵、川三省结合部的乌蒙山区腹地，辖9县1市1区，国土面积2.3万平方公里，山区半山区面积占总国土面积的96.4%，居住着汉、彝、回、苗等24个民族629万人，人口密度是全国的1.85倍，人均耕地面积仅0.9亩，陡坡耕地占耕地总面积的35.6%，山区半山区人口承载能力已经远远超过相应极限，很大一部分贫困群众生活在深山区、石山区、高寒冷凉地区，居住极其分散、偏远，交通等基础设施条件差、建设成本高，生态敏感脆弱，生存条件极为恶劣是昭通最大的特征和现实写照。“十三五”以来，市委、市政府坚持以脱贫攻坚统领经济社会发展全局，着力实施“交通先行”战略，高位推动综合交通发展，到2020年年底除永善县外，其余10个县市区均能实现“县县通高速”。

## 一、综合交通发展建设成效

2016年年底至2019年年底，全市完成综合交通投资1191亿元，预计“十三五”时期可完成1579亿元，全市交通运输的“瓶颈”制约将得到极大缓解。铁路方面，规划建设的“两横四纵一枢纽”铁路网中成贵铁路于2019年年底建成通车，2016年、2019年分别启动了叙毕铁路和渝昆高铁建设，昭六铁路、攀昭毕铁路、昭阳枢纽正在开展前期工作，扶贫铁路专用线已于2020年9月获得省发改委项目核准批复，合盛硅业铁路专用线项目完成可研报告编制，全市铁路营运里程317.3公里，在建里程100.4公里（渝昆高铁120公里计划2020年实质性施工），昭阳、盐津、大关、镇雄、彝良、威信、水富7个县市区通铁路，其中镇雄、威信通高速铁路。公路方面，高速公路：规划建设的12条高速公路中镇毕高速、格巧高速、昭乐高速、宜毕高速等4条已建成通车，2020年可建成镇赫高速、宜昭高速一期工程、都香高速前半段等项目，昭泸高速建成通车50公里。普通国省道：规划完成1050公里普通国省道改造，已完成G356烟堆山至新街、S302彝良至镇雄等8个863.34公里，实现全市所有县市区通二级公路以上公路；G356新街至通阳大桥、S201旧城至水田2个187.04公里在建项目计划2020年完工。农村公路：扎实推进交通扶贫和“四好农村路”建设，规划新、改建建制村通村公路硬化5562公里，已全部完工，实现建制村100%通硬化路；提前启动通自然村公路建设，已完成6599公里。水运方面，规划建设的“一线四港九码头三转运”水运体系中水富港扩能工程于2016年启动，中嘴作业区已投入试运行，项目连接公路、中心作业区已启动建设；向家坝至溪洛渡高级等级航道整治项目将于2020年启动建设；向家坝、溪洛渡、白鹤滩3个电站翻坝转运系统项目建议书已编制完成，正在加快推进金沙江沿线24个码头、停靠点前期工作。民航方面，规划打造的“一中线两支线八航线”航空体系中昭通新机场已获得国家发改委工可批复，计划2020年年底开工建设，启动了镇雄、永善、盐津等机场前期工作；昭通机场开通了10条航线，预计到2020年年底，年旅客吞吐量将突破40万人次。站场方面，客运站：建成了昭通中心城市客运枢纽站、镇雄县一级公路客运站，彝良、水富等县城二级站，绥江县城二级站计划2020年启动并建成，到2020年年底所有县城均建成二级或二级以上客运站；围绕成贵铁路建成威信站、以勒站。物流园区：启动昭通扶贫物流园建设，积极开展水富港物流园区、昭航物流园等项目前期工作。

## 二、综合交通发展建设经验

（一）狠抓前期工作，让蓝图成为现实。我们按照“顶层设计、规划引领、资源整合、科学执行”的工作方法，提出实施“交通先行”战略和县县通高速目标，坚持战略变规划、规划变计划、计划变项目、项目变发展的思路，深度策划项目，做实前期工作，有力支撑项目建设实施。

一是构建滇川黔渝区域综合交通枢纽规划网。围绕主动服务和融入“一带一路”、长江经济带、云南面向南亚东南亚辐射中心等重大战略，综合考虑区域综合交通走廊布局、昭通城市发展格局和经济社会发展需求，坚持融入滇中、挺进成渝，制定了到2020年构建“一环两横四纵六联络”高速公路网的规划，形成连通昆明、成都、重庆、贵阳4大区域中心城市，连接六盘水、毕节、泸州、宜宾、乐山、凉山6个毗邻城市的高速公路网，打造市内“2小时高速公路交通圈”，与毗邻州市3小时高速通达，与昆明、成都、重庆、贵阳4小时高速通达。

二是规划衔接、合作共建促进互联互通。对连接毗邻地区的跨省通道，在省交通运输厅的支持下，我市从规划时就与邻省州市政府及其省级交通运输部门衔接，实现双方边界高速公路的有效对接、充分融合，形成互联互通的高速网，同时争取由对方融资建设，减轻昭通的资金压力。如，沿金沙江高速公路联络线和跨江大桥争取纳入宜宾至攀枝花高速公路连接线建设并由四川省立项主建，镇雄至毕节高速公路镇雄段由贵州省主导建设并负责项目融资。合作共建不仅减轻了近120亿元的融资压力，更有效促进了与周边地区的互联互通。

三是专业化高质量推进前期工作。围绕总体路网规划布局，我们坚持“专业规划＋行政谋划”的组合方式，委托中交公路规划院、中交一公院等高水平专业规划单位，牵头编制项目工可报告、环评报告等重要报件，专业化开展项目前期工作，使党委政府的思路想法和专家院所的专业技术实现充分融合。实行高速公路项目并联审批机制，“一个项目、一名领导、一套专班”跟踪推进。全市高速公路项目前期工作平均用时2年，普遍压缩了1年以上时间，镇赫高速公路前期工作仅用时1年，创造了昭通高速公路前期工作用时最短纪录。为了解决高速公路建设用地保障难题，在省政府的支持下，我们还向其他州市购买了1.4万亩用地指标。

四是科学统筹项目建设时序。我们按照“做实规划编制、同步启动前期、有序开工建设、逐年建成通车”的总体计划，合理安排时序，逐条制定工程建设推进方案。2015年启动了高速公路网规划布局研究和重大项目策划；2016年完成了规划编制并开工建设昭乐、昆巧、宜毕3条高速公路；2017年开工建设宜昭、昭泸、绕城、都香、镇赫、大永6条高速公路，其中宜昭高速公路分两期实施；2018年镇毕高速公路建成通车；2019年开工建设沿金沙江和镇雄至毕节七星关2条高速公路，昭乐、昆巧、宜毕3条高速公路建成通车；2020年昭泸、镇赫、宜昭（一期）、都香前40公里4条（段）高速公路建成通车；2021年宜昭（二期）、西环、都香后57公里、青水4条高速公路建成通车；2022年大永、镇七、沿江高速永善支线建成通车。

（二）狠抓项目融资，整合资源破解难题。全市新建12条高速公路总投资约1300亿元，融资是最大难题。我们坚持两线并行解决融资难题，既想方设法筹集财政资金，拿出实干成效，以坚定企业投资和银行贷款的信心；又成立高速公路资本运营公司，对所有资金进行整体运作，对所有项目资金进行整体调度。

一是加大财政投入坚定投资信心。我们在争取国高项目50%建安费补助、省高项目每公里2000万元资金补助的基础上，想方设法投入财政资金筹措项目资本金，对地方高速公路项目每公里给予1000万元补助。同时，争取到三峡集团公司库区淹没公路还建补助资金33.8亿元，投入相关区域高速公路项目作为资本金；出台“十四五”高速公路远期政策支持，明确每公里继续安排1000万元收费还贷差额补助资金，以稳定企业投资和银行贷款还款的信心。通过加大财政资金投入和远期政策支持，更加坚定参建企业、银行机构支持昭通高速公路建设的信心和决心。

二是坚持工程施工与项目投资联动。我们主推与实力雄厚、资质过硬、技术先进、风险可控的大企业合作，瞄准“中”字头、“国”字头企业，采取参股、控股等形式，将项目投资与工程施工联动起来，实现参建与投资两种身份“合二为一”，既确保了项目质量安全，又减轻了项目资本金筹集压力，还有利于借助企业信用向金融机构申请项目融资支持。先后引进中交建、中铁建、中电建等企业作为建设和投资单位投入资金参与建设。

三是用好银行中长期贷款融资主渠道。发挥“经营性收费公路”收费权质押核心优势，市政府主要领导、分管领导每月至少同金融机构开展1次政银对接、银企对接，争取银行中长期低成本贷款支持。国开行总行、工商银行总行把昭通作为直接支持州市，工商银行牵头组建银团支持昭通高速公路项目，累计与国开行、工商银行、交通银行、富滇银行、农信社等银行达成高速公路融资贷款。在省委、省政府的关心支持下，全省首单47亿元高速公路专项债全部支持到昭通，已在全国债券市场成功发行，3.79%的低利率大大降低了融资成本。

四是建立征地拆迁费用市、县共担机制。实行高速公路过境县、市、区承担境内里程50%的征地拆迁费用，分4至5年注入到位，列入高速公路项目股权投入，项目运营亏损期不承担亏损，实现收益后按出资比例参与分红。征地拆迁费用共担机制既筹集了项目建设资金，又进一步控制了征地拆迁成本，也为县、市、区长远发展建立了持续稳定的长效收益渠道。

（三）狠抓建设推进，分类精细化管理。我们从高强度调度抓起，着力创新建管体制和管理模式，注重人才保障和技术支撑，充分发挥行业主管部门作用，以精细化管理推动项目高效率实施，全线铺开12条高速公路建设。

一是坚持一月一调度、一项目一调度推进。成立市委、市政府主要领导任“双组长”的交通先行战略领导小组，以及市政府主要领导挂帅的综合交通重点项目建设领导小组，设立市县两级综合协调、征地拆迁、施工环境保障“三办”，上下联动、各负其责，坚持每月轮流到项目现场召开调度会，一条路一条路地调度，现场解决问题，现场交办任务。同时，实行问题清单销号管理，对交办的问题和安排的任务，纪检机关和督查部门立即跟进，每次调度会对上次调度会安排的任务和交办的问题的落实情况进行书面通报，形成倒逼推进工作落实的态势。

二是实行一项目一方案、一路一策分类精细管理。针对高速公路建设规划条件、施工环境各有不同，单一模式不能“包打天下”的实际情况，采取“一项目一方案、一路一策”的办法，把高速公路分为国高网和参照国高网项目、PPP项目、委托管理项目、合作建设项目、独立投资人项目、自建项目6个类别，分类制定建设管理办法，精准化、精细化管理。其中，昆巧、宜毕高速公路等采用P + EPCM + 建养一体化模式，宜昭高速公路等采用PPP筹融模式（BOT + 可行性缺口补助），都香、中心城市绕城高速公路等采用投融资 + EPC + 股权采购模式，沿金沙江高速公路采用中央车购税筹资模式，昭乐、昭泸、大永、镇赫高速公路等采用选招投资人合作建设模式。

三是建立立体化、多层次项目建管体制。成立昭通高速公路投资发展公司和昭通高速公路资本运营公司，对高速公路建设实行平台化管理、专业化融资。建立实行“一路一企一指挥部”机制，每个项目由行业主管部门牵头成立指挥部，行使项目建设指挥管理权；由昭通高速公路投资发展公司按照公司管理程序成立项目公司，实行指挥部和项目公司“两块牌子，一套班子”合署办公。形成“总指挥部 + 行业主管 + 昭通高速 + 项目公司 + 项目指挥部”的立体化、多层次项目建管体制，极大地统筹了项目推进力量。

四是外引内培夯实人才支撑。聘请交通运输部规划研究院、长安大学等专业机构和团队，组建院士工作站、专家工作站，成立由1名院士、2名桥梁专家、1名隧道专家、14名研究员或正高级工程师、17名副研究员或高级工程师组成的专家外援团，为项目实施提供技术指导。实施“鲲鹏”“凤凰”“雏鹰”、柔性引进紧缺人才等6个行动计划，引进了一批交通行业高层次人才和紧缺专业技术人才，争取省公路局62名技术人才支持，协调交通运输部派干部到昭通挂职支持。同时，与同济大学、集美大学等具有交通专业办学优势的高校开展合作培训，设立省公科院昭通分院，着力培养本土人才，为高速公路建设提供强大的智力支持。

五是注重科技创新破解技术难题。昭通地质地形复杂，工程难度大，建设成本高，技术难题迫切需要解决。我们委托云南省交通规划设计研究院牵头，邀请赖森荣、汪双杰等交通领域大师级专家教授，编制并公布使用昭通地方高速公路技术指标体系，为山区高速公路建设既节约成本又保护好环境提供了技术支撑，昭通成为全国第一个制定高速公路建设地方标准的地级市。依托院士工作站、专家工作站，充分发挥引进高层次人才集中汇聚的优势，开展科技课题研究，破解了很多项目建设难题，有效规避了施工风险、降低了建设成本、保障了工程质量。

昭通市综合交通建设特别是高速公路建设任务重、压力大，工作中也还面临不少需要解决的困难和问题，但我们有信心、有决心在省委、省政府的坚强领导下，在省直各部门的关心支持下，坚定不移地贯彻落实好省委、省政府县域高速公路“能通全通”工程攻坚战的决策部署，砥砺奋进、攻坚克难，奋发有为、主动作为，努力实现除永善外到2020年县县通高速公路的目标，为昭通脱贫攻坚、全面小康和高质量跨越式发展筑牢坚实基础。

（作者系昭通市发展改革委员会基础设施发展科工作人员）

# 在脱贫攻坚中彰显责任担当

吴家明

昭通地处全国 14 个连片特困地区之一的乌蒙山贫困片区腹地，属云南省贫困面积最大、贫困程度最深的地区之一，是云南省脱贫攻坚的主战场。面对艰巨的脱贫任务，我作为昭通自然资源和规划部门主要负责人，始终将脱贫攻坚作为最大的政治任务来抓，横下一条心，勇啃硬骨头，带领全局干部职工，身体力行，扎根一线，按照用好、用活、用足自然资源扶贫政策的思路，用心、用情、用力助推脱贫攻坚。

## 强化土地要素保障

昭通境内山高坡陡、沟壑纵横，自然灾害频发，部分地方生存条件恶劣，这就要求要痛下决心把那些不具备发展基础、生存在贫困山区和生态脆弱地区的群众搬出来，彻底解决这些贫困人口的脱贫问题。2016 年以来，市委、市政府把易地扶贫搬迁作为啃下脱贫攻坚硬骨头的“铁齿铜牙”，全市锁定搬迁对象 36.24 万人，建设易地扶贫搬迁安置点共 398 个，用地规模 16811 亩，占用永久基本农田 3303 亩。面对全市用地规模大、占用基本农田较多、时间紧迫的易地搬迁形势，我带领党组班子认真研究，抢抓政策机遇，深入一线调研，多次到自然资源部、省自然资源厅沟通协调，通过村庄批次、增减挂钩等方式，已办理用地手续面积 13035 亩，除基本农田外，全市已完善安置用地手续的占比为 97%。顺利完成了 8.26 万户 35.47 万人的易地搬迁任务，如今的昭通易地搬迁安置区，人民安居乐业，社会和谐稳定，成为矗立在乌蒙大地上的新地标，成为昭通脱贫攻坚最具有典型意义的标志性工程。

为促进贫困群众后续发展，带动群众增收致富，巩固脱贫成效，市委、市政府推动实施了机场迁建、白鹤滩水电站、综合交通等重点项目和民生工程，为确保项目建设尽快落地，我牢固树立“要素跟着项目走”的工作思路，多次带领用地相关科室负责人进行实地调研和专题研究，全面加强与相关部门及项目业主的沟通协调，认真梳理用地保障情况和存在问题，实施综合研判，制定用地保障方案。目前全市“十三五”暨“能通全通”高速公路 10 条，涉及面积 38652 亩，已全部上报审批，其中 7 条高速公路 18115 亩已获得批复，其余 3 条 20537 亩正在国务院审批，预计年底前可全部获得批复。成贵铁路用地 1006 亩、隆黄铁路用地 2242 亩已全部获得批复。渝昆高铁昭通段规模 2549 亩，用地预审及小龙洞隧道的先行用地已获自然资源部批复。昭通机场项目用地总规模 3400 亩，用地预审已获自然资源部批复。国家级重点建设项目金沙江白鹤滩水电站，水电站枢纽区用地 6466 亩已获得国务院批复，淹没区用地 10.27 万亩正开展土地征收报批前期工作，计划年底前逐级上报国务院审批。

## 用足用活脱贫攻坚政策

近年来，面对经济加快发展，脱贫攻坚任务艰巨，保发展、保红线压力日益增大的严峻形势。2017 年年底，国家出台了增减挂钩支持脱贫攻坚超常规政策，明确提出“深度贫困县增减挂钩节余指标在东西部扶贫协作和对口支援框架内开展交易，收益用于深度贫困地区脱贫攻坚”，我市除水富市外的10县区都在政策惠及范围内。市委、市政府顺势而动，要求各县（区）抢抓脱贫攻坚政策历史机遇，极大促进节余指标的流转交易和收益实现，最大限度保障贫困群众利益，加快推动了增减挂钩项目落地落实。我和全局干部职工一道，牢牢把握政策机遇，加强工作统筹，深入各县区进行调研和督促指导，并多次召开专题会议进行研究，认真制定了工作方案，明确了责任主体，做细做实顶层设计；牵头组织政策培训50余场次，讲清、讲深、讲透增减挂钩相关政策，充分认识增减挂钩的重大意义，掌握增减挂钩的业务知识；按照“政府主导、部门协同、乡镇落实、群众参与、共同推进”的原则，动员县、乡、村干部进村入户，深入项目区召开群众会、座谈会、工作会、动员会，多层次、多途径、全方位宣传增减挂钩工作的重要意义、目标任务和建设内容，使增减挂钩工作在项目区内家喻户晓；结合实际情况，按照“先易后难、分步实施”的原则，坚持整体推进与重点突破相结合，选择国、省、县道及乡村主干道沿线以及群众积极性高、基础条件较好的村庄先行整治复垦，打造亮点，积累经验，树立一批农村“空心村”整治先进典型，以点带面，整体推进；同时，根据部、省增减挂钩工作要求，按照“图上找、天上飞、现场看、实地测”的工作思路，依据土地利用总体规划，在“二调”图和“年度变更调查”中对建设用地的拆旧地块进行全面排查，确定地块现状后进行逐个登记，并召集乡镇、村、组讨论研究，初步确定纳入拆旧区的地块；在此基础上，派出工作组深入实地进行摸底、踏勘、调研和无人机航拍，现场征求乡镇、村、组及群众意见，锁定纳入增减挂钩拆旧区的地块，结合项目踏勘情况及群众意愿，进行实地测绘和规划设计，按要求编制项目实施方案，逐级上报审批。

通过两年多的不懈努力，推动了一批增减挂钩项目落地实施，极大地服务了全市脱贫攻坚工作。通过实施增减挂钩项目保障易地扶贫搬迁安置用地 12559 亩，占 67%；国家下达昭通市 2018 年、2019 年两年共计跨省调剂 21538 亩，涉及调剂资金 67.4 亿元，其中 70% 已拨付到县区财政助力脱贫攻坚，缓解了脱贫攻坚资金压力，用实际行动维护了贫困群众的最大利益；全市易地扶贫搬迁拆旧应复垦复绿面积 14953.6 亩，纳入增减挂钩项目 85 个，筹措到位 1.43 亿元复垦资金，完成拆旧复垦复绿 14597 户 14863.1 亩，复垦复绿率 99.4%，极大地推动了全市生态文明建设，践行了绿水青山就是金山银山的理念。

## 筑牢脱贫攻坚基础

脱贫不是终点，帮扶工作永远在路上。我始终怀着对挂包群众亲人般的感情、对挂钩联系村家乡般的热爱，以咬定青山不放松的精神，想方设法让他们脱贫致富奔小康。一是抓调研，理思路。2017 年 10 月任职以来，第一时间到了挂钩联系的两个村（镇雄县果珠乡高坡村和拉埃村）进行走访调研，通过调研了解后，发现所挂两个村基础设施薄弱，贫困群众发展缺技能、致富缺出路实际问题。面对这样的现状，我在与两个村委班子共同研究后，又召集了市局党组班子成员，针对两个村的挂钩帮扶工作进行了专题研究，按照市委、市政府脱贫攻坚相关要求和标准，理清了思路，制定了措施。二是抓基础，兴产业。高坡村和拉埃村距距县城 46 公里，海拔约 1400 米，山高坡陡、沟壑纵横、交通不便，经济发展受阻。一方面，为解决这样的问题，我始终相信“要致富，先修路”的理念，全面梳理了村内道路情况，及时筹措资金加以改善道路环境。三年来，累计投入资金 400 余万元，打通“断头路”及硬化 8 公里，为群众打通了“最后一公里”致富路，进一步增强了贫困户脱贫致富的能力。另一方面，因地制宜扶产业，充分利用两个村的资源优势，着力于特色产业扶持，累计投入资金 120

万元，发展桃形李种植规模300余亩、香桃100余亩，发展蛋鸡养殖培育鸡苗5000只，带动200余户贫困户1000余人增收致富。三是抓党建，促脱贫。坚持把脱贫攻坚作为党建工作的重要内容，加强对精准脱贫攻坚工作的组织领导、科学规划和精准设计。带头执行学习制度，从理论学习抓起，利用云岭先锋、学习强国APP等方式，带领党组班子及挂钩联系村委开展集中学习，努力打造一支政治强、业务精、作风硬的队伍。充分发挥支部战斗堡垒作用，以支部为单位到挂钩扶贫点与两个村党员联合开展“主题党日”活动5次，开展“大手牵小手、脱贫齐步走”活动1次，“一对一”关爱留守儿童20余次，真正实现了“以党建带扶贫，以扶贫促党建”。

（作者时任昭通市自然资源和规划局局长）

# 兴水润昭　托起百姓小康梦

## ——昭通市水利局水利扶贫发展综述

洪开云

昭通大部分地区世代饱受干旱缺水之苦。很多外地人不理解，他们说：“昭通不是有丰富的水资源吗？驰名中外的‘母亲河’——长江上游金沙江不就从昭通穿境而过吗？怎么还会干旱缺水呢？”这是因为他们没有置身于昭通，对昭通没有深入的了解。是的，金沙江、牛栏江、横江等不少大江大河蜿蜒穿插于昭通的深山峡谷之中，全市多年平均入境水量 1388 亿立方米、出境水量 1526 亿立方米，境内年均产水量达 138 亿立方米。按理说，是不应该缺水的。

然而，由于昭通位于云南省东北部，地处云、贵、川三省腹心地带，地形以山地为主。境内最高海拔巧家药山 4040 米，最低海拔水富中咀 267 米，海拔高差 3773 米。地势南高北低，西高东低。山区面积占 94%，山高坡陡，人在山上愁，水在山下流，山区农户居住分散，耕地分散，可集中连片灌溉率低，水资源开发利用成本高，投资大。全市水资源开发利用率低于 10%，人均蓄水库容仅 143 立方米（不含水电站库容），远低于全国、云南省平均水平。降雨量有 75% ~ 90% 集中在 5 ~ 10 月，洪枯变化大，时空分布不均，季节性和工程性缺水没有得到根本解决。城乡水源工程建设较为滞后，供水应急备用水源较为缺乏，应对持续干旱和严重干旱能力低。知道这些，就不难理解昭通脱贫攻坚多么需要水利的支撑和保障了。

自2015年以来，党中央从全面建成小康社会要求出发，把扶贫开发纳入“五位一体”总体布局、“四个全面”战略布局，作为实现第一个百年奋斗目标的重点任务，作出了一系列重大部署与安排，全面打响脱贫攻坚战。党中央、云南省委省政府、昭通市委、市政府作出了一系列重大部署，对全市水利改革发展各项工作提出了新要求，昭通水利发展面临难得的有利机遇。

特别是2018年10月25日水利部召开了支持云南省昭通水利扶贫攻坚专题座谈会，于2018年12月27日下发了《关于支持云南昭通水利脱贫攻坚工作方案（2019—2020）的批复》，有力地解决了昭通农村饮水安全建设资金缺口问题。这是昭通水利建设具有里程碑意义的一年。这一年，昭通水利系统聚焦“两不愁、三保障”总目标，切实把脱贫攻坚农村饮水安全作为水利行业的首要政治任务、头号水利扶贫工程，盯住卡户、重视非卡户，全面动员、全员参与，高位推动，真督实导，深入推进贫困群众饮水安全建设。先后多次召开局党组专题会议和水利工作会议，深入、充分研究布置水利脱贫攻坚工作。市县水利部门多次开展农村人饮安全达标情况拉网式排查，从水量水质、供水保证率、取水方便程度4条标准开展认定，做到家底清、底数明、措施实，不漏一户一人。市级多次组织县级开展农村饮水安全达标排查，按照4条标准，锁定不达标卡户14101户61888人，逐户确定达标方案，逐户落实达标措施。先后组织各县（市、区）编制了《昭通市水利扶贫“补短板”工作方案（2019—2020年）》《昭通市脱贫攻坚农村饮水安全保障建设总体方案（未脱贫卡户饮水不达标部分）》等实施方案，户户落实饮水安全达标措施，确保户户实现饮水安全达标。

从省到市到县均建立了行政、技术“双线”责任目标管理体系，实行“不脱贫、不脱钩，同考核、同奖惩”管理办法，责任具体明确，细化到人到点。省水利厅主要领导和分管领导分别率领省厅处（室）督导镇雄县、彝良县、昭阳区、巧家县，并在有卡户的10个县（市、区）分别派驻2名技术人员驻县指导；昭通市水利局实行局领导包县、科（室）包乡责任制，定期不定期开展督导检查，推动目标落地落户。针对农村饮水安全点多面广、动态变化情况，市级建立了常态化饮水问题收集反馈机制，实施清单化交办跟进整改。

5 年来，昭通农村饮水安全聚焦脱贫攻坚达标标准，精准对标、精心建设，强化运行维护管理，累计完成投资 14.7 亿元，建成各类农村供水工程 6667 件，实现农村饮水安全巩固提升人口 206.28 万人，其中建档立卡贫困人口 48.59 万人，全市 11 县（市、区）巩固提升任务超额完成、卡户饮水安全不达标全部销号清零。

通过精准施策，全市农村集中供水率由 2014 年 73% 提升到 95.5%，自来水普及率由 2014 年的 69% 提升到 94%，集中供水工程水费收缴率达到 90% 以上。经市级核查，一次性达标占比 98% 以上，在核查过程中督促整改后复查确认全部达标，市级核查达标率 100%。在市级核查基础上，省级复查达标率 100%。

农村饮水安全，得到各级党委、政府、人大、政协、各民主党派、社会人士的关心和支持，在加强巡视巡察检查的同时，提出众多饮水保障存在问题，涉及供水的方方面面，市水利局根据问题清单，及时组织县市区加强整改，给予办理回复。2015 年以来，市水利局向上级及市直统筹部门提供整改、汇报等报告 19 份，下发各类问题清单 7 次，收集问题清单报告 15 份，所有问题项目 2020 年 6 月底前整改完毕。

昭通市、县两级水利部门切实发挥好专业服务、技术支撑作用，采取“四不两直”方式，直插到村、沉入到底方式，全面加强建设项目检查督导，形成问题清单及时反馈、限时整改，始终抓好项目建设过程质量、安全、进度控制。加大施工方案审查、建设质量跟踪、目标进度控导、安全运行管理等工作力度、密度、效度，认真履行好建设前、建设中、建设后全过程行业管理责任，严把工程建设进度、资金、材料、质量、验收关，确保每件工程都建成合格工程、满意工程。共计形成 33 份监督报告，并加强整改督导销号。

脱贫攻坚重大战略部署和地方各级党委政府的高度重视，使昭通水利建设迎来了跨越发展的春天，大小水利建设工程遍布昭通大地。市水利局副局长李剑锋说：“过去几年还不能开工一个中型水库，现在我们每年开工几座水库；过去我们10年还建不成一个中型水库，现在三至五年就建成一座中型水库。这样的规模、这样的速度，过去想都不敢想。”

据市水利局党组书记、局长付松说：5年来，一座座大坝拔地而起，一道道堤防加高培厚，一条条输水渠穿山越岭。全市在建中小型水库工程共计30余件，概算批复总投资为76.26亿元，设计总库容29311万立方米。新开工了镇雄县坝口河、永善县天星坝2座中型水库及昭阳区边箐、鲁甸县滴水海子、巧家县小空山等14座小（一）型水库。2016年至2020年，全市共有18座水库实现下闸蓄水，新增蓄水库容14313万立方米，年供水量达13954万立方米，受益人口58.06万人，控灌农田面积42万亩，建成“五小”水利6.29万件，为昭通脱贫攻坚提供了坚实的水利支撑。

“农村饮水安全既是脱贫攻坚的歼灭战，又是乡村振兴的持久战。”昭通市水利局副局长姒清政表示昭通围绕“管理有机制，管道有清水”目标，紧盯“前头抓产权明晰，后头抓水费收缴”两头促农村饮水安全管理重点，强势推进“三个责任”落实和“三项制度”建设，针对每件工程规模、性质、特点，采取计量收费、用水户协会等管护方式，努力把管理责任落实到企业、到协会、到用户，确保“不漏1户、不落1人、人人实现饮水达标”。

据笔者了解，昭通市巧家县积极探索村民自治管理模式，由乡镇、村指导，通过“一事一议”召开村民会议成立“管水组织”，推选出有公心、有威望、负责任的群众代表担任管水组织负责人和管水员，定期对饮水管网进行巡查维护和管理，全县选举成立管水组织731个，管水员1026名，覆盖率达100%。

“以前我们吃的水是从大沟里引来的，由于沟路太长，水里常会有羊屎疙瘩等多种杂质，要关在地窖里用石灰澄清才能用，喝着总觉得有一股羊膻味，现在家家户户都拉通了自来水，方便又卫生，拧开水龙头淌出白花花的水就像矿泉水一样甘甜。”昭通市巧家县白鹤滩镇松梁村木厂湾子村民陈发云说起拉通自来水的事脸上笑开了花。

昭通脱贫攻坚饮水问题的解决，不仅让广大群众“有水喝”“喝好水”，告别了为吃水发愁、缺水找水的历史。特别是镇雄县自筹资金3亿多元，把饮水安全标准提高了一个档次，更让大部分劳动力从找水、拉水、背水中解脱出来，不少群众购置了洗衣机，生活品质得到提升、产业结构得到优化，加快了脱贫致富步伐。

为了全面提升环境卫生，助力脱贫攻坚，昭通积极开展河湖“清四乱”实现常态化、规范化。5年来，累计河道清理垃圾3万吨，拆除沿河违建6.9万平方米，整治规范入河排污口66个，2020年全市39个地表水监测断面中，35个达到或优于Ⅲ类水质，其中Ⅰ类水质4个，地表水达标率92.3%。高位推动赤水河流域生态环境保护治理，完成赤水河流域17座小水电站拆除，率先实现赤水河流域干支流无电站取水坝拦水阻水生态问题，监测数据显示水质年均值稳定达到地表水Ⅱ类标准。

不仅如此，昭通水利部门2020年全面完成解决贫困人口饮水安全任务，昭通“十四五”时期初步规划工程661件，覆盖人口234.88万人，加快水利基础设施短板再补牢、再巩固，认真落实水利惠民政策，全力推进重点区域水利工作，切实强化水利支撑保障措施。

今后，昭通市水利局将紧盯突出问题和薄弱环节，以至纤至细、踏踏实实的作风，下足“绣花”功夫，及时发现问题及时解决，持续巩固脱贫攻坚成果，有效衔接乡村振兴战略，确保农村群众长期稳定喝上安全水、放心水。

（作者时任昭通市水利局办公室副主任）

# 第二编　天堑变通途

# 镌刻在乌蒙大地上的交通扶贫印迹

刘和开

我来昭通之前，对昭通的印象是：虽然昭通地处昆明、成都、重庆、贵阳四大省会城市中心地带，是云南连接长江经济带和成渝经济区的重要通道，内地通往南亚、东南亚和云南通往内地的双向大走廊，历史悠久、文化厚重、资源丰富、山川秀美、区位优越，是云南的人口大市，但经济社会和交通发展远远落后于周边的宜宾、毕节、曲靖等市。昭通人到昆明出差，需提前一天乘坐七八个小时的车。

2016 年 2 月，受组织安排，我到昭通市交通运输局工作。在刚到单位召开的第一次干部职工大会上，我提出带领全局干部职工把昭通打造成为滇川黔区域性综合交通枢纽，建设成为“一带一路”内地连接南亚东南亚的重要节点，努力满足人民群众更加舒适、安全、便捷出行需求的目标。目标提出来，但怎么规划，从哪里入手，怎么干，当时底气是不足的。

经初步了解，昭通是集革命老区、地震灾区、散居民族地区为一体的深度贫困地区。11 个县市区有 10 个是国家级贫困县（区），7 个深度贫困县（区），贫困程度深，脱贫任务重、难度大。“十三五”初期，全市公路通车里程 16714.6 公里，其中高速公路 135.6 公里，二级公路 846.1 公里，等外公路 4300.5 公里，公路技术等级普遍偏低，等外公路占比达四分之一，骨干通道运输网络尚未形成。全国不少地区已经进入高铁时代，但途经昭通的铁路仅有内昆铁路，通车里程238公里，全部为普通铁路，从昭通乘火车到省城昆明要绕道贵州六盘水，需要10个小时以上。水富港设计年吞吐量63万吨，通过能力低，港口泊位小，不能满足逐年快速增长的运输需求。昭通机场等级差，航班少，仅开通昭通至昆明等少数航线。交通运输服务业发展不平衡，运输结构不合理，运输服务水平低，客货运输和邮政寄递发展普遍分散、单一、弱小，市场规模小，发展质量不高。专业技术和管理人才缺乏，难以适应建设需求。相较而言，四川省泸州市、宜宾市已基本实现县县通高速，贵州省毕节市县县通高速工程进入扫尾，曲靖市已启动县县通高速工程，昭通与周边地区的差距在不断拉大。

由于现代交通基础设施建设滞后，交通基础设施欠账大、水平低、层次低、供给总量不足的矛盾十分突出，加之周边地区综合交通超越发展，特别是贵昆、成昆等铁路通车后，人流、物流、资金流、信息流绕道昭通而行，昭通区位优势丧失，逐渐从开放的前沿变成封闭的末梢，从“车水马龙”变得“门可罗雀”。很长一段时间以来，一代又一代昭通人想尽千方百计修桥筑路，追赶时代列车，但是总掉队一大截，即使在21世纪初期，从昭通城出发驱车到大部分县城、大多数县城驱车到边远乡镇正常情况都要花七八个小时，遇上堵车有时得花十多个小时。

## 深入调研，找准制约昭通交通发展结症

为了尽快熟悉掌握全市交通工作情况，刚到市交运局工作的前3个月，我深入到各县、市、区进行了广泛调研，从高速公路到国省干线，再到县乡道等农村公路，每天行程200多公里，同老百姓交流，与各县市区政府座谈，找寻困扰昭通交通发展的结症。

昭通逐渐从内陆开放的前沿滑向封闭落后的末梢，主要原因是昭通综

合交通基础设施发展滞后，直接原因是在昭通这样的地方建设现代交通基础设施难度极大。在昭通建设交通基础设施，地形地质地貌复杂导致项目建设难、投资大是第一瓶颈，人才队伍不足导致管理和技术力量弱是第二瓶颈，地方财政困难导致财力支撑不足是第三瓶颈。还存在项目争取难，“十三五”以前，昭通由于交通不便、财力薄弱、发展滞后，加之向上汇报沟通不够，上级部门关注少，支持的项目计划和资金少，截至 2015 年年底全市仅有一条高速公路（G85 渝昆高速）；前期推进难，重点交通项目从筹划到开工需完成工程可行性研究报告、用地预审等 10 多个报件的报批，报件之间顺序固定且环环相扣，大部分报件均不能同时编制同时报批，且涉及的部门众多，部分报件涉及省、市、县多级审批，每个报件在报批过程中又会遇到很多不可预见的因素，仅用地预审都至少要 8 个月时间，若按基建程序逐个报批后开工，至少要两年半时间；资金筹措难，昭通地质地形复杂，海拔高差大，公路、铁路等项目桥隧比高，每公里造价高，项目资本金基数和比例要求高，加之地方财政预算收入低，项目融资困难；征地拆迁难，昭通山高谷深、沟壑纵横，97% 以上是山地，走廊带少，很多交通项目路线与电力线路、通信线路等重叠，拆迁成本高，加之耕地不足，许多老百姓担心土地被征收后失房失地，无地可耕，无收入来源。房屋被征收后新宅基地难落实，征迁矛盾大；施工管理难，高速公路、港口、机场等大型交通项目建设技术含量高，昭通因没有自主修建过大型交通项目，缺乏专业技术人才支撑项目建设管理工作；建设实施难，昭通的公路、铁路项目桥隧比高，项目在深山峡谷、崇山峻岭中穿越，经过的断裂带多，施工难度大；运营维护难，经测算，“十三五”规划建设的 12 条 786 公里高速公路，全部建成后将有 900 亿元的负债，每年光支付利息都要 45 亿元，但每年收入只有 28 亿元，差 17 亿元需靠市场化手段解决，建成后运营维护困难。

## 上级重视，昭通交通喜迎大发展机遇

2015年以来，党中央、国务院和省委、省政府非常关心和支持昭通。2015年1月19日，习近平总书记离京考察首站就来到昭通，李克强总理两次深入昭通考察调研；张高丽、刘云山、栗战书、汪洋、胡春华等党和国家领导人分别深入昭通考察。时任云南省委书记陈豪挂钩昭通贫困人口最多、贫困面最大的镇雄县，多次赴昭指导工作，时任省政府阮成发省长多次到昭通调研；中央、省委省政府相关领导积极给予昭通关心指导。

在深入调研的基础上，我主动向市委、市政府作了汇报，基于昭通现代交通基础设施建设滞后导致昭通区位优势丧失，严重制约全市经济社会发展这一实际考虑，我提出了“三步并作一步走，把《昭通市综合交通运输中长期发展规划（2016—2030）》目标任务提前到“十三五”实施，实现县县通高速”的发展思路。市委、市政府高度赞同，决定举全市之力大干一场“五年交通大会战”。得益于党中央的关怀，省委、省政府和市委、市政府的高度重视，昭通综合交通迎来了良好的发展机遇。

## 做实规划，绘制交通发展蓝图

为找准昭通交通的发展方向，我争取市委、市政府关心支持，邀请国际国内知名专家对昭通综合交通规划问诊把脉，聘请交规院、同济大学等顶尖规划研究机构进行深入研究，与国家脱贫攻坚、“一带一路”、长江经济带等重大战略相衔接，同时注重与周边地区加强综合交通规划、重点项目建设的衔接协调，系统提出了昭通“十三五”综合交通发展目标和重点项目。在重点构建“一环两横四纵六联络”高速公路网，“二横四纵一枢纽”

铁路网，“一中心四通用八航线”航空网，“一线四港九码头三转运”水运网“129”客运站场体系和“138”物流站场体系的综合交通网络基础上，着力提升国省干线道路等级、加强县乡道和旅游产业路建设、加快建制村公路和村组道路硬化、优化城际快速客运网络、加大客货运输战场建设、加速客货运输和邮政寄递服务行业转型升级，加快构建川滇黔区域交通枢纽。同时，邀请国家勘察设计大师汪双杰教授牵头率领全国顶级科研机构成功编制了《山区高速公路建设技术指南（第一部分：滇东北）》，昭通也因此成为全国第一个制定高速公路地标的地级市，经测算，应用此标准昭通市“十三五”期间高速公路建设可降低成本约 60 亿元。

## 创新举措，确保蓝图落地见效

穷市办大交通，从来没有一马平川。思路和蓝图有了，怎么干才是关键。贫困地区发展交通是难事，贫困地区要推进交通扶贫更是难上加难，但我坚信，山不过来我过去，巧妇能为无米之炊，只要用好创新这把金钥匙，一切皆有可能。

创新融资模式。交通建设第一难还是“融资难”。为此，我上任的第一件事，就是争取搭建融资平台，不到 1 个月的时间就组建了昭通高速，紧接着成立昭通高速资本管理公司，由其作为昭通交通基础设施建设的国有资本投融资平台。2019 年 8 月再次整合资源组建成功昭通市航空旅游集团有限公司，作为综合交通融资平台。其次是想办法解决资本金问题。创造性地提出“金融施工”的思路，将高速公路建设与“金融施工”联动起来，主动寻求与中铁建、中交建、中电建等实力雄厚、资质过硬的头部企业合作，将项目投资与工程施工联动起来，筹措高速公路建设资金 137 亿元，有效补足资本金，提高项目融资能力，节省时间，缩短工期。按照银行贷款基准利率3年半算，可节约利息约26亿元。创建政银企协作机制，采用定期召开融资推介会、座谈会的方式，及时通报平台公司发展状况，了解银行信贷政策，本着共赢的合作目的积极沟通联络，相互促进、共同发展。成功组建了格巧、宜毕、昭泸、昭乐项目贷款银团，达成融资意向800多亿元，已批复落地567亿元。还通过开展跨省合作降低项目建设成本，发行专项债，设立交通产业基金等多方式、多渠道筹措建设资金，目前，全市“十三五”规划建设的高速公路项目已累计落实各类资金1098亿元，占项目概算总投资的84.72%，已到位资金774亿元，占概算总投资的59.72%。落实资金在统一调配的情况下，可保证“十三五”规划的高速公路全部建成通车。

创新人才机制。昭通的交通建设，表面是缺资金，实质是缺人才。有人才就有项目，就有资本，就有资金。为此，我将人才列为交通建设的核心要素。首先是投入重金引进高端投融资人才，组建专业化、职业化的投融资团队（现有投融资专员40余人），深入研究并紧紧把握政策机遇，科学预判规避风险，通过市场化资本运作撬动项目融资，有力增强了投融资工作的积极性、主动性和紧迫性。其次是全力引进隧道、桥梁、路基路面等领域的专家参与技术把关。组建了由工程院院士带领的专家外援团，对交通运输发展规划、重大工程技术等给予咨询指导。邀请国际国内知名专家担任顾问，争取科研院所派出专家到昭挂职、在昭设立分院，组建院士工作站、博士工作站。如果说创新建设模式、融资方式是借用外资助推昭通交通建设，那么创新人才管理机制就是为了借用外脑助推昭通交通建设。

创新建设模式。全国各地的交通规划都差不多，但真正落实、蓝图变现实的不多，关键要掌握建设推进的“诀窍”。这一“诀窍”就是要精准施策、精准发力、精准推进。高速公路建设立足项目特点，将规划新建的12条高速公路分为国高网、享受中央车购税补助项目、社会资本参与的PPP项目、委托建设项目、合作建设项目、公开招标建设项目、自建项目7大类别，实行“一路一方案”为每条高速公路量身打造最佳模式，高标准推进项目实施。按照“交通+”的融合发展思路对国省道进行提级改造，已按照“交通+旅游+产业”建成大山包一级公路，按照“休闲运动+生态景观”建成云南省唯一一条户外郊野绿道——昭璞绿道，实现交通与产业、交通与旅游、交通与生态、交通与城镇的精准对接。采取常规招标、打捆招标、DBFO模式、一事一议、引进大中型企业参与等方式全力加快建制村公路畅通工程进度，同时加大对自然灾害、通行损害等造成的“油返砂”“畅返不畅”农村公路整治。“十三五”以来，累计投入资金124亿元，新改建重要县乡道471公里、建制村通畅工程3037公里，实施撤并建制村硬化路687公里、通50户以上不搬迁自然村公路7991公里，加宽窄路基684公里，完成溜索改桥8座，改造危桥146座。

## 艰苦奋斗，提交脱贫攻坚交通答卷

站在历史纵深的视角来看，从“磅礴乌蒙”到“昭明通达”，这条路我们走的时间太久，很长一段时间都处于“补短板、强弱项”的“补课”阶段。脱贫攻坚期间，全市交通运输系统各级领导干部撸起袖子、甩开膀子加油干，希望亲自见证昭通交通的宏伟蓝图在自己手中得以实现，以山不过来我就过去的气魄开山修路，为昭通搭起脱贫致富的桥梁，经过大家的共同努力和艰苦奋斗，全市“公、铁、水、航、运”全面得到跨越式发展。

公路路网日趋完善。高速公路累计完成1027亿元投资，通车里程达706公里，在建里程、投资完成均位列全省第一，得到省委、省政府的高度肯定。规划新建的12条高速公路中镇毕、格巧、昭乐、宜毕等4条高速公路已建成通车，昭泸、镇赫、都香、宜昭、绕城、大永、镇七、沿江等8条高速公路正加快推进。鲁巧、麻彝、威彝、永盐、会巧5条高速公路加密项目前期工作正快速推进。国省干线累计完成1050公里升级改造，国道二级以上公路比重达到60%，覆盖全市县级及以下行政区等重要节点；省道三级以上公路比重达到40%，覆盖80%的4万人口以上乡镇，通省际、县际断头路已全部打通。农村公路扶贫任务全面完成，累计实施建制村公路9472.177公里、安全生命防护工程10461公里，实现全市146个乡镇（街道办事处）全部通油路，1343个行政村（社区）全部通硬化路，建制村100%通客、通邮。

铁路建设全力推进。成贵高铁建成通车，境内设有镇雄和威信2个高铁站，昭通迈入“高铁时代”；渝昆高铁云南段开工建设；叙毕铁路援建工作推进有序，5座车站全部开工；已完成攀昭毕、东巧铁路可研报告编制及第三方咨询，昭六铁路预可研报告编制，沿金沙江铁路方案研究及预可研报告编制；正在开展内昆铁路扩能改造项目方案研究。

水运工程精准发力。万里长江第一港——水富港扩能工程中嘴作业区投入试运行，中心作业区开工建设，溪洛渡至向家坝库区157公里三级航道整治工程已开工建设，沿金沙江24个码头（停靠点）已完成工可编制，宜宾至水富高等级航道已纳入四川省金沙江航道整治计划。水富港全部建成后，将成为云南省最大的内陆港口和“公、铁、水”无缝对接的重要枢纽。

航空连通省内外。昭通机场已从昆明的单一航线发展到相继开通北京、上海、广州、深圳、杭州、成都、重庆、昆明、西双版纳、保山10条直达航线。机场迁建可研报告已获国家发改委批复，即将开工建设。镇雄、盐津、永善、绥江通用机场前期工作有序推进。

运输服务水平大幅度提升。全市146个乡镇全部通客运班线、通邮，1343个行政村全部通客车、通邮。推进城乡交通一体化发展，全市拥有公交企业13家，公交车辆678辆，开通公交线路125条，开通城乡公交线路53条，城乡公交车辆343辆。积极探索农村客运发展新模式，巧家白鹤滩经验获得省交通运输厅认可并在全省推广。推动“农村客运＋互联网”融合发展，引导开发“叮功出行”“昭阳出行”等网约车平台，全市拥有网络预约出租汽车公司52家，车辆1575辆。支持乡镇建设集客运、物流、商贸、邮政、快递、供销等多功能于一体的乡镇客运综合服务站，启动“十乡百村、百乡千村”农村客运站点提级改造计划，累计建成140个县乡村三级物流站点。推动农村客运与邮政快递、农产品销售融合发展，打通工业品下乡、农产品进城“最后一公里”。

## 继往开来，昭通交通需再发力

为巩固提升脱贫攻坚成果，未来昭通仍然应该把交通建设作为浓墨重彩的一笔，我将进一步创新思维、开阔视野、放大格局、抢抓机遇，做好“大交通”的顶层设计。尤其要紧扣习近平总书记对云南“一区一兵一中心”的定位，精准把握国家重大政策走向和支持方向，紧扣昭通“奋力促进滇东北崛起”的最新定位，用足用活省级各项支持政策，让中央和省委的精神在昭通大地生根发芽、开花结果。围绕打造综合交通枢纽城市的目标，昭通交通计划在未来15年投资7800亿元，重点构建“一沿两纵两横”大通道，“一核两极四中心”大枢纽，“两环四纵五横八联络”高速公路网络，“四横九纵两联多专用”铁路网，“一通道两枢纽三中心三转运多节点”的水运网，“市为枢纽、县为中心、乡为节点、村为网点”的四级物流网，新基建引领的人、车、路高效协同智慧交通，交通+X融合发展等重大项目。统筹推进公路、铁路、水运、航空网建设，有效联通长三角、北部湾、成渝、滇中、毕水等经济区，有效支撑“一带一路”、长江经济带、交通强国、西部新陆海通道等国家倡议或战略实施，为云南成为面向南亚东南亚辐射中心奠定坚实基础。

（作者时任昭通市交通运输局党组书记、局长）

# 一支笔绘制的扶贫之路

李建梅　樊永维

昭通地处云、贵、川三省结合部，秦开五尺道、汉筑南奕道，昭通曾因交通发达而一度成为云南经济发展的次中心，被誉为“小昆明”。但是，改革开放以来，随着全国经济飞速发展，各行各业开始复苏，全国交通也迎来大的发展。但是昭通因没有赶上发展的快车道，而逐渐被边缘化，成为现在全国贫困面最广、贫困程度最深的地级市：全市 11 个县区有 10 个是贫困县，其中 7 个为国家级深度贫困县。昭通峰峦重叠环绕，山路蜿蜒曲折，地形多样、结构复杂的特点造成了过去昭通农村地区交通闭塞、发展落后的局面。昭通落后贫困的根源在交通，崛起和腾飞地希望依托也在交通。近年来，市委、市政府深入贯彻中央、省脱贫攻坚决策部署，将农村交通作为全市交通工作的重中之重，举全市之力，加大投入、加快建设，让农村交通面貌得到大幅度改善。围绕全市“交通先行”战略，综合规划科作为全市交通发展的先导部门，我们精确掌握每一个重点项目和每个县区的项目需求，结合中央、省的支持政策，对计划争取以及计划下达进行精细化管理。根据昭通市交通运输局科室任务分工，综合规划科还直接负责全市交通行业扶贫工作，从 2015 年至“十三五”末，我们科室全部人员加班加点，克服了诸多困难，虽然舍弃了很多东西，但看着一条条沥青路和水泥路蜿蜒盘旋在各个村落间，看着农民们将收获的马铃薯、天麻、花椒、苹果、竹笋以及牛羊等农畜产品运出大山销售，增加收入，心里也是美滋滋的。路通了，有客商直接进村入户收购农产品；也有大户在当地农村或办养殖场，或直接投资设厂，加工当地特色农产品等，农村的经济收入越来越高，生活水平也逐步提高。如今，经过全市交通人的努力，织就了一张四通八达的交通网络，交出了一份靓丽的交通扶贫新答卷，广大农村因道路通畅而生机勃勃，农民群众正信心十足地奔走在脱贫致富的道路上。

## 勾勒交通网络的画笔

“一支笔”勾勒出昭通交错纵横的综合交通网络，公铁水航邮全面开花。每一个五年计划的开始，综合规划科都要制定一个全市综合交通运输发展规划。2015年制定了《综合交通运输“十三五”发展规划》。我们科室总共有5个人，分别是科长李建梅和王华艳，科员樊永维、罗跃和我，虽然人数不多，可是我们是十三五规划的执行者、参与者和见证者：“一环两横四纵六联络”高速公路网全面开工建设，内昆、成贵2条铁路建成通车、昭通的高速铁路的从无到有，农村公路进村入户，农村客运和农村物流走村串巷子等等都给人民群众的生产生活带来了诸多便利。“十三五”初我们运用手中的“笔”勾勒出一幅雄伟壮观的交通图，“十三五”末我们画的一条条线变成了一条条大路，回头看看交通的变化，看着路上的车水马龙，心底不禁冒出一丝自豪。

我们规划部门的手中有一只“笔”，画的是穿山越岭的公路，画的是一条条铁路，画的是一条条看不见的航空线路，画的是大江大河上的星星点点。公路走哪里？高铁过哪里？航空通哪里？水运如何盘活？农村客运怎么通？邮政快递如何进村入户？这些问题一直是我们在思考的问题。国家的一个政策，我们要日夜研究；领导的一个思路，我们要反复验证；县区的需求我们要层层把关；每一个五年规划之初，成千上万个项目，我们要一一论证。我们科室的每一个人不仅要有高度的责任感，更要有吃苦耐劳的精神；既要敢想敢“画”，又要心思细腻。因为我们做的不仅仅是书面上的规划，更是一个个五年计划的实施指南，容不得半点马虎；不仅要为昭通的交通发展作贡献，更要为昭通的交通发展担起应有的责任。保障和改善民生没有终点，只有连续不断的新起点。“十四五”期我们将进一步增强交通基础设施能力，提升交通产业对经济的支撑作用，形成外联内畅、衔接有序、布局合理、功能完备的现代综合交通运输体系。

## 描绘末梢经脉的神笔

全市农村公路未硬化的很多，通达深度不够，政策支持有限，下达的农村公路项目有限，农村公路建设滞后已不能满足人民群众对美好生活的向往和需求。曾听到过一句话，“一行二三里，停车四五回，抛锚六七次，八九十人推”，这句顺口溜不知从何而来，却是前些年昭通很多农村的真实写照。行百里者半九十，在决胜关头，“最后一公里”尤为艰辛。一个连公路都不通的村，脱贫如何谈起？在脱贫攻坚工作中，打通昭通的交通“命脉”就成了当务之急。截至“十三五”末，昭通市累计实施通建制村公路9472.177公里，2017年年底实现所有建制村通硬化路，提前两年完成交通运输部制定的目标任务。这些数据我们不仅要实时统计，更要铭记于心。老百姓最想将路修到家门口，而合格的自然村公路建设路面宽度基本达到4.5米的路面宽度，每公里大约需要60万元，但是国家对通自然村公路硬化暂无政策资金支持。为了满足老百姓的需求，领导千方百计协调了国开行贷款62.3亿元，用于全市共11192公里50户以上不搬迁自然村的公路建设。2018年云南省计划用100亿元启动全省129个深度贫困县50户以上不搬迁通自然村公路建设项目，预计下达3.1万公里通自然村公路计划。在得知这个消息后，为了多要几公路的农村公路计划，多解决几个自然村的公路硬化问题，科长李建梅带着我们打着汇报工作的名义经常往省交通运输厅跑，去省厅规划处叫苦。由于省交通运输厅下达计划主要从自然村公路项目库里面挑选，为了做好昭通市自然村公路项目库，全市11个县区交通运输局的电子地图工作人员加班加点先后深入到各县的每个村子里面，核实每个自然村的通畅情况及自然村的户数，并分成50户以上、30—50户、30户以下三类建立本县自然村公路项目库，最终形成每个县的项目库，项目库建立后，所有参与自然村公路项目库的电子地图工作人员汇集在昭通市交通运输局，按照省交通运输图的相关要求，在罗跃同志的带领下，逐条项目核实，并最终形成一个全市的一个自然村公路项目库。在弄项目库的期间，所有人挤在一个会议室，每天加班到深夜，共同讨论研究每一个项目的路线是否合理、应该怎么画，还要核对每个项目的所有信息，一弄就是几千个项目。经过一个多星期加班加点，不分昼夜地干活，他们用手中的画笔，画出了成千上万的农村公路。通过上下一心的努力，最后昭通7个深度贫困县共获得11262公里的50户以上不搬迁自然村公路计划支持，共争取得资金39.4亿元，占全省40%左右。没有大家的辛苦努力就没有现在一条条的水泥路，看到一条条泥巴路变成水泥路，所有的人都不觉得辛苦，更多的是欣慰和自豪。

## 握紧画笔的无私之心

记得有一次，交通运输部的杨传堂书记来昭通调研。我有幸陪邓驹副局长提前去踩点，当时在车上与邓驹副局长的一席谈话，让我至今铭记，还记得当时我们俩探讨的是昭通的发展以及昭通交通的发展，他说“我是永善人，我们都是从农村走出来的，你们小的时候可能条件已经相对较好了，我还记得我们小的时候，我们村到镇上要走几个小时，从乡上到县城倒是有公路了，但还是土路，坐车都要坐一天，从县里面坐车到市里面，坐车都要两天才能到”。我接着他的话补了一句“我们小的时候公路倒是通了，但还是土路，车也有，但是很少坐车，都是走路，主要还是因为穷”。他接着又说，“小安呀，现在是你们最该好好工作，你应该庆幸能参与现在这种交通大会战，也许一辈子就这一次机会，现在这几年修的路比以前几十年修的路都多，能学到的东西也很多，更是为自己的家乡做贡献”。那次在车上我们谈了很多关于路，关于发展，关于人生的话题，这一次谈话让我受益匪浅，也更加坚定了我要扎根交通，为昭通的交通事业贡献自己的一小份力量的信念，也更加庆幸自己能参与到昭通的交通大建设中来。多年以后，我可能不再从事交通行业，但是看着昭通四通八达的交通网络，看着柏油路进村入户，心中也会油然生出一种自豪感。

我的家在一个叫梭山的地方，那里山高路远，海拔很高，以前只要遇到雨雪天气，这里的人们几天都无法出门。晴天一身土，雨天一腿泥，是家乡生活的真实写照。现在走进这里，放眼望去，曾经的泥泞土路，变成一条条纵横交织、通畅无阻的水泥路，穿越山乡沃野与县乡道相接，连着每户人家，连通了大山与外界，四通八达、风雨无阻。一条条进出便捷的通村路成为当地人眼中名副其实的致富路、希望路。看着全市交通的改善，看着家乡的变化，看着父老乡亲们富了起来，我心中是无比的幸福，也更加坚定了我要握紧交通规划这只画笔，为全市的交通贡献自己的一份力量信心。

一条路，兴旺一个产业；一条路，造富一方百姓。交通瓶颈的打破，改变了当地人的生产、生活和思维方式，给村民们带去生活新希望。从“深山老林人未识”到“畅通公路达农家”，从“沟壑纵横穷根难除”到“金山银山天地更宽”，“十三五”末，昭通全市将实现县县通高速，所有乡镇通柏油路，村村通硬化路，村村通邮政快递，村村通客运车辆，成贵高铁正式建成通车，结束了昭通无高铁时代，水富港一期建成投运，金沙江黄金水道逐步形成，通航城市达 9 个，覆盖了京津冀、长三角、珠三角、成渝 4 个城市群，交通网络整体技术等级和服务水平以及通行保障能力明显提高，运输网络的协调管理能力、安全保障能力、应急处置能力明显增强，综合交通运输网络“更安全、更畅通、更便捷、更高效、更经济、更和谐”。

交通扶贫战犹酣，金沙江畔添新颜。一条条道路如丝带纵横交错，四通八达；一座座桥梁似彩虹巍然挺立，气势恢宏。高速公路、高铁的建设、机场的改造和航线的开通，加上有万里长江第一港之称的水富港的建设彻底打破了昭通交通落后的格局，使其成为新的枢纽城市。再加“四好农村路”建设，让昭通交通格局发生了根本性改变，让广大群众出行和致富步伐变得更加快捷、便利，也为全市打赢脱贫攻坚战铺就一条康庄大道。都说要致富、先修路，交通是兴工强农的前提，是项目带动的先导，是协调发展的引擎，是全面建成小康新化的巨大支撑，通过全市无数交通干部的努力，通畅的交通格局已经形成，天堑变通途是人类的梦想，天涯咫尺是人类的追求。新时代，每个人都是追梦人，每个人都在努力奔跑。发展为了人民、发展依靠人民、发展成果由人民共享。

历史烛照未来。过去，昭通人民有志气、有能力战胜各种艰难险阻、铸就辉煌。今天，昭通人民也一定能够战胜可以预见和难以预见的各种艰难险阻，在乌蒙大地铸就更大的辉煌。

（作者李建梅系昭通市交通运输局总规划师，樊永维系昭通市交通运输局工程师）

# 昭通民航业发展历程

丁晓倩

## 忆往昔:“十六年弹指一挥间”

从1935年始建昭通机场至今，昭通机场已有85年历史。机场见证了昭通这座城市的发展，也见证了航空事业发展的艰辛，也留下许多抹不去的回忆。

50年前，爷爷随部队（空军十航校二团）奉命从祖国大东北的黑龙江二道湾机场，整编调往昭通机场，开启了人生另一段的奉献之旅。“1970年5月，我们部队正式奉命从祖国大东北的黑龙江二道湾机场，整编调往昭通机场；经过了齐齐哈尔、郑州、汉口、株洲、贵阳等车站，还经过了梅花山盘山公路、草海，才抵达昭通。我印象最深刻的是我们穿着整洁的军装，列队走在昭通县城的街上时，老百姓总会用羡慕的眼光看着眼前经过的军人们。记得当时昭通机场的跑道是泥结碎石，长度才1700米，在开训前我们对机场又进行了平整维修，增加草皮跑道两条，供训练和民航合用。在此期间，空军十航校二团先后培训出上千名合格的飞行人员。毕业学员先后分配到空军、海军航空兵部队，分别驾驶歼击机、强击机、运输机、直升机等多种机型，执行着守卫领空、军事运输、抢险救灾等飞行任务。1986年空军十航校二团正式撤销，昭通机场就结束了飞行员训练使命。”爷爷回忆。

在爷爷笔记本里，有一句话：“我见证过新中国成立的伟大时刻，我深知国家发展的艰辛，今天的成果来之不易。纵然我因残疾退伍，不能继续为空军事业奋斗，但我为自己有幸成为一名军人而感到自豪。”老一辈革命人用自己的实践与精神为后人点亮了一盏明灯。

16 年里，昭通机场凝聚着近万名官兵的青春、心血和才智，留下了永久的怀念和记忆，为航空事业的发展作出应有的贡献。昭通机场仍然服务着昭通人民，继续为国家民航事业的发展，发挥作用，贡献力量！

## 看今朝：“再难也要飞起来”

7 年前，我大学毕业考入了昭通市地方民航发展管理局（现昭通市地方民航发展中心），见证了昭通机场新时代的发展历程。

说起航空运输，昭通人深有体会。早在 20 世纪 90 年代，受地面交通运输条件的制约，从昭通到昆明车程需要 10 小时左右才能抵达，这就是昭通人所说的“一天到，两头黑”，然而选择乘飞机的话，只需要半小时行程。但那时候的航班不固定，机票不仅价格高，还一票难求。2002 年至 2012 年，随着地面交通条件的逐步改善，乘飞机出行的旅客逐步减少，大多航空公司不愿意开拓昭通市场，昭通航空运输市场上仍然仅有一条昭通至昆明航线。

直到 2013 年 10 月 27 日，东方航空开辟了首条连接外省航线——昭通—重庆航线，标志着昭通告别了单一航线的历史，搭起了第一条与外省城市沟通的空中桥梁。来自重庆的摄影爱好者王先生说：“对昭通大山包神奇壮观的自然美景早有耳闻，借此航班提供的方便，有幸来昭通看看黑颈鹤，感到非常兴奋。”

2014年12月22日，昭通机场正式开通“成都—昭通—贵阳”航班，这是昭通机场继“昭通—重庆”航班之后开通的又一条常态化跨省航班。该航班的开通，实现了云、贵、川三省的紧密联系。2014年旅客吞吐量首次突破10万大关，达到16.6万人次。

2015年10月27日，东方航空公司波音737-700型飞机顺利降落在昭通机场，标志着昭通—北京航班正式开通，结束了昭通飞往北京需要到昆明、贵阳或者重庆转机的过程，迎来了上京直飞时代。

2016年8月3日，随着搭载着85名旅客的ZH9747航班平稳降落在地处乌蒙山深处的云南省昭通市，标志着昭通机场正式开通昭通—深圳航线。自此，一条条架通成渝经济圈、京津冀经济圈、珠三角经济圈的空中走廊形成，成为昭通联系外界最为便捷的空中通道，昭通对外开放进入了新的时代。

2018年喜事连连，随后开通了西安、杭州、丽江、西双版纳等航线。这一年是昭通机场不平凡的一年，更是昭通民航发展迈入新的历史阶段的一年。11月14日，前往重庆的赵女士成为昭通机场第30万名乘客。至此，昭通机场年旅客吞吐量突破30万人次。

2019年开通了上海，2020年相继开通了广州、保山等多地航线，见证了昭通机场从沉寂多年到蓬勃兴起，从体单力薄到羽翼渐丰的发展历程。

一次次突破的背后，凝聚了多少汗水与心血；成绩单背后，有着怎样的付出？昭通机场属于小机场，时刻资源受限制，获得优质航线的成本较高，特别开通枢纽机场的航线需要投入更多的精力和心血进行航线培育、运行提升。当我听到这些声音：“现在昭通交通发展太快了，从重庆到昭通每天都有，什么时候想飞就飞，昭通夏天的气候太舒服了，我2016年就在紫光小区买房子，每年我都和老伴儿来避暑，真是太安逸了！”“倩，又开哪些航线了？我要请公休假去耍了，现在真的不要太方便啊，票价又便宜！”“丁师，近期公司看昭通—重庆这条航线上客率很不错哟，市场做起来了，这几个月连续都不用补贴了！”就觉得航线培育非常有价值，特别在提升城市形象、改善投资环境、扩大对外交往、促进招商引资等方面起到了积极作用。而且我发现，近年在对外招商引资方面推介时，将昭通机场作为一种交通优势在宣传，产生了良好的社会效益。自 2016 年东莞、中山与我市开展东西部协作以来，万科集团捐资 1 亿元在昭阳靖安、鲁甸卯家湾安置区建设学校；恒大集团投资 1 亿元，在昭通 3 个易地搬迁安置区建设蔬菜大棚基地；深圳 2 家企业入驻昭阳靖安、鲁甸卯家湾扶贫车间；中国农业科学院（深圳）农业基因组研究所帮助昭通建设马铃薯培训中心，可年产薯种 1000 万粒。2018 年东莞、中山 59 家企业到昭开展产业扶贫，吸纳贫困人口就业 1167 人，利益联结带动脱贫 16732 人；华坚鞋业、富顺光电、顺华科技、立时电子、鸿宝科技和隆讯视通等 13 个企业入园兴业，建设扶贫车间 16 个，吸纳 1034 名劳动力就地务工（其中建档立卡贫困劳动力 302 名）。一条条航线的“输血”功能正实实在在地为贫困地区带来致富希望。

更如杨书记所说的“昭通机场是一种资源，不能浪费；脱贫攻坚时期我们再难，航线也要飞起来；脱贫攻坚战的最后‘一颗子弹’也要留给昭通机场迁建”。努力终有回报，昭通机场为当地的美景和农产品打开了“一扇窗”。如今，在已开通的 10 条航线的带动下，城市知名度逐步提升，随着全国各地游客纷至沓来，青山绿水逐步释放出经济效益。苹果、半边红、天麻、花椒等特色农产品以及地毯等手工艺品也搭乘飞机，飞往北京、上海、深圳、杭州等地，“熟透山间无人问”的农产品迎来了春天，也鼓了老百姓腰包。2017 年，镇雄“云笋”正式成为东方航空机上配餐，这不仅助推了农产品走出大山、走向市场，而且还进一步扩大了昭通原生态好产品的知名度、影响力。如同贫困发生率的持续递减，我市在交通方面的脱贫探索，使得贫与不贫之间的空间由远变近，时间由长变短，贫困户的幸福指数不断增加，贫困村脱贫摘帽的日子就在眼前。而这“远距离”与“短时间”之间的转换，正是昭通交通人写给百姓的一份“脱贫答卷”。

8 年，一条条新的航线在空中形成；2000 多个夜晚，机舱内外的灯光愈加明媚多彩；96 个月，航线网络不断丰富完善。自此，天堑变通途，昭通大地不再寂寞。

## 望未来:“鹤舞长空，磅礴昭通”

现在使用着的昭通机场始建于20世纪30年代，跑道短，场地小，难以满足当前各航空公司主力机型的起降要求，制约了机场新航线的开辟，也制约了对外的扩大交流，给昭通带来了太多的尴尬与无奈。

推开山门，时不我待。2008年把启动昭通机场迁建工作提上了市委、市政府中心工作日程。2009年省委、省政府同意对昭通机场进行迁建，机场迁建工作随即紧锣密鼓地开展起来。

草创之初，一切都是空白。机场迁建的前期工作真是千头万绪，程序之复杂超出了所有人的想象，不仅要逐级协调军方、民航、发改几条线，还要对接市直有关部门协调省级主管部门，每一个环节都需要沟通、对接、跟踪、掌握。最初的几年里，民航办的工作人员一年中有三分之二的时间在出差，没有星期六、星期天、节假日的概念，好几年的春节都是在放假前一天才出差返回昭通。大家的心里只有一个信念，就是争取新机场早日实现。

听王哥说，当时民航办只有2个工作人员，后面增加到4个，民航办的工作人员经常在成都、北京、昆明三地不知疲倦地往返奔波。我们前往毕节机场学习取经，迅速掌握了新建机场项目的流程和所需要件。回来后迅速起草制订了工作方案和流程图。我印象最深的是选址阶段，对25个可选场址逐一进行现场踏勘和各方面条件研究，然后挑选出15个场址再次深入调查，拟推荐5个场址，后又增加1个，再次推荐出3个场址，经过军方和民航部门专家研究和踏勘，又增加2个场址，即5个场址进行再比选后推荐了3个场址，经过反复比较，才确定赵家小冲作为昭通机场迁建场址并上报中国民用航空局审批。2013年9月，国家民航局批复同意将赵家小冲址作为新建昭通机场场址。

是啊，尽管困难重重，但我们坚信只要不忘初心，就有克难的信心，攻克了一道又一道难关：陆续完成了机场选址、纳入航空规划、空域使用调整、立项、可研等一系列工作，一步步艰难地走到现在总体规划评审。市委、市政府历任主要领导夜礼斌、刘建华、张纪华、范华平、杨亚林、郭大进等都为推进机场迁建项目付出了巨大的心血。在方方面面的不懈努力下，昭通机场迁建工作得到了越来越多的理解和支持，取得了实质性的进展，为加快昭通机场的开工建设奠定了基础。

此外，我们还提前开展了征地拆迁、机场道路、机场运营的有关准备工作，并就建设阶段、运营阶段的体制、机制与云南机场集团达成了初步共识。与此同时，昭通新机场的设计工作也紧锣密鼓地进行着。跑道、航站楼、塔台……每一份蓝图的勾勒，都意味着昭通新机场离我们更近了一步。

前几日，我把昭通新机场航站楼概念性设计方案给爷爷看，爷爷感慨道“鹤舞长空、磅礴昭通，这个设计真是不错，现在省上不是提出滇东北崛起，我相信未来的昭通机场将和滇东北崛起共同起航，‘翼搏’云天，翱翔高空。乘机前来昭通的人们，将会看到一个风光秀美的‘秋城’，更加会感受到一个开放发展的昭通！”

每一份材料都鸿过有痕，每一个进程都踏石留印，我们从对航线培育、机场迁建工作一无所知开始起步，经历了种种酸甜苦辣，克服了重重艰难困苦，终于即将走到圆梦的时刻。这既是对我们工作的鞭策，更是一个全新的起点。

（作者时任昭通市交通运输局地方民航发展中心副主任）

# 昭通机场积极助力昭通脱贫攻坚决战

冯招娣

昭通，滇川黔三省交界处，一个历史上因交通而辉煌，现在却因交通滞后而戴着贫穷落后“帽子”的地级市。这个落后的地级市却有一个运行多年的民用航空机场。昭通机场位于云南省昭通市东郊 4 公里处，是国内支线机场，位于云南、四川、贵州三省交界的重要“区域性支线机场”。

脱贫攻坚，既是昭通市的巨大压力，更是极大机遇。面对这历史转折阶段，昭通紧紧抓住脱贫攻坚、国家“一带一路”、长江经济带、打好三大攻坚战等一系列重大战略机遇，增强思谋意识、创新意识、实干意识，找准结合点、打好主动战，全力推动昭通扶贫攻坚高质量跨越发展。而破解交通瓶颈，围绕建成“全省区域综合交通枢纽试点州市”目标，是昭通交通运输的目标，同时，如何加大机场基础建设投入，助力昭通脱贫攻坚决战也是昭通机场在“十三五”期间的重要工作。加大航空网的综合交通大发展，带动地方脱贫攻坚，最终实现大跨越。一个交通扶贫的缩影，一个昭明通达的前景便让机场在“十三五”期间的基础建设投入更显其重要性。

# 昭通机场跑道加铺工程实录

2014 年年初，云南机场集团有限责任公司（昭通机场上属主管部门）向云南省发展和改革委员会报送了《云南机场集团有限责任公司昭通机场跑道加铺工程项目立项报告（代可研）的请示》（云机场〔2014〕119 号）。2014 年 11 月，省发改以《云南省发展和改革委员会关于云南昭通机场跑道加铺工程项目立项报告（代可研）的批复》对跑道加铺工程作出批复。本项目总投资估算为 5888.36 万元。资金来源：除申请国家补助资金外，其余由机场集团筹措解决。

工程主要建设内容：

（一）采用沥青混凝土对飞行区加铺，加铺厚度为 11CM，加铺范围包括：跑道道面与道肩、垂直联络道的部分道面与道肩以及防吹坪，道面加铺完后对加铺改造区域的标志进行恢复。

（二）配套对助航灯光系统进行改造，改造内容包括：增设跑道中线灯，对现有跑道及联络道滑行引导标记牌进行改造；对跑道入口末端灯、入口翼排灯、防吹坪上进近灯、掉头坪边灯、跑道与滑行道相接处滑行道灯具进行更换；对跑道边灯和主降方向 PAPI 灯及其回路电缆进行更换。

2016 年 4 月 29 日，省发改委对加铺工程初步设计进行了批复《云南省发展和改革委员会关于昭通机场跑道加铺工程项目初步设计及概算的批复》（云发改民航〔2016〕644 号）。昭通机场跑道加铺工程总概算投资为 5538 万元，其中：工程建设费用为 4390 万元，其他费用为 884 万元，基本预备费 264 万元。主要建设内容和规模分为：场道工程和助航灯光工程。

该工程于 2016 年 9 月 13 日开工，10 月中旬场道工程建设任务基本完成，场道工程部分于 2016 年 11 月 30 日通过民航西南管理局竣工验收和使用前检查。机场道面等级 PCN 值由原来的 PCN32/R/B/W/T 提升至 PCN54/F/B/W/T（组合结构），能够满足 B737—800 及以下机型满载运行；助航灯光改造工程部分已于2017年1月12日施工全部结束通过竣工验收，并于2017年1月21日进行了飞行校验。2017年6月27至28日，跑道加铺工程通过民航西南管理局行业验收，至此昭通机场加铺后道面正式启用。跑道加铺后机场道面等级PCN值由原来的PCN32/R/B/W/T提升至PCN54/F/B/W/T。改造后的助航灯光在机场使用细则更新生效后于2018年3月1日正式启用。机场建设工程中所有的航空专业技术术语，是机场在云南机场集团有限责任公司的领导和帮助下，用实际行动助力昭通攻坚脱贫。

跑道加铺后机场道面等级提升标志着昭通机场在保障能力上的提升，除了保障波音“737”机型还可保障更大机型的航空飞行，更大机型的航空飞行保障将极大拓展昭通航空市场的发展，能和更多的航空公司和城市直飞，这对昭通脱贫攻坚工作奠定了坚实的“空中走廊”。

## 过渡期扩建工程实录

2016年年初，集团公司向云南省发展和改革委员会报送了《关于报送云南昭通机场过渡期扩建工程可行性研究（代立项）报告的请示》（云机场〔2016〕137号）。2016年5月，省发改以《云南省发展和改革委员会关于昭通机场过渡期扩建工程可行性研究（代可研）报告的批复》（云发改民航〔2016〕730号）对过渡期扩建工程作出批复。本项目总投资估算为5888.36万元。资金来源：除申请国家补助资金外，其余由集团筹措解决。2017年1月，民航西南地区管理局、云南省发展和改革委员会共同以《关于云南昭通机场过渡期扩建工程初步设计及概算的批复》（民航西南局函〔2017〕21号）对过渡期扩建工程初步设计及概算作出批复。工程概算核定为5481万元，除国家投资补助资金外，其余由集团筹措解决。

工程主要建设内容：

（一）飞行区工程，本期扩建2个C类机位，扩建站坪面积5400平方米，道面结构采用水泥混凝土道面，扩建后机位总数达到4个，站坪尺寸为159×79.65米，面积达到12665平方米。新建服务车道5200平方米。

（二）航站区工程，在现状航站楼西南侧新建1081平方米的一层航站楼，航站楼面积达到3036平方米；新建航站楼采用混凝土框架结构或钢架结构，层高7.5米；主要包含普通候机厅、母婴室、安检办公室等功能分区。迁建货运库至航站楼东北侧，建筑面积为295平方米，采用混凝土框架结构或门式钢架结构。在现状停车场旁新建900平方米的停车场，增加车位约30个。

（三）配套改造目视助航设施、给排水、消防弱电及道路等工程。

该工程于2017年8月15日开工（飞行区工程），工程于2018年2月9日通过民航西南管理局竣工验收，2018年6月通过使用前检查。航站区工程于2017年12月开工建设，2019年1月29日通过竣工验收。2019年8月14日，过渡期扩建工程通过民航西南管理局行业验收，至此昭通机场过渡期扩建项目正式启用。

“十三五”期间，机场集团公司高度重视昭通机场基础设施建设，自2016年至今累计投资1.6亿多元，完成昭通机场跑道加铺、信标台更新改造、气象设备更新改造、过渡期改扩建（机坪扩建、航站楼扩建、新建货运仓库、扩建停车场）、甚高频更新、仪表着陆系统测距仪台更新、职工室外运动场等等项目。跑道加铺后机场道面等级PCN值由原来的PCN 32/R/B/W/T提升至PCN 54/F/B/W/T。2017年开始机场候机楼和机坪过渡期改扩建工程，2018年7月3日投入使用。候机楼面积增加1081平方米，由原来的2003平方米增加至3084平方米，2019年1月29日竣工验收，8月14日通过行业验收，正式投入使用。2020年开展仪表着陆系统测距仪台更新项目。随着机场基础设施的不断完善，机场保障能力不断增强。

机位扩建、候机楼扩建，极大提升了昭通机场的航空运输能力，对昭通航空市场开发奠定了基础。

机场作为航空运输业的重要基础，可以带动物流、旅游、会展、咨询等多元服务产业的增长。多山的昭通与外界沟通，以前主要依靠公路为运输主体，时间运转周期长，受公路发展的制约，不能充分融入“一带一路”“长江经济带”“中国－东盟自贸区”“大湄公河次区域经济合作组织”“9+2泛珠三角区域经济合作组织”等国家政策支持的快捷便利，“空中走廊”是交通必须突破的瓶颈。

航空机场的基础建设投入，促进综合交通大发展，带动地方脱贫攻坚，最终实现大跨越。绝不是口头的一句誓言，而是实实在在的经济投入和实干精神，云南机场集团有限责任公司作为建设投资主体，昭通机场克服建设任务繁重，建设资金压力巨大，同时在保障航班安全飞行、航线逐年发展增加，人员不足、不停航施工的工作现状，机场在昭通扶贫攻坚决战年确保安全形势平稳，服务质量持续提升和航空市场有序发展的良好局面。

## 2020年，机场良好的市场运输

截至10月31日，昭通机场完成航班起降3888架次，旅客吞吐量270522人次，货邮吞吐量73.7吨，分别完成年度目标的92.57%、96.62%、73.7%。

保障其他飞行28架次（校验飞行6架次，专机飞行4架次，包机飞行18架次，公务机飞行8架次，通用飞行9架次），机场放行正常率达91.62%。

预计2020全年完成运输起降架次4900架次、旅客吞吐量34万人次、货邮吞吐量100吨，人机比为70人。预计分别完成年度目标任务（4200架次、28万人次、100吨）的116.7%、121.4%和100%。同比2019年实际完成数（4220架次、37万人次、340吨）分别增长16.1%、-8.1%和-71%。

运输起降架次增幅高于旅客吞吐量，已经超过去年同期水平；受新买冠疫情影响航班客座率较低，旅客吞吐量低于去年同期水平；货邮吞吐量由于今年起统计时不再计入过站货邮，所以数据上看是大幅度下降，但实际基本与去年持平。

自 2020 年 1 月新冠肺炎疫情发生以来，昭通机场立即成立新冠肺炎疫情防控领导小组，不断完善应急处置预案及各项防控措施，加强各成员单位的沟通协调，着眼解决急需难题、协调落实政策、专业医务人员、物资保障等机制完善的机场综合防控体系，坚决贯彻执行云南省、集团公司、昭通市的疫情防控部署要求，充分发挥领导小组作用，坚决阻断疫情通过航空运输传播，有效遏制疫情扩散蔓延。截至 10 月 31 日，共检测旅客体温 242044 人，共检测出发热旅客 15 人，其中进港 6 人，出港 9 人，健康码累计出现“黄码”62 人、“红码”109 人（其中包含外省入滇、境外中转入滇、经昭过站旅客），均按要求上报上级疫情防控指挥部进行处置，采取集中隔离 24 人，报社区随访 47 人，目前机场未发现确诊和疑似新冠肺炎患者，实现了“员工零感染”。

在民航局对航班的各项调控政策下，全国航班大幅度减少，全省多个机场出现断航停航等情况，为保障疫情防控物资运输的畅通，在市委、市政府的大力支持下，昭通机场积极协调航空公司，坚持航班不断航，除因疫情防控需要部分航班停飞外，保持了 70% 以上的航班执行率。疫情稳定以后，机场加大市场营销力度，全力以赴推动“复工复产”，6 月起航班水平已恢复至去年同期，7 月 1 日以后所有航班已全部恢复。在疫情防控常态化的形势下，机场积极开展市场营销，努力拓展新航线。5 月 3 日夏秋航班换季后加密东航昆明—昭通往返航线，由原来的每周三班增加至每天一班；6 月 2 日，新开广州- 昭通航线，这是昭通机场继开通深圳后至广东省的第二条直飞航班，对于密切昭通与整个“珠三角”地区的联系意义重大，新开航班由南方航空公司执飞，每周二、四、六各执行一班。9 月 1 日新开华夏航空重庆—昭通—保山往返航线。机场航线网络得到进一步拓展。同时通过采取积极有效的措施努力提高航班正常率，持续加强对航班客座率的跟踪监测，提升与市政府及相关职能部门的沟通协调效能，实现航班持续稳定和提升。

2020年机场开展了昭通市航空旅游市场宣传，组织开展了多式联运模式可行性研究分析，组织旅游集市，货运市场调研等市场拓展活动。通过多方位的市场拓展活动，努力提升机场客座率水平和货运吞吐量水平。

“十三五”期间，运输生产量快速增长：“十三五”期间，昭通机场发展较快，旅客吞吐量连续突破20万，30万人次。2016年运输起降2962架次，旅客吞吐量24.4万人次，货邮吞吐量83.9吨。2017年运输起降3470架次，旅客吞吐量28万人次，货邮吞吐量249.4吨。2018年运输起降4058架次，旅客吞吐量34.7万人次，货邮吞吐量479吨。2019年机场完成运输起降4200架次，旅客吞吐量36.9万人次，货邮吞吐量334.4吨。2020年完成运输起降4900架次，旅客吞吐量34万人次，货邮吞吐量100吨。

航空运输助力古老昭通，机场承载航线开发重压，安全飞行带动地方脱贫攻坚，确保“十三五”交通扶贫脱贫目标任务顺利实现，将航空先行提升到关键的战略支撑高度，列为机场集团有限责任公司昭通机场最重要的基础设施建设全力攻坚。基于机场为基础的民航发展是突破这种天然障碍的利器，通过机场快捷便利从而实现高端商品与服务、生产要素与高端人才在区域经范围内自由流动，实现生产要素的合理配置，不断提高资源配置效率，为实现区域经济一体化提供了条件和基础，这是机场的发展，同时也是昭通脱贫攻坚的基本保障。

对于昭通而言，由于昭通山地较多，很多区域不具备建设高速公路的条件，但为了满足群众的出行需求，改善航空运输条件。在自然灾害多发等地区以及中、小型城市等人口密集、地面交通拥堵严重地区加大机场基层建设，可以满足抢险救灾、医疗救护、反恐处突与公共管理等需要。

昭通机场将积极克服昭通航空市场尚不成熟，发展相对脆弱，对政府补贴政策依赖性强。同时机场受民航局“控总量、调结构”政策影响，航班增量限制市场发展问题突出。因为机场航班量基数较小，在增加航班时，新增航线数量受到较大制约等不利因素。

同时，加强市场营销工作，积极开展市场相关研究和市场营销活动，努力提高客座率水平。加强货运市场调研，研究航空货运发展模式，提升腹舱载运率，积极拓宽货运渠道，努力提高货运量。积极探索多式联运模式，深入挖掘客货源。通过一系列措施确保航班航线稳定的同时努力开辟新航线。

（作者系昭通机场行政办公室工作人员）

# 朝发夕至　承载梦想

——航旅集团智成公司扶贫纪实

孙世浩

中国是世界上最大的发展中国家，是世界减贫事业的积极倡导者和有力推动者。中国政府始终坚持从基本国情出发，将减贫脱贫作为国家发展的重要目标和任务。在举国共抓扶贫脱贫工作的大背景下，昭通市航空旅游集团有限公司智成旅游有限公司（以下简称航旅集团智成公司）在昭通市交通运输局的坚强领导下有幸加入轰轰烈烈的脱贫攻坚战之中。

智成公司是航旅集团旗下的全资子公司，现有驾驶员 19 名、客运旅游大巴 22 辆，租赁车 4 辆、农村客运车辆 2 辆，主要从事道路旅客运输和汽车租赁行业、农村客运相关工作。我有幸跟随劳动力输出、易地扶贫搬迁、农村客运车队参与公司的运输任务。

## 一、承务工之梦——劳务输出

2020 年开年以来，受新冠肺炎疫情影响，全国大面积停工停产，公司也响应道路运输管理行业号召，全面停止运营。3 月前，在接到鲁甸县劳动力输出运输任务后，为了有效保护公司驾驶员，也为了安全地将昭通市鲁甸县外出务工的农民工送到目的地，我们对公司全员做好了有关新冠疫情防控知识培训、车辆消毒和安全生产检查等工作的全面充足的准备后，才陆续组织公司复工复产。昭通市鲁甸县将劳务输出作为巩固脱贫成效的重要一环，关键一招，但受疫情影响，鲁甸县在家劳动力外出务工时间一再推迟，某种程度上影响了当地群众的正常收入，在确保疫情得到有效控制的同时，有序组织鲁甸县劳动力健康安全外出务工的重担也就压在了我们公司身上。

2020 年 3 月 2 日，我随公司鲁甸劳务输出专车车队赶赴昭通市鲁甸县体育馆集结。智成公司前后分别将 700 余名鲁甸县人民送往浙江、广东、江苏、海南、昆明等地。我所在的车队的目的地是海南省万宁市，工作人员统一为我们的车辆悬挂横幅、张贴车辆序号，又与我详细对接，叮嘱我们把全员安全送到目的地的同时，屡次对我们千里迢迢运送群众的工作表示感激和关心。几名驾驶员纷纷对他表示感谢，虽然我是第一次随车长途，从没有亲身体会过长途驾车的劳顿，但是从工作人员和驾驶员的交谈中也算是对未来几天的高强度工作有了些许心理准备。

欢送仪式上，鲁甸县领导对所有外出务工人员表示亲切的关心和问候，叮嘱驾驶员疫情期间注意保护好自己也保护好交托给他们的鲁甸人民，言辞质朴而诚恳。仪式结束后，浩浩荡荡的车队开赴各自的目的地。随即我与公司 4 名驾驶员驾驶两辆车辆从鲁甸县体育馆出发，承载着 70 多名鲁甸乡民务工的梦想，踏上昭通市鲁甸县至海南省万宁市为期四天，单程约 1700 公里的漫长旅程。

一路上除了按照相关规定停车休息和必要的司乘人员在休息区简单休息进食、驾驶员换驾以外，其余时间都在往目的地海南省万宁市赶，可谓“星夜兼程”。驾驶员一路舟车劳顿，以令人瞠目结舌的毅力和执行力，仅两日就奔袭约 1700 多公里安全送所有乘客抵达万宁。期间连日的长途驾驶和夜间恶劣的休息条件使得驾驶员们和乘客们精神状态都不好，唯有乘船往海南的时候，一望无际的大海和温暖的海风才让我们眼里的疲惫缓和了许多。1700 多公里的日夜奔袭，驾驶员们只能相互体谅照顾，感觉疲惫了就告诉另外一名驾驶员下一个服务区尽快换驾，然后开车的驾驶员调整休息准备着下一次换驾，机械式的工作使得我敬佩他们作为驾驶员的专业性同时也不免联想到，究竟是多少个日日夜夜才能形成这般机械式的执行力。

乘客悉数抵达目的地后，我们一直拨打着周边宾馆的电话，为了找寻一处可以容纳两辆大巴车的所在，夜里十一点多才找到住处，在门口的小饭店吃饭后才回到宾馆下榻休息。第二天 9 点左右，我们在集市小饭店早餐，看到不少我们运送来的乡民们在集市不同的地方各自工作，满怀美好祝愿的我们也踏上了归途。

## 二、圆“挪穷窝”之梦——易地扶贫搬迁

易地扶贫搬迁工作是党中央、国务院作出的一项重大战略决策，是从根本上解决“一方水土养不起一方人”的地区脱贫问题最直接、最有效的重要举措。“搬哪些”“搬哪里”“怎么搬”“做什么”“怎么管”是易迁工作中必须要解决的五个问题。怎么搬，怎么样安全有序地将怀揣着“挪穷窝”之梦和对未来生活美好希冀的乡民送到新的生活环境就是我们在考虑的事情。为此，公司高度重视。2020 年以来，智成公司先后出车 95 趟次，安全将莲峰镇 3600 群众送抵靖安新区和卯家湾安置区。为了做好搬迁工作，公司提前组织工作人员对运输线路的线路进行路况安全隐患排查，并且多次开展针对大雾大雨等恶劣天气行车的安全教育培训工作；疫情期间，参与易迁运输任务的车辆都分别进行全方位消毒和安全隐患排查，做好了万全准备。

2020 年 3 月 14 日，我随公司执行易地扶贫搬迁运输任务车队提前到昭通市永善县莲峰镇，为第二天的易地扶贫搬迁做准备。昭通到永善莲峰路程大约 140 公里，但山路蜿蜒曲折且时常伴有大雾，为了安全起见，我们格外注意控制车速，3 个小时才到达目的地。到达时，莲峰镇政府工作人员正

在组织运送货物的车辆有序停放，我们的车辆暂时停放在路边。交警同志在得知我们是为明天莲峰镇易地扶贫搬迁工作而来的，在狭窄的路段组织车辆有序通过，过往的乡民虽然议论纷纷，但在得知我们是来开展易地扶贫搬迁工作的车队的消息后都面带笑容向我们示好。稍作等候，待货运车辆停放整备完毕后，交警同志组织我们有序停入镇政府停车场，与当地政府工作人员详细对接第二天的工作后，在政府门口的一家酒店办理入住，驾驶员们也简单在房间里稍作休息。吃完晚饭以后，我们一起在宾馆周边走走，驾驶员们议论着一路赶来莲峰这惯见的大雾大雨天气，互相分享着恶劣天气安全驾驶的好方法好经验，路上遇到一些活泼的小孩会跟我们搭话，毕竟乡镇里来了一帮陌生人他们也感到好奇，带我们去超市采买，虽然没有更多交流，但是我们也是感受到了来自莲峰乡民的热情。

第二天 7 点左右，驾驶员们就赶到莲峰镇政府停车场车边集结，配合政府工作人员组织乡民有序乘车。待所有乡民乘坐车辆后，承载着莲峰镇乡民们的车队统一出发。乡民们在驶离莲峰镇时，车内不时有人在对外张望，年老的人眼里多是不舍与告别，不舍的是生养他们几十年的家乡，告别的是这片爱得深沉的土壤；年幼的孩童们眼里更多的是期待与好奇，期待新的生活环境，又对走出大山所看到的一切感到好奇。3 个小时的车程，我们顺利将所有莲峰迁出乡民安全送到靖安新区，简单休息后，我们也就返程了。

## 三、携赶集之梦——农村客运班线

大山包自然保护区位于昭通市西部，距离城区约 80 公里，平均海拔在 3100 米左右，年平均气温 6.2℃，因为气温常年偏低，尤其到了冬季时常能够看见大山包乡民们寒风中艰难前进的身影。老林村、车路村分别距离大山包集镇约9公里、7公里，大山包集镇每逢农历一、四、七赶集，由于老林村、车路村距离集镇较远，每逢集镇赶集，总能看到乡民背着很大的背篓佝偻着腰缓步走在赶往大山包集镇市集的背影，路途遥远不说，能够携带的货物也有限。

航旅集团智成公司为了方便车路、老林村乡民赶集出行，经过五个月的前期准备，新增公司经营范围农村客运班线，对班线线路进行可行性分析，明确老林村、车路村客运线路并公示，将车辆性质为租赁车辆的两辆车合法变更为农村客运班线车辆并安装动态监控设备，于2020年8月正式开通大山包集镇农村客运班线，客运车辆乘车点为老林、车路村村委会和大山包换乘中心。公司为了确保开展农村客运班线工作的安全有序，组织专人开展两条线路的路况安全隐患排查工作，经过仔细检查，最终统计的信息和数据悉数告知驾驶员，在公司的安全教育培训会议中系统培训好让驾驶员们熟悉路况，避免安全生产事故的发生。

执行农村客运运输任务的驾驶员都会在逢赶集日的早上6点左右从市区出发，7点赶赴公司驾驶车辆提前到大山包做好准备。起初，乘车乘客较少，因为公告的宣传方式存在一定的局限性，大概每次赶集的时候只有四五人会选择乘车，其余乡民还是选择步行到集镇。后来随着时间的推移，开始多趟次地来回承载乡民，也有人会在站牌向我们的车辆招手，但更多的是在村委会等待。乡民们偶尔询问一天多少班车，发班、收班的时间和地点之类的问题。谈笑间，不仅感叹有一趟开往自己所在村落班线客运的便利，也圆了出家门抬脚上车赶集的梦想。虽然现在农村客运乘车乡民为数尚少，但本着方便大山包乡民出行的初衷，驾驶员们总归是笑容满溢。

朝发夕至，取其交通便利通达之意，在浩浩荡荡的脱贫攻坚洪流中，航旅集团智成公司致力于劳动力输出、易地扶贫搬迁、农村客运，承载着每一位人民群众的美好梦想，竭力为脱贫攻坚贡献自己绵薄的力量。

（作者时任昭通市航空旅游集团智成旅游有限公司办公室副主任）

# 成贵高铁开通扶贫纪实

## ——威信、镇雄革命老区扶贫记

孙维忠

2019年12月16日早上6点30分，天还未亮，成都东站20号站台传出歌声，一群身穿苗族服饰的女子跳起迎客舞，在她们旁边停靠的，是成都到贵阳首发C6041次列车，6点58分，随着列车缓缓驶出成都东站，成贵高铁正式开通运营。在成贵高铁全线开通时，让我们一起来回顾一下其修建时间轴：2008年12月29日，成都至乐山段正式开工，2014年12月20日，成都至乐山段开通运营；2019年6月15日，乐山至宜宾段开通运营；12月16日，宜宾至贵阳段开通运营，标志着成贵高速铁路全线建成通车。成贵高铁由成都东站至贵阳东站，全长648千米，设计的最高速度为250千米/小时，成都与贵阳两个省会城市最快3小时左右可达。全线通车后，昭通结束了没有高铁的历史，威信、镇雄两县形成新的出川铁路大通道，对进一步缩短我国西南、西北地区与华东、华南地区的时空距离，助力西南西北区域脱贫攻坚，加快城市群建设，推动威信、镇雄革命老区的脱贫攻坚和产业发展具有划时代的历史意义。

## 威信、镇雄脱贫现状

成贵高铁在昭通境内经过威信、镇雄两县，两县均位于云南省东北，云、贵、川三省结合部，俗有“鸡鸣三省”之称。1935 年 2 月，中央红军长征经过威信县，中共中央政治局在威信县召开了长征中一次十分重要的会议——扎西会议。作为遵义会议的继续和最后完成，这次会议为实现长征中的战略转变进行了切实的指导和部署，开启了中国革命从胜利走向胜利的序幕。曾经使中国革命从胜利走向胜利的威信，由于地处乌蒙山集中连片特困区，属于国家级贫困县，是一个典型的山区县，农业以玉米和水稻、烤烟为主，总面积 1400 平方公里，人口近 50 万，截至 2019 底累计减贫 17843 户 74534 人，80 个贫困村全部出列，贫困发生率下降至 0.015%，正式退出贫困县序列，开创了威信减贫史上的新纪元；镇雄县在历史上与滇西的腾冲共同享有“金腾越、银镇雄”的美称，自然资源较为丰富，总面积 3696 平方公里，人口近 170 万。今年，68 个贫困村 11.6 万贫困人口顺利脱贫出列，贫困发生率降至 9.26%。11 月，镇雄县在全省已启动贫困县退出公示，拟退出贫困县序列，现在正处于脱贫攻坚摘帽关键时期，成贵高铁的通车运营，镇雄人民企盼已久的“高铁梦”成为现实，威信、镇雄通江达海一改闭塞历史，“千里之外、朝发夕至”。“成贵高铁开通后，形成了西北地区、四川、贵州毕节连通珠三角（华南）、长三角（华东）、京津冀和环渤海等经济发达地区的一条高速大通道。对促进镇雄县脱贫攻坚和威信县脱贫出列后的社会经济发展，都具有重要的推动作用。”威信县铁建办主任张启尧说。

## 威信、镇雄跨入“高铁时代”

1978 年，昭通境内只有唯一一条或许还算不上铁路的铁路，即云南天然气化工厂专用铁路，全长仅仅 1.682 公里。而昭通境内正式的第一条铁路一内昆铁路，在 2002 年 5 月 12 日正式投入运营，结束了昭通没有铁路的历史。进入新世纪后，昭通人民觉醒，开启了乌蒙大地筑路的新征程，特别是党的十八大后，昭通确定了“交通先行”的发展战略，600 多万乌蒙儿女以壮士断腕的决心，不怕牺牲，敢教日月换新天的壮志情怀，逢山开路遇水搭桥，硬让乌蒙绝路开道让路。2019 年 12 月 16 日，经过施工方和铁路沿线各族人民六年的艰苦努力，克服重重困难，成贵高铁顺利通车。成都至贵阳铁路乐山至贵阳段总建筑长度 501.609 公里，成贵高铁被称为“世界第一条绿色山区高速铁路”，成贵高铁的开通，让昭通的威信、镇雄两县一时间就跨入“高铁时代”，成贵高铁是构建我国西部地区快速客运骨干网和西南至华南沿海及湘闽赣浙地区区际快速客运通道的需要；是整合区域旅游资源，加快沿线旅游资源开发，构建我国极具魅力的旅游带，实现可持续发展的需要，加快了昭通市威信、镇雄两县快速融入川渝黔城市群群体的步伐，可借助川渝黔经济优势，带动两县经济发展，加快两县脱贫攻坚的步伐，让两县人民更大程度地享受高铁经济带来的实惠。

## 威信、镇雄高铁站开通仪式实录

高铁从成都东发出 2 小时 26 分钟和 2 小时 40 分钟后分别到达威信和镇雄高铁站，在威信高铁站等待乘坐本次列车出行的黄先生说道“不管是到成都还是到贵阳的出行方式，现在又多了一个选择，当然好了，不像以前，要坐车，错过时间就没得啰，高铁是相当的方便”。“成贵高铁开通，成都到贵阳两个城市之间来往时间差不多近三个小时，威信处于两个大城市之间，我们一家一直都非常想去成都和贵阳旅游和品尝美食，一家三口乘车不太方便，尤其是带着娃娃，家私又多，现在高铁开通了，平时小长假或啥子时间有空都可以去耍，更方便了。”在镇雄高铁站另外一位姓徐女士说道。“以前从成都来镇雄处理过生意上的事情，自己开车要 5 个多小时，翻山越岭，冬天加上天气不好，雾雪又大，非常危险，现在 1 个多小时就到，在车上感觉还未坐舒服就到了。”一位来自成都做生意的李老板说。而在镇雄高铁站准备购票的一位王先生说：“高铁站就修在自己的家门口，为镇雄以勒人感到很骄傲，很幸福，合适呢时候，想坐车到宜宾耍一趟，尝试一下高铁。”在检票口带娃娃准备出行的付女士补充说道：“以前坐大巴到成都要一整天的时间，现在坐高铁只要两个半小时，更方便、更快捷、更安全。”

在高铁开通的威信站、镇雄站现场还有很多很多发自内心的感言，大家的心情可以用“激动”“骄傲”“自豪”几个词来形容，在场的所有旅客在不停地拍照和不停地刷微信朋友圈，恨不得把可以乘坐高铁去成都和贵阳看风景尝美食的消息告诉圈里的所有朋友，恨不得用功率最大的扩音器向所有的人宣布，“我可以坐高铁了”，这样的心情我能理解，我也能体会，换作是我的话，我也会的。只怪是成贵高铁开通的迟了点，大家都等不及了。

## 成贵高铁开通　助推威信旅游经济发展

高铁的开通，方便了大家的出行，让大家的出行方式多了一种选择，但是对客运班线来说因为客流量的大幅度减少，对客运市场冲击比较大。据统计，2020 年 1—8 月，威信分公司客流量 96300 人，客运班线收入累计 72.77 万元，比去年 208.69 万元同比减少 135.92 万元，下降了 65.13%，高铁开通后客运公司停运车辆数 26 辆，截至 8 月公司同期收入降低票房收入 2093.48 万元，其他收入减少 1536.21 万元。高铁的开通，方便了本地群众外出务工，同时也为慕名而来进行红色旅游的人们开通便利。据威信高铁站胡建站长介绍“自开通高铁运营以来，去年 12 月至今年 9 月累计发送乘客 303247 人次、到达威信站的乘客约 305959 人次。人数还在不断的增加中，节假日人数更多，主要还是高铁安全、快捷”。威信有着光荣的革命历史、悠久的红色文化，底蕴深厚。红军和纵队在威信活动期间所形成的遗址遗迹（纪念地）、标志物较多，承载的革命历史、革命事迹和革命精神内涵丰富，“扎西会议会址”成为宝贵的红色旅游资源。

近年来，威信县委、县政府加大对红色旅游资源的开发和宣传，吸引更多的人慕名而来，从而带动当地的经济持续发展，让更多的当地群众摆脱贫困，让生活逐步好起来。据威信文旅局统计，近三年来，威信累计接待游客 890.02 万人次，年均增长 28.35% 以上；实现旅游综合收入 61.22 亿元，年均增长 45.7% 以上。其中，2018 年，全县共接待国内外游客 367.86 万余人次，同比增长 26.57%；一日游客 284.21 万人，同比增长 34.61%；过夜游客 83.65 万人，同比增长 5.22%；旅游总收入 27.45 亿元，同比增长 35.89%。截至 2019 年 9 月，共接待游客 295 万人次，同比增长 13.23%，实现旅游综合收入 17.8 亿元，同比增长 15.95%。

## 成贵高铁开通　正在改变镇雄人民的生活

### （一）劳务人员通过高铁大量输出带动当地经济发展

镇雄作为人口大县，劳务输出大县，2019 年 1—8 月通过乘坐客运班车外出到长三角，珠三角地区务工的人数 41623 人，自去年 12 月高铁开通后，2020 年 1—8 月乘坐客运班车人数为 31514 人，同比下降了 10108 人，可以看出更多外出务工人员乐于乘坐高铁出行，更安全、更快捷的高铁出行已经成为出行首选方式。有了高铁，镇雄到省城昆明 4 小时左右就能到达。镇雄人在昆明务工人数达 20 万人左右，镇雄往返昆明的出行多了一种选择方式，外出务工人员不管是在长三角还是在珠三角，还是在省城昆明，通过务工后的收入寄回家里补贴家用，人们的生活水平在一步步的提高，脱贫攻坚摘帽已经不远了。

### （二）成贵高铁带动教育扶贫

镇雄近些年以来对教育非常重视，除了现有的公办学校外，合作办学模式在这些年快速发展起来，继云师大镇雄附属中学后，镇雄 2019 年又成功与西南大学合作创办了西南大学镇雄第一中学。今年成功与浙江外国语学院、云南长水教育集团携手，合作创办浙江外国语学院附属中学和云南衡水镇雄中学；昆明理工大学附属镇雄小学、昆明理工大学附属镇雄幼儿园等。昆明、重庆、浙江更多的外地优质教育资源涌入镇雄，在镇雄任教的优秀教师要往返于两地，除了方便回家外，还能快速地让镇雄人民享受更优质的教育模式，培养更多的高层次人才和提高人民的素质，武装了头脑，确实对扶贫攻坚意义重大。

随着成贵高铁的开通，制约威信和镇雄经济社会发展的交通瓶颈正逐步得到改变，威信和镇雄与外界的交融发展正日益加深。不管是务工人员的“走出去”，还是高水平的教育人才的“引进来”这对于两县人们的生活质量来说也是一种很大的提升，为推动脱贫攻坚战略走深走实，具有十分重要的意义！

（作者时任昭通市交通运输局地方铁路事业发展中心办公室副主任）

# 穿越乌蒙天堑　昭通“高速”助力决胜脱贫攻坚

## ——昭通市高速公路建设发展纪实

柯　敏

昭通位于滇川黔渝交界地带，历史上因地处“五尺道”枢纽的独特区位优势，成为南方丝绸之路的商业重镇和中原文化传入云南的重要通道，是当时远近闻名的“会馆之都”，经济社会发展走在全省前列，有着“小昆明”的美誉。但随着区域内高山峡谷的阻碍和周边交通网络的通达，昭通逐渐被边缘化，人流、物流、信息流纷纷绕道而行，渐渐从内陆开放的前沿滑向闭塞落后的末梢，经济社会发展与周边州市逐步拉大。到2017年末，全市11县区中有10个是国家级贫困县，7个是深度贫困县，贫困人口占全省的四分之一，达92万之多，是全国贫困人口最多的地级市。纵观昭通实际，落后的交通严重地制约着昭通的经济发展。“交通兴，则昭通兴！”市委、市政府高瞻远瞩，审时度势，找准制约昭通经济发展的“脉门”，科学提出并强势推进“交通先行”发展战略，一场“交通先行”战役在乌蒙大地打响，乌蒙天堑变通途，助力决胜脱贫攻坚跑出“加速度”。

## 顶层设计，科学规划引领交通发展

昭通在破解交通瓶颈，建设高速公路网，发展现代交通运输体系等几方面重重困难，举步维艰。第一个瓶颈是工程建设之艰。大山大水大峡谷的复杂地质条件，全市山区半山区占国土面积的97%，海拔高差达3773米，高速公路平均桥隧比接近70%，每公里造价高达1.6亿元，有的路段桥隧比甚至高达86%，每公里造价近2亿元。第二个瓶颈是财力支撑之困。2017年，全市生产总值832.45亿元，人均生产总值仅15119元，地方财政收入只能基本满足保机构、保运转，保建设困难重重。第三个瓶颈是技术力量之弱。受发展落后、条件艰苦等制约，昭通本土交通专业技术人才和管理人才稀缺，特别是高层次和高技能人才极为紧缺。

面对重重困难，市委、市政府紧紧抓住国家“十三五”发展总体战略契机，横下一条心、立下愚公志，把“交通先行”作为“十三五”实施的“六大战略”之一，按照“顶层设计、规划引领、整合资源、科学执行”的思路，以构建大交通、建设大通道、打造大枢纽作为重点，着力把昭通建设成为川滇黔渝区域综合交通枢纽，“一带一路”、长江经济带等国家重大战略的交汇节点，内地通往南亚、东南亚和云南通往内地的双向大走廊，规划建设12条808公里高速公路。

## 科学执行，众志成城贯通高速大动脉

综合交通建设大会战在乌蒙大地全面打响。按照全面实施交通先行战略的目标任务，市委、市政府成立交通先行战略领导小组、交通重点项目建设指挥部，实行“一项目一方案”分类管理、“一项目一调度”强力推进。市委、市政府主要领导坚持每月轮流到项目现场召开调度会，一条路一条路地调度，现场解决问题，现场交办任务。全市各级各部门多措并举，勠力同心，全力全面加快推进前期、融资、建设、管理、服务等一系列工作。县乡村各级干部扎实做好征地拆迁、施工环境保障工作，全速推进高速公路建设步伐。

目前，昭通市进入县域高速“能通全通”项目 9 个 665 公里，估算投资 1028 亿元（即镇毕、格巧、串佛、宜毕、都香、宜昭、昭泸、镇赫、大永高速），进入“互联互通”项目 8 个 388 公里，估算投资 659 亿元（即绕城、镇七、水青、会巧、鲁巧、威彝、永盐、麻彝高速）。同时，沿江高速（3 条连接线）65 公里估算投资 120 亿元，国家发改委、财政部、交通部已同意参照国高网补助建设。“十三五”以来，我市纳入国网、省网盘子项目 18 个 1118 公里，估算总投资 1807 亿元。

“能通全通”项目已全部开工建设，“互联互通”项目已提前开工 3 个，即绕城、水青、镇七高速，其余 5 个项目正在抓紧开展前期工作，争取年内开工，沿江高速已举行开工仪式。当前已建成项目 4 个 206 公里，全市高速公路通车里程达到 464 公里，今年计划建成 287 公里，除永善县外其余 10 县区将通高速公路，昭通境内高速公路通车里程将从 2015 年年底的 258 公里达到 2020 年年底的 751 公里，建设规模、建成里程、完成投资均排名全省前列。上述高速公路实施完成后，全市高速公路里程达到 1376 公里，密度达到每百平方公里 5.98（相当于 2019 年全国第 4 位的广东省每百平方公里 5.28）。

## 创新驱动，量身打造
## 昭通高速建设、融资、人才引进模式

找准定位，出台地方标准。在项目推进实施过程中，昭通结合地方实际进行研究探索，邀请国家勘察设计大师汪双杰主持，多家行业领先勘察设计单位参与，因地制宜制定了《山区高速公路建设技术指南》，并上升成为省级地方标准。这项标准的实施，不仅让昭通成为全国第一个制定高速公路建设地方标准的州市，而且为滇东北高速公路建设管理提供了更具操作性的标准规范；根据测算，该标准可降低目前规划高速公路建设成本 60 亿元。推行“一路一策”“一路一企”争取央企参与，优化运营机制。

投融联动，创新融资模式。昭通市本级财政是典型的“吃饭财政”，即便在这样困难的情况下，仍多方筹措资金，按 1000 万元 / 公里的标准支持高速公路建设。特别是去年以来，在各级政府规范举债行为、强化风险防控、融资工作举步维艰的背景下，昭通市深化政策研究，不等不靠，主动出击，结合政府、投资方或社会资本需求，寻求各方利益需求的“结合点”“共赢点”，扩大昭通高速路的“朋友圈”，打好筹融资“组合拳”。一是坚持投融联动带动投资 137 亿元。二是多方争取筹措资金 300 亿元。积极争取中央、省、市资金补助 218.52 亿元，省政府筹集专项债券资金 115.71 亿元，三峡还建资金 22.76 亿、浦发扶贫基金 28.04 亿。探索市县共担征地拆迁费，明确县区承担征地拆迁费的 50%，共计筹集 60 亿元。三是银企对接贷款融资 800 亿元。围绕 11 条高速路为“经营性收费公路”这一核心优势，昭通市把争取银行中长期贷款、银团贷款作为融资主渠道，编制《昭通高速融资项目手册》，全方位推进银企对接，达成融资意向 800 亿元，落实资金 564.44 亿元；突破非金融机构融资，启动债券发行业务，遴选红塔证券作为首次非公开发行公司债券承销商，争取 2020 年 9 月发行首期十亿元债券，并计划于发行同期启动短融及超短融产品发行工作。

外引内联，培育专业人才。高速公路建设是一项“技术活”，每个领域都需要高端人才支撑。对昭通市来讲，尤其急需隧道、桥梁、路基、路面等领域的专家参与技术把关，以及会融资、能找钱、熟悉资本运作、有大项目运作经验的金融人才帮助解决融资难题。为此，昭通市实施“鲲鹏”“凤凰”“雏鹰”人才引进计划，吸引更多人才参与支持昭通建设。吸引更多人才参与支持昭通建设。陈泰锋是通过“凤凰”计划引进高层次人才的代表，拥有经济学博士、管理学博士后学历，经济工作和管理工作经验丰富。他到昭通后担任昭通高速资本运营有限公司总经理，带领大家利用新理念、新举措创造性地开展工作。除此之外，还有杜杰贵、周家强等高端人才都在各自的岗位发挥了重要作用。2017 年以来共引进 17 名高端技术人才，引进人才中已有 11 人入选“凤凰计划”，1 人入选“昭通名家”培养目录。争取省公路局派出 62 名专业技术人员到昭通高速公路项目一线支持建设。采取特殊招聘政策，引进交通紧缺专业技术人才 23 人。

## 精准发力，打通脱贫攻坚致富路

在国家和省的大力支持下，昭通市通过不断探索、完善和创新，在高速公路建设方面闯出了一条成功之路，全市上下大干交通、干“大交通”的氛围异常浓厚。近年来，昭通市以“133”（以群众工作为主线，坚持脱贫攻坚以人为中心这一根本，把握“精准、统筹、务实”三个关键，实现“思想、工作、情感”三个认同）脱贫攻坚思路为统领，积极探索“交通运输 + 扶贫 + 旅游 + 产业”交通扶贫模式，加快推进交通扶贫与产业融合发展，促进资源优势迅速转化为经济优势、发展优势，推进繁荣农村经济、促进产业升级、加快信息传播和对外交流，贫困地区脱贫道路越走越宽。目前，9 个县市区实现“通高”，全市区域性大通道增加到 8 个，以高速公路为主骨架的公路网结构初具雏形，加速人流、物流在城乡间的流动，城乡经济一体化进程明显加快，高速交通网络在全市脱贫攻坚与经济社会发展中发挥了“先行官”的作用。高速公路投资直接拉动 GDP 增长。增加社会劳动力就业机会。高速公路建设及运营不仅直接提供就业岗位，还可带动沿线餐饮、住宿等服务业发展创造间接就业岗位。据初步统计，“十三五”时期全市规划建设的高速公路，可直接创造就业岗位近 9 万个，且有利于促进沿线高新技术产业发展、刺激房地产开发、引发沿线土地增值、改善商品流通环境、带动第三产业发展、改变区域经济发展格局。

“现在，我宣布，沿金沙江高速公路昭通连接线开工！”12月29日上午，在昭通市永善县黄华镇朝阳社区“沿金沙江高速公路昭通连接线开工动员仪式”现场，随着昭通市郭大进市长“开工”命令的发布，沿江高速正式开工，这是“十三五”“一环两横四纵六联络”高速公路网中最后一个开工的项目，标志着昭通市“十三五”规划新建的12条高速公路全部落地建设，这在昭通综合交通建设上具有里程碑意义。郭大进市长介绍，沿金沙江高速公路昭通连接线的建设，对于完善区域公路网络、补齐金沙江沿线交通基础设施短板、服务乌蒙山集中连片特困地区脱贫攻坚，具有重大而深远的意义。项目建成通车后，滇川两省又多了一条互联互通的大通道，与成丽高速、渝昆高速连接成网，昭通将更加充分地融入成渝城市群发展。项目的建设，将打通昭通市沿金沙江区域的大动脉，为加快金沙江经济带开发、推动区域脱贫攻坚注入新的动力，将成为一条脱贫之路、小康之路、开放发展之路。

乌蒙山集中连片特困地区干线公路路况总体处于次等路水平，严重制约了乌蒙山区矿产、旅游、林果等优势资源的开发，降低了区域交通通行能力和服务水平，影响了人民群众出行需求及生活水平的提高。该项目作为集中连片特困地区规划的交通扶贫项目之一，其建设将大大改善这一地区与外界的沟通，基本解决区域交通基础设施发展滞后对经济发展相制约的矛盾，满足人民群众对安全、便捷出行的需求。同时，项目的建设可为这些地区提供就业机会，促进建筑业、服务业发展，为地区资源外运和劳动力转移提供便捷服务。可大大增加人民生活收入，提高生活水平，提升社会和谐程度。

在开工动员仪式现场走访时，随处可听到当地群众如出一辙的“真情告白”：“哈哈，今天要修高速了，太好了，太高兴啦！沿金沙江高速公路昭通连接线开工了，我做了好多年的梦（想）今天终于如愿了！”在开工动员仪式现场，黄华镇黄葛村金沙一组56岁村民缪万均无比欣喜地说，再过4年时间，沿金沙江高速公路昭通连接线将建成通车，给他们带来的便利和好处太多了："4年后，我们不管是出去看病、打工还是走亲戚，交通出行都会更快了。到那时，我们从黄华镇老家坐车去永善县城的时间将从现在的2个多小时缩短为20分钟，从黄华镇老家坐车去昭通城的时间将由现在的4个多小时缩短为1个小时，到金沙江对面的四川西昌市、凉山州等地也更快捷更方便了。"

"说句心里话，昭通连接线，除了用来连接滇川两省，还连到了我们老百姓的心坎里！"黄葛村和谐2组村民张云高说，这条高速公路的建成通车后，当地众多价廉物美的特产肯定会更好卖了，还会更容易卖出好价钱。

"不，你们都还没说完，这条高速路的好处还远远不止这些呢！"听完缪万均、张云高两人的话，71岁老人张加鑫在旁补充道，"你们想一想，这条路修好后，全国各地来我们永善这里游玩的人就会很多，我们种种菜、养养鸡，或者开个农家乐或小客栈，做啥生意都不愁没有客人来。"在开工动员仪式现场，大家你一言我一语谈论着、憧憬着高速公路修通后的幸福场景和美好未来。"一路连滇川，天险变通途！"规划建设的一条条高速公路蜿蜒穿越巴山蜀水、乌蒙高原、金沙江畔，成为一条条富民路、发展路、开放路、幸福路。

（作者系昭通市交通运输局高速公路建设办公室工作人员）

# 美丽乡村　道路先行

李　超

“要想富，先修路”，这简单的六个字从我小的时候就深深地刻在了脑海里，字很简单，但却是亘古不变的真理。自 2015 年我国提出打赢脱贫攻坚战以来，乡村扶贫道路的建设速度明显加快，至今已经实现了全市所有行政村通硬化路的目标。乡村道路建设是脱贫攻坚必不可少的关键环节，同时也承载着群众脱贫致富奔小康的梦想。

“要想富，先修路”是 1982 年时任四川省眉山县县长徐启斌在加宽改造眉山县公路时提出的，同年交通部在眉山县开现场会，向全国推广了这句话。并得到中央书记处认可。1986 年徐启斌调任洪雅县担任县长，在抓经济的同时，以修路为前提，改扩建公路 826 公里，修柏油路 130 公里，组织修建槽渔滩水电站，提前 10 个月竣工投产，真正达到了建一项工程，富一方百姓的目的。他带领全县人民修富民路，也被人亲切地称为“路县长”，路修好了，与外界的联系就顺畅了，老百姓也就富裕了。脱贫攻坚战打响以来，同样修通路、修好路是让偏远贫困地区老百姓富裕起来的关键，路是联系与外界的桥梁，路通了，资金流、信息流等将接踵而至。

2019 年 4 月至今，本人担任彝良县角奎镇马窑村督导员，马窑村共 31 个村民小组，2019 年 4 月，全村硬化道路很少，大部分村民小组道路没有硬化，基本都是土路，一到雨季，道路泥泞，车辆根本无法通行，尤其是高山上的 7 个村民小组，不仅是夏秋雨季，而且冬天因高山潮湿，同样车辆无法通行，全年车辆能够通行的时间不足 6 个月，老百姓苦不堪言，“雨天一脚泥，晴天一身土；天黑不出门，日下慢着走”是马窑村世代老百姓对自家门前土路的真实感受。多少年来，村民们出来进去都要从这破乱的土石路上过，扎脚、跌跤是常有的事；每逢遇到丰收季节，丰收的板栗、核桃、花椒、苞谷等也只能用人背马驮才能拉回家，拉一回颠一路也掉一路，这其中的不易，每个村民都能说上一天两天，不过这些都已成为历史，为了全村能够在 2019 年顺利脱贫出列，在政府的大力扶持下，马窑村加快了修路的步伐，路不畅通，即使达到国家脱贫标准，也不能让老百姓满意，路是经济发展的前提，路通了，幸福之花将绽放在马窑村的高山之上。

2019 年至今，马窑村把村组道路硬化作为脱贫攻坚的重中之重，主要领导亲自部署，狠抓落实，取得了明显成效。马窑村硬化道路 1 年间就达 7 条之多。湾子至关寨硬化道路惠及湾子、岩头、梁子、马口、关寨 5 个村民小组；关寨至磨刀硬化道路惠及磨刀、岩脚、潘口、石板 4 个高山村民小组；大田至岩头硬化道路惠及大田、岩头 2 个村民小组，同时与邻村拖脚村小寨社硬化道路连通。田坝至村委会硬化道路使得村委会至彝良县城由原来的 40 分钟车程缩短至现在的 15 分钟车程，大大方便了老百姓进城；游家湾至胡营硬化路使得胡营社老百姓摆脱了多年的泥泞道路；柿桃线至营盘硬化道路惠及桃坪、营盘 2 个村民小组，柿桃线至半山硬化道路使得半山村民小组出行更加方便。至今，全村仅马路、哨营、寨子、发利、坪子、草坪 6 个村民小组的社间道路尚未硬化，其中的 3 个村民小组还纳入整社易地搬迁，搬到了离县城不远的发界安置点，全村硬化道路网基本形成。

然而，修路的过程并非一帆风顺，平衡村中各种错综复杂的邻里关系是一大难题。王某和张某两家住得虽近，却是多年的“死对头”，修路这事上互不相让，两家为此闹得不可开交。村委会及驻村工作队成员蒋万菊、邓磊等在第一书记李壮的带领下，跑完东家跑西家，晓之以理动之以情，屡屡强调一定要以大局为重，几次三番终于讲通，宽敞的硬化路才得以在两家门前通过。还有一件事令我记忆犹新，在修建湾子至关寨硬化道路时，一家农户担心修路会使得雨季流水冲入他家而阻工，驻村工作队及村委会经过实地研究后发现雨季流水并不会冲入他家，于是多次向农户解释，劝导，但这户人家就认自己的想法，固执己见，坚决不同意硬化，由于工期不能耽误太久，于是当时只能空出一段，继续进行，这就导致了好好的一条硬化路，在这家的阻拦下硬生生地空出6米左右的土路，周边的百姓也是苦不堪言。但是村干部及驻村工作队队员并没有放弃，经过了一个雨季后，事实证明，雨水确实不会冲到他家，于是又做起这家的思想工作来，最终征得了这户农户的同意，村委会只能再次联系施工队，将这6米长的土路硬化，工程才得以完美竣工。

那么，修路究竟能给贫困地区带去什么？第一，基础设施的改善给老百姓出行带来了看得见的实惠，前两年因道路不好、导致村民在回家途中侧翻，造成了人员伤亡的情况。还有一件事是马窑村的领导在上发利社开展工作后，遇到山雨，发生了交通事故，差点导致车毁人亡。这些危险的事故将会随着道路的硬化而大大降低。第二，道路的修建，从而使村容村貌焕然一新，村容村貌也发生了根本性的变化，由于硬化道路的修建，运输成本降低，使得村民有能力修建崭新的楼房，再加上村委建立了门前三包等清洁道路等机制，使得整村的卫生情况大大改善。第三，路通了，产业之路随之伸展开来，以前的花椒等农产品只能自产自销，很少与外界进行沟通交流，路通了，花椒的名气打响了，同时，农产品效益高了，也吸引了很多以前外出务工的人员留在村里发展产业，养殖业、种植业以及农家乐等观光旅游业也蓬勃发展起来。马窑村除了大力发展花椒主导产业外，这两年还发展起了辣椒产业，采用政府＋公司＋农户的发展模式，政府负责联系公司为农户提供种子、种植技术，辣椒成熟后，公司还负责收购，政府为了鼓励农户发展产业，还会实行一系列奖补办法，尽最大努力让老百姓增收，现在的老百姓，不仅脱了贫而且富裕了起来。第四，路修好了，物流业也随之发展起来，其成本的降低直接促进了电商的发展。据我所知，马窑村已经有好几个年轻人做起了电商，其中岩头社的一位 26 岁的年轻人，在网上卖自己家喂养的土鸡，同时还顺带卖一些彝良的特产，如天麻等，现在每个月都有几千的收入，足不出户就能创收。第五，路修好了，会带来更多思想上的交流与进步，一些外界先进的思想、技术等传入农村，使农民的想法更多，致富路子更多，创新的事物不断涌现。

以上所见，路不仅仅承担通行的任务，它所带来的好处是多方面的。首先，路是扶智路，农村作为偏远地区，观点思想落后，只有积极引导其思想，树立要致富先修路理念，才能落实基本思路。其次，路是物流路，农村的农作物产品运出，工业区商品的运输都会促进物流行业的发展，只有交通发达，才能减少运输成本，方便城乡联系。再者，路是信息路，农村因地势原因，造成农产品生产科学观念，国家政策落实贯彻不到位，需要加强引进信息，路好了，方便了农产品的产出，产业蓬勃发展，经济大幅度提高。另外，路还是人才路，交通的方便将帮助我们引进人才，偏远地人才匮乏，合理引入人才能更好地规划地区，发展生产。综上所述，便利的交通促进观点路、人才路、信息路、物流路、产业路等的发展，将更加快速合理的发展农村，走向共同富裕。

最后，还是那句话，“要致富，先修路”。路，作为基础设施建设中的重中之重，承载了太多的作用，我国现今国民经济能够快速发展很大一部分得益对于路的建设。至 2019 年年底，高速铁路总里程已经达到 3.5 万公里，位居世界第一，比全世界其余国家的总和还要多，八纵八横的高铁格局已经显现；高速公路的建设也将在不久的将来实现县县通高速的宏伟目标。最后要想建设好美丽乡村，通村道路、村组道路这“最后一公里”极其重要，相信在不久的将来必将实现。

（作者时任系昭通市苹果产业发展中心派驻彝良县角奎镇马瑶村督导员）

# 公路修到家门口

陈　钰　余发亮

“公路修到家门口，公交车开进村里头，现在种的蔬菜、瓜果，养的猪、牛、羊再也不愁运不出去，有商贩直接来到村里收购，而且还能卖上个好价钱。”镇雄县芒部镇松林村村民宋树高欣喜地说。他的话也道出了昭通全市脱贫攻坚以来农村公路发生的喜人巨变。

## 路不通，出行难

交通是地球的血管，是经济社会发展的“命脉”。脱贫攻坚以前，昭通因交通不畅被边缘化，“昭通不通”成为经济社会发展的“堵点”和人民群众出行的“难点”。习近平总书记指出，基础设施特别是交通设施建设滞后，是制约云南发展的重要因素。昭通境内山高坡陡，沟壑纵横，立体气候明显，险关重叠，关镇坚固，典型的大山大水大峡谷，山区半山区占国土面积的 95% 以上，道路不通成为脱贫致富的最大短板。很大一部分人常年生活在深山石山区，行走在崎岖不平的山路上。闭塞的村落，落后的交通条件严重制约了昭通的经济发展，直接造成了山区人民群众出行困难，生产、生活物资运送不进、农副产品运输不出，雨天出门一身泥、晴天出门一身灰。

## 使大劲，修大路

在脱贫攻坚期间，按照习近平总书记“交通建设项目尽量向进村入户倾斜”的重要指示精神，昭通市委、市政府着眼长远，统筹谋划，全力推进农村公路这条“毛细血管”建设，为促进滇东北崛起逢山开路、遇水架桥，积极开拓高质量跨越发展的“昭通路径”。脱贫攻坚以来，一场最大规模的农村公路建设高潮在全市范围内迅速掀起，一时间昭通农村成了一个“大工地”，运土车一辆接一辆，川流不息；推土机、压路机各就各位，满负荷运转；抢晴天，战雨天，规模庞大的农村公路建设军团在战天斗地，他们在用汗水、热情和智慧编织属于昭通农村人民的致富梦想。随着隆隆的机器声，农村道路一米米向前延伸，一直延伸到千家万户。昭通的交通建设似乎满足了“荷花定律”，短短几年间竞相开放。

截至 2019 年昭通全市公路通车里程达 21139.398 公里。其中国省干线 2016.2 公里，农村公路 19123.198 公里，专用道路 13.692 公里。2015 年以来完成 14788 公里农村公路改扩建和新建，在建 4106 公里，累计完成投资超过 130 亿元，在实现建制村公路 100% 通硬化路和 100% 通客运的基础上，巩固提升建设成果，集中推进撤并建制村道路硬化、窄路基加宽改造、50 户以上不搬迁自然村道路硬化等农村公路建设项目，促进农村客货运输服务向自然村（组）延伸，打通“城货下乡、山货进城、电商进村、快递入户”双向运输服务，使贫困地区实现进得来、出得去、行得通、走得畅。一条条扶贫路、易地搬迁路、产业路、生态路、旅游路、民生路相继修通，打通了群众最为期盼的“最后一公里”，构造了同国省干线相连接的“毛细血管”，构成了昭通市如今四通八达的农村道路网，建设成为群众脱贫致富之路，成为驱动农村经济跨越崛起的强力“引擎”。

## 公路通，农民富

在镇雄县芒部镇松林村，村民成信贵站在小儿子刚建好的楼房前，看着门前干净整洁的柏油路，心情格外舒畅。回想起修公路的经过，他挺感慨的。2016 年年初，村干部上门作动员工作，说是要修公路，他挺高兴，那时候由于不通公路，他们到芒部集镇需要穿着水鞋走很远的泥泞路，在集镇边上的河里洗了鞋子再换布鞋上街。虽然路程不远，但路难走，要走两 3 个小时才到。当地有句民谚：“好个野登坝，泥巴糊齐胯，媳妇找不到，姑娘往外嫁。”就是对脱贫攻坚之前松林村交通条件的描述。成信贵举双手拥护修公路，可是一丈量，修公路要占用他家两三亩耕地，他舍不得了。后来经过村干部多次动员，他才下了决心修公路，而且还免费提供耕地，也没要青苗补偿费。在当时，整个芒部镇都在修农村公路，总里程达到 153 公里，测算下来，为了支持修公路，群众无偿提供出来的土地达 3000 多亩，放弃的青苗补偿费上百万元。原本是成信贵为了村里修通“幸福路”作出了很大牺牲，但现在他又成了最大的受益人。2017 年，村里通了公路，成信贵的儿子和 3 个女儿都在公路边建起了新房子，过上了过去想都不敢想的好日子。现在，成信贵没事就给孩子们看看房子，他的土地流转了几亩给合作社种竹子，有了土地租金，还可以不时去做零工，闲的时候种蔬菜卖。现在村里也有了公交车，可以不时到镇里、城里游玩，加上做保洁员也有一些收入，生活水平比以前提高了很多。

“交通便利，务工、务农两不误。”谈及巧家交通发展，家住巧家县大寨镇小田村长坪村民小组建档立卡贫困户朱再友很满意。朱再友一家 4 口人，其中两个孩子分别读小学和幼儿园。为做到增加收入和照管孩子两不误，朱再友平时在白鹤滩水电站务工，他的妻子在家养蚕。朱再友说：“公路都是硬化路，骑车到电站不到1小时，平时也能回家养蚕。”目前，朱再友夫妇俩通过勤劳的双手，务工又务农，已摘掉了贫困的帽子。朱再友把这一切归到交通发展上，他说：“如果路不畅，要照管家里就走不出去，发展生产也难，农产品收获了也卖不出去、赚不了钱。”

住在威信县长安镇瓦石村马道村民小组的村民柳明江一家2019年建了新房，公路修了到家门口，柳明江切实感受到了交通变化为生活带来的极大便利。柳明江说：“瓦白路未修之前，到镇上赶集走的是一条又窄又陡的小路，人们赶集不注意都会摔跤，烧煤买肥料都是靠人背马驮，公路不通修房子成本太高，公路通了修房子与以前对比悬殊了很多，在以前有的地方离公路远的，背一块砖要几块钱的运费，现在车拉到公路边只需要2块多，家家户户都盖了楼房。”然而没有修公路以前，长安镇一直是威信县交通较为闭塞的乡镇，村民出行和运输都极为不便，交通落后极大地制约了当地经济社会的发展。瓦白公路连接了威信县长安镇至庙沟镇，是林凤、长安、三桃方向通往昭通市的便捷通道，建成后加快了老三区通往外界的通行能力，解决了长安镇被边缘化的问题。

## 公路通，产业兴

公路的修通，不仅改变了农村群众的生产和生活条件，也成了带动当地经济发展的“致富路”和“希望路”。

威信县长安镇人民政府镇长常吕祥介绍道“在路未通之前我们这个地方主要都是传统产业，种玉米洋芋这些，它的经济效益经济价值就不高，每亩地就是三四百块钱，然后在开始修路的时候我们就规划了这个地方的产业，主要是以一种中晚熟优质香桃为主，高的地方种方竹，沿线种了六百亩左右的晚熟香桃，这个香桃明年就可以见效了，见效之后，每亩地的生产收益基本在原来种苞谷的基础上要达到十倍以上，原来基本上每亩地就是 300 块左右，以后的纯收益每亩地可以 3000 元以上。”

彝良县扶贫办主任王意如介绍：“交通基础设施的不断优化完善，助推了贫困地区产业、旅游经济的发展。公路建设与产业基地的精准对接，促成了龙街、奎香、树林三乡马铃薯种薯扩繁基地，龙安、奎香、树林夏秋蔬菜生产基地，荞山镇的羊肚菌大棚种植、生猪养殖示范基地，百草羊产业、草虫鸡产业等一批种养产业和旅游产业扶贫基地的建成，带动了彝良县 15 个乡镇 139 个村（居委会）1900 余户 80000 多个贫困人口实现增收脱贫。”

大关县玉碗镇石灰村大坪社是一个海拔高达 2000 米的小村庄，当地气候恶劣，光照时间少，雾天较多，通村硬化路建好之前一直处于“晴通雨堵”的状态，出行不便，运输困难，在 2017 年硬化路修通后，当地成立了养殖合作社，合作社采取圈养、散养和分发到农户家里养，再进行统购统销的模式，带动当地青储玉米的种植发展，农业经济效益好，农民积极性提高，而且道路贯穿田间地头，运输方便。

“小康路上决不让任何一个地方因交通而掉队”是全体交通人向党和人民作出的庄严承诺，无论面临多大挑战和压力，这一点都始终不渝、毫不动摇。

（作者陈钰系昭通市地方公路管理处处长，余发亮系昭通市地方公路管理处工作人员）

# 一条“路”的蜕变

陈文超

鲁迅先生说：“希望是本无所谓有，无所谓无的。这正如地上的路，其实地上本没有路，走的人多了，也便成了路。”西屏村的路就是靠众多的干部群众走出来的。

2002年之前的西屏村仅有两条毛路，这两条路就是两条愁苦的眉，群众看到它就很难看到希望。村子里没有路，仅靠两条腿丈量。西屏村位于云南昭通西南方向，距鲁甸县城59公里，距龙头山镇30公里，西屏村就是该镇最西边的屏障，西屏也因此而得名。老百姓出门办事，总是要天不亮、地不明、鸡不叫、狗不咬的时候，打着手电凌晨两三点出门，要花近5个小时才能到镇上，去晚了，就有可能办不好事，要赶在上班期间才能好办事，也要赶在太阳落山的时候才能回家。说的都是不急的事情，若遇到急事，比如说有个三病两痛，只能是狗守在厕所门边——等死（屎）。若从村里到县城，最快也要走10个小时左右，若遇到生病，还得请村里八九个人用松木杆和绳索绑成担架，轮班才能抬到县医院。就这样，有的人侥幸活了，也有的人不幸死了。

据村里的人说，就因这路，缪家过门一年多的媳妇因为难产，抬到半路母子就没了，当年的小缪已成了老缪，至今一直孤独地生活着；王家的婆娘，爬在树上打核桃，从树上摔下来，村里的人谈起这事，大家都揣摩是摔坏了内脏，到镇医院还差几华里路，就无救了，至今也只能成为村里的闲谈；也有孙家的老人得重病刚挂上吊针就去世，最后经鉴定：还是属于抢救不及时而去世的。后来，村里人生病就不再赶医院，他们宁可死在家里，也不让魂魄游荡在山上，成为找不到归家的野鬼。再后来，人们相信了本土的草药，也相信了求神问卦。

一个村庄需要的成长，诚如一个孺子成长的过程。

一个村庄道路的蜕变，诚如孩子学会狂奔的历程。

今天的西屏村道路已四通八达，虽然当初困难重重，但经过广大干部群众不断的共同努力，才把西屏村的路走成了今天的通达。

当年有本地的群众戏谑道："西屏村是红旗插不到的地方。"这话听起来似乎有些不入情理，但在 2002 年以前，西屏村确实是红旗难以插到的地方。乡镇干部要到西屏村工作，谁也不愿前往，总是要找出许多理由推三阻四不愿下村。一句话，就是路太远、太险，没有车路，要走好几个小时。

面对路的困惑，群众愁红了眼，乡村干部愁长了夜。

2002 年伊始，在群众急切的盼望下，在乡村干部的共同努力下，在缺衣少粮的境况下，村支书带领村组干部召开群众大会，一家一户做思想工作。"要致富，先修路"，没钱做没钱的打算，没钱也要修好这条路，拿出愚公移山的精神，没有掀不开的泥土，没有砸不烂的岩石，依山傍势，遇弯则弯，逢直就直。于是便凭直觉开始测量路线，分配人员，按家庭人口计算，每人每年一个人口必须修出两米长的路。根据地形，路面能宽则宽，该窄就窄，只要能让摩托车通行就好。支书心想，按这样计算，不要几个月就可以开通一条"金光大道"，群众的生产生活就可以得以改变，离梦想的源头就不会太远。

说干就干，经过几个月的努力，一条宽宽窄窄高低不平的乡村道路还真就修出来了。与其说是车路，还不如说是小道，但有小道总比没道好。自此，人们看到了希望，望到了幸福。舒展的眉头望得远了，特别引人注目的事也应运而生——村子里几个月内出现了三辆摩托车，村小学王校长、镇纪委书记、村支书三户人家都骑上了摩托车，虽然买的都不是新摩托，但在经济落后的山村也都是贵重物品。摩托车在这宁静了多年的山村发出的吼叫，震蒙了山民的大脑，也扯动了人们理想的弦。为修这路，占用了部分耕地，挖坏了庄稼果树。占用耕地的，有找支书要赔偿钱的，有要地块补偿的；有果树被挖了要村干部赔偿的，说的是小树会长成大树，大树将会结果，结了果就能卖钱。价值是10元的树苗，现在要100元一棵。村干部无奈开挖脑洞，从做思想工作到合理的赔偿，最终将事情摆平。

在山路上疾驰的摩托车，也激活了时人的眼界、洞开了大脑。山民都在想：只有路通了，才有骑车的可能；只有路通了，子孙后代才不像自己一样困在山里；只有路通了，才有到外面看世界的希望。于是大家都巴望，只要通路、只要能再修宽一些、再长一些，哪怕再占用了耕地，再损毁了几棵树也不再找村上的麻烦。

2003年，在群众的呼声由小到大，由点到面，若山里的汛期不期而至。部分群众代表找到村社干部商量，愿意投工投劳扩修路面。也想能骑上摩托车，让子女出外见见世面，将来有个幸福的家庭，也算是大家的一个梦想。

最终，镇村两级干部通过多方协调，取得交通局的同意，再次规划路线，群众投工投劳，政府免费提供炸药，村社干部组织西屏村15个村民小组的群众，再次扩修路面。于是，西屏村总算又有了路，东面联通了本镇的龙井村，西面接通了邻村的银屏村。修路的过程是艰辛的、群众的情感是炽热的、方式是原始的。虽然如此，但有了党委政府部门的支持，干劲就更足了起来。遇到岩层就用炸药开道，每次炮过之后，男人们大锤杆橇忙上阵，女人们钉耙锄头齐跟上。炮响之后，飞跃的石块打伤一个老缪，摧毁了部分的青苗，砸破了几家的瓦房，却没有人再闹腾，村支书忙前忙后还是找民政部门帮助一一进行补偿解决。几个月之后，一条崭新的路出现在村庄里，村庄有了办喜宴的幸福。

路有时候像人，人有时候也更像路。

这条土路修修补补，在西屏村人们的心中骄傲地走了两年多。可是2005

年的一场大雨让这条路遍体鳞伤，有的地方被雨水冲刷后，留下或深或浅的沟壑，流着淙淙的山泉；有的地方纯粹塌陷，成了险要的关口，让人望而生畏；有的地方乱石林立，不像是路，倒像是故意堆砌的假山，有种苦笑不得的痛感。这条路又成了人们心中的肿块。

村民们每天进进出出看着这条自己亲手修的路，就这样被一场山洪撕毁，一块块苦瓜似的脸，有种拧得下水的感觉，大家心里都不是滋味。乡镇纪委书记欧光荣和支书陈荣高看到这情形，两人商量后，花了一天的时间赶到县交通局，找到了局长。来人不张口，便知来人意。局长很敞亮地对他们说：我听说西屏村的路被这场大雨冲断了，塌方还比较严重。我知道你们来就是要钱修这条路，对于西屏村老百姓这些年交通局也没什么帮助，不用多说什么，那先安排人进行测量、预估一下有多少土石方，需要多少炸药、多少资金。其次，做好群众工作，镇村两级组织群众投工投劳，钱不怕，总会有办法解决的，但一定要把这条路修通。一席话，说得两个人浑身通透，如沐春风。

村里一个人也没想到，这么大的事情，局长这么快就给解决了。

回到村的第二天，书记和支书立即召集群众开会，传达了交通局长同意修建村路的批示。但要求大家要识大体、顾大局，修路占用的土地和庄稼树木，希望大伙要有奉献精神，不能漫天要价，村上会想办法合理合情解决，如果是些小的事情，大家就不要太计较。群众听了兴奋异常，都满口答应。

几经周转，道路经过专业人员测量后，这条路单从邻村的龙井村到西屏村岩头上小组就有 4.5 公里，需要资金 70 多万元。这一段岩层厚，土石方量大，修建难度大。剩下的 5 公里则分配给 15 个社的群众。

修这条路虽然艰难，但调用机械化作业加上雷管炸药的威力，又有群众的积极参与和配合，从 2006 年 4 月动工，10 月即竣工，只用了 5 个月。一条崭新的路终于又修通了，在原来的基础上更宽了、更平整了。通路不到一个月，村里就突然增加了几十辆摩托车，每天来来去去，像春风渲染大地一样迅捷，寂静的山村不再悄无声息。村庄似乎已不是原来的村庄了，以前只能骑摩托车的路，现在远远看去，像麻线的山路突然变成了一条宽宽带子，系在西屏村是山腰上，成了西屏村一道亮丽的风景。

而今，原来的书记、支书都已老了，但这条路、这里的群众还能记着他们。

这条路在四五年的时间内，给西屏村群众带来了福祉。但是好景不长，经过几年车辆的碾压，这条路又已是坑塘和沟壑。2011 年，昭通市委宣传部挂钩帮扶西屏村后，部领导看到这种情形，又一次积极组织镇村两级干部商讨修路的各项事宜。通过一段时间资金等各种项目筹措安排，这条路从 2012 年 3 月开工，至 2013 年完工。整条路面用石块铺就，这便是人们常说的——弹石路。这条路一次性连通了五个村落：银屏村、翠屏村、八宝村、龙井村、西屏村，一直通到“沙乐公路”的主干道。就是这个重要的决策部署，拉近了五个村落的距离，改变了原来“交通基本靠走，取暖基本靠抖，挖掘基本靠手”的局面，村落终于迎来了交通运输的春天。

时隔多年，不管走到村子的任何角落，群众都还记得这条弹石路。

在一个村子里住久了，人对村子便有了情感，对村子就有了依赖，村子便成了自己的村子，路也就成了村里的孩子。但这条路却也好景不长，似乎带有“红颜薄命”的命数。

2014 年 8 月 3 日的一场 6.5 级地震——“8・03 地震”，成了昭通市人民的一场灾难，更是鲁甸县重灾区人民生命财产的一场浩劫。地震来临，山摇地动，生命垂危，房屋损毁，道路塌陷，危如累卵，一切在瞬间灰飞烟灭。鲁甸县龙头山镇是地震的重灾区。地震造成云南昭通等市县区 617 人死亡，112 人失踪，3143 人受伤。龙头山镇西屏村 4 人死亡，100 余人受伤、60% 土墙房倒塌。

在党和政府的关心支持下，中共中央总书记习近平和国务院总理李克强等党和国家领导人心系人民，亲临现场查看灾情、指挥抗灾抢险。全国上下，人不分男女老少，地不分东西南北，捐钱捐物，纷纷赶来救援。

这条路在地震中也终结了他的使命，在大山中消融了它的身影。

“8·03 地震”一时成了全国人民心中的痛。

偏远的西屏村就在“8·03 地震”恢复重建的行列中，这条路也开始了它新的建设征程。在党和政府对恢复重建的统一部署下，在来自全国人民捐款捐物的大力支持下，在原有路基的基础上，国家拨付救灾资金几千万，调动大型机械，对部分垮塌严重的地方路线进行了改道，危险地段增设了防护栏。从此，这条路便真正成了公路。除此之外，西屏村下环山的一条入村路段，每年群众三番五次修好后都被雨水冲垮，垮后又修，反反复复，几经周折。2014 年，在云南滇能集团建设天花板电站的过程中，拨付资金 30 万元，用推土机挖出一条更宽的土路，解决了群众出行困难的问题。但它毕竟是土路，每年一到夏季雨水来临，整条路段常常被塌方所阻。2015 年，昭通市委宣传部挂钩领导又筹措资金 50 万元，在原有路基上再次加宽加固进行扩建。2018 年，市委宣传部再次协调交通、国土部门，共投资 1200 余万元，对下环山老屋基村民小组至大树子村民小组，以及上环山谢家良子村民小组至大丫口村民小组共计 10 余公里村组道路，一次性硬化成水泥路，2019 年，鲁甸县土管部门又在西屏入社的泥土路段的基础上，硬化了西屏村另外未硬化的三个标段。至此西屏道路四通八达、畅通无阻，实现了组组通硬化路的局面。

今天的西屏村，不是昨天老百姓调侃的“西贫村”，更不是昨天笑料的红旗插不到的地方。

自 2014 年西屏村修通了路，交通运输解决了，每家每户都修了砖房，搬入了新居。自 2014 年西屏村地震恢复重建以来，全村共建民房重建 690 户，修复加固 32 户，搬迁重建 9 户。根据每个家庭经济的实际情况，党委政府在恢复重建中每家均补助 4 万或 5 万元的建房款。2017 年，西屏村在脱贫攻坚中实现整村脱贫出列，群众在收入、住房、教育、医疗、饮水等方面均达到脱贫标准；在交通、电力、广播电视、网络、医疗设施、活动场所等方面也达到村脱贫出列的要求。西屏村地处牛栏江江边，属于干热河谷地带，一年中有两个月左右出现短暂缺水现象，为了解决饮水问题，全村前前后后修建水窖300余口，管饮30余公里。就2019年一年中，昭通市委宣传部协调资金投入解决饮水资金达110多万元。鲁甸县龙头山镇盛产花椒。每年9月，万亩花椒绿树成荫，飘香四溢，这里的花椒颗粒饱满，油渍丰润，以香麻著称，已成为山里人的摇钱树，习近平总书记到这里也感叹说："小小花椒树，致富大产业。"除了有名的花椒外，这里也盛产核桃，"鲁麻一号""鲁麻二号"核桃已成为核桃品牌，油润饱满、硕大洁净就是这山里核桃的特点。这里的花椒、核桃，如同这山里的大山大水孕育的人民，朴实而真诚。每到这个丰收的季节，在西屏村这条希望的路上，山里山外交易的人流来来往往，络绎不绝。有了这条路，2018年，西屏村在专家的考察论证后，就大丫口社空气好、土地广，外出务工人员多，闲置的土地多、有养牛传统的实际情况，前后共投入资金200多万元，建成规模化的养牛场一个，作为集体经济项目，目前已投入使用。村里的老人常常感叹说："做梦也没有想到会有这么好的日子。"

直至今日，西屏村的道路干爽整洁，在包保单位及昭通市委宣传部门领导多年的关心帮助下，在广大干部群众的共同努力下，西屏村通了柏油路和水泥路，解决了出行难的诸多问题。目前，西屏村有摩托车700余辆，轿车80多辆，出行已不再是问题。

路是人走出来的。西屏村能有今天的路，是众多的扶贫干部日夜操劳的结果，是千千万万的干部群众用勤劳智慧的双手创造的结晶。

昭通市委宣传部挂钩的两个村，自脱贫攻坚以来，部门成立了挂钩扶贫领导小组，把扶贫工作摆在重要位置，部门领导多次召开专题会议或到扶贫点召开现场办公会议，研究部署脱贫攻坚各项工作，并在经费上、人力上和项目协调上给予全力支持，部门40名干部挂钩包保到户，各科室、各支部将业务工作、支部活动尽量前移至扶贫点开展，为挂钩扶贫工作提供了坚强保障。派出的两支驻村扶贫工作队，长期吃住在村，以主人翁的身份携同村"三委"、镇驻村工作组，摸清村情户情，找准致贫原因，制定村级脱贫攻坚实施方案，协调、落实各种扶贫项目，完善扶贫档案，对症下药精准施策，全面统筹落实脱贫攻坚各项工作。在产业培育、环境治理、政策宣讲、基础建设、巩固提升等方面用心用情，全力以赴把西屏村建成了今天这美好的家园。

数字有时候只是一个概念和标准，而很多事情是用数字难以表述的。

今天的西屏村的路在人居环境整治、爱国卫生运动等活动的感召下，没有了堵塞，车辆行人不断，群众思想观念与时俱进。

今天西屏村的路，已被众多人民群众走成一条乡风文明、产业发展、勤劳致富之路，被众多的扶贫干部夜以继日的工作中走成一条心灵之路。我想，这条路在“精准扶贫”的春光里，在历史的洪流中，永会铭记着众多的过往，记载着它走过的每一段历程。

（作者时任昭通市文学艺术家创作中心副主任）

# 交通助力　大山包致力于旅游扶贫

左　斌

随着大众旅游时代的来临，做好旅游产业发展的基础性准备工作，是促进“交通 + 旅游 + 扶贫”融合发展的必备条件。近年来，大山包国家公园以政府引导、企业为主体，在交通先行的前提下坚持将生态优势与脱贫攻坚有机结合，打好扶贫“组合拳”。

## 交通便捷，大山包旅游迎发展先机

昭通市大山包一级公路是目前交通运输部批准云南省“十三五”期间实施国省道改造项目中唯一的一条一级公路，是昭通市“十三五”期间实施“五网”建设中第一条以昭通为建设主体采用“PPP”模式建设的一级公路，是推进“交通 + 旅游、交通 + 产业”，交通项目助力旅游产业发展的重要探索和实践。项目建设对大山包景区生态旅游开发、改善公路沿线群众的出行条件乃至昭阳中心城市的发展均具有重要的推动作用。

项目起于昭阳区烟堆山、止于鲁甸县新街集镇，是昭通市境内连接云、贵、川三省、通往昭通市渔洞水库水资源保护区和大山包国家公园的重要通道。项目建设总里程为55.32公里，全线采用一级公路标准建设，设计时速60公里，路基宽23米，桥隧宽24.5米，初步设计批复概算投资37.3161亿。大山包一级公路于2015年9月28日启动开工，2016年1月1日全面施工建设，按期于2017年9月建成通车，比预定工期提前15个月完成。

“建一条路，造一片景，富一方民”。大山包一级公路的建成不仅承载了人们的出行需求，还为乡村旅游发展释放新红利，拉动地方经济发展。“交通兴、昭通兴”这一条脱贫致富之路、民生幸福之路、文化旅游之路、产业发展之路，打通了昭通发展的交通大动脉，为发展注入“强心剂”，助推昭通融入“一带一路”及云南乃至西南地区经济圈，对实现昭通与外界的区域经济社会互动发展发挥重要作用。

交通便捷使昭阳区到大山包国家公园的行车时间从未大山包一级公路之前3小时缩短为1小时左右，大山包国家公园2019年全年共接待交通过境换乘人员11.6015万人次。

## 昭璞绿道，桥接大山包旅游观光路

昭璞绿道是昭通市委、市政府承诺的十大惠民工程之一，是云南唯一一条户外郊野绿道，全线依托大山包一级公路，起于昭鲁大道昭鲁驿站，止于酒房驿站，全长约48.61公里（万亩荷塘绿道6.34公里），含“一带、五站、四园、五景”的生态廊道系统。昭璞绿道主线于2017年1月开工，2018年4月29日正式开通，昭鲁驿站和酒房驿站于6月16日基本建成，经过近5个月的试运营，于2018年9月29日，昭璞绿道顺利投运。

昭璞绿道集昭阳城区、田园风光、特色集镇和大山包自然保护区的生态旅游观光于一体，是新时期昭通发展的重要交汇点和战略支撑点。是集漫步、骑行、竞技、运动、休闲、娱乐、购物餐饮为一体的慢性交通系统，为广大市民、骑行爱好者提供了一条观光体验、休闲娱乐、健身养生的空间廊道，进一步推动了昭通打造“苍野秘境、清凉之都、国际慢城、避暑胜地”的旅游品牌。让昭通成为新时期绿水青山的国际慢城，中国秋城休闲胜地。

近年来，昭通市狠抓城镇、交通等旅游基础设施建设，强化生态保护，旅游转型升级效果初显，纵观国庆黄金周的、自驾游、生态游等新型模式成为市场新宠。昆水南丝绸古道风情线等精品自驾游吸引了大量游客，一批新建成（含改造提升）的游客休息站、观景台、应急救援站、旅游厕所的投入使用。特别是昭鲁驿站、酒房驿站的建成使用，吸引了大批游客在驿站统一换乘中巴车前往大山包。市县两级强化管理，游客统一按照管理部门的要求，严守纪律，有序欣赏大山包壮美风光。

截至目前，昭鲁驿站、酒房驿站共举行、承办大小型活动 33 次，活动参与人员约 23000 人。昭璞绿道已逐渐成为广大市民、骑行爱好者在节假日、周末休闲、娱乐、运动的户外场所。

## 多措并举，大山包致力于旅游扶贫

大山包国家公园在发展的同时，积极将景区发展与扶贫开发有机结合，多措并举，使旅游发展与扶贫互促共进。

以大山包公园基础建设为依托，改善群众生产生活条件。大山包自然条件严酷，给群众生产生活带来不便，云南大山包旅游开发有限责任公司（以下简称大山包旅游公司）借助大山包国家公园开发建设，整合各类项目。先后修建了景点之间连接公路（仙人田分叉路口—跳墩湖大坝—大山包换乘中心 23 公里；火烧桥转弯处—大海子水库边 7 公里），共计 30 公里沥青路。处理大崖洞路面积水，增埋涵管 3 处共计 15 米，使景区周边的合兴村、老林村、车路村等大部分村民受惠，实现部分地方交通便捷。

“大崖洞村隶属合兴村22组，地处偏僻离乡街子较远的一个村民小组，2016年以前，交通还不便利，不具备通车条件，去乡街子赶场和到镇办事都要走半天，由于修缮了至大山包国际翼装飞行跳台沿途线路，给村子带来了交通便利，加之大山包旅游公司来运营管理，我有幸参与景区管理工作，以前家里的年收入不到1万元，全家人的生活拮据，现在国家和党的政策好，公司帮扶力度大，在跳台给我们规划了一片摆摊的地，让我村子富余劳动力挣点生活费补贴家用，我在公司上班，我媳妇摆摊卖点土特产，现在的年收入有3万元左右，相信党和政府，老百姓的日子会越过越好。”合兴村22组社长孙朝万如实地说。

以开发大山包旅游为依托，激发群众脱贫致富内生动力。在开发大山包国家公园的同时也注重当地贫困群众新信息、新思路和新观点的注入，使广大农民通过与游客互动交流，不断拓展思维意识。

“以前我去外省打工，没挣到啥钱，家里也管不到。现在在大山包国家公园玻璃栈道观景点允许摆摊的地方搭建了一个临时帐篷，干起了卖烤羊肉串的营生，因紧靠景区，生意还不错。我是这里土生土长的人，这里有我的父母、我的家，以后我要继续在这里发展。”返乡创业脱贫致富带头人赵家顺说。

景区内贫困户发展农家乐达到10家，贫困户付梅家人口多，没有收入来源，随着旅游的过境人员数量增多，在当地政府的帮助下，她翻修了自家的房子开起了农家乐，每年收入在5万元以上。“旅游扶贫效果初显，但村里的扶贫摘帽还存在不少堪忧。目前，合兴村主要依托大山包旅游公司投资开发大山包国家公园带动村里、镇上的经济发展，如村民自主经营的马帮，卖烧洋芋、烤肉串、开农家乐等经营活动都离不开大山包旅游公司规范市场秩序及大力帮扶。大山包国家公园旅游存在季节性，淡季居多、节假日又难以满足接待量。这对群众持续增收和产业发展的支撑还十分不足。”合兴村代理支书张开洪说。

以参与景区服务业为依托，助力周边贫困户精准脱贫。一方面为当地贫困群众提供就业岗位增加收入。随着大山包国家公园面积的扩大和服务功能的完备，景区融入绿色经营理念，充分利用当地富余劳动力，吸纳贫困人口 88 人就业（其中观光车驾驶员 23 人、卡点工作人员 29 人、保洁人员 36 人），年收入均在 3 万元左右，景区“好风景”真正为群众带来了“好钱景”。另一方面，近年来大山包旅游公司依托大山包国家公园的发展，景区带动周边山区群众脱贫致富。在精准扶贫工作中，不断改善进入景区的道路基础设施条件，切实解决群众生活生产中遇到的困难，大到给大山包集镇修（补）损坏路面，小到大山包保护区沿路配置垃圾桶，坚持把旅游帮扶工作做实做细。

“制约大山包旅游发展的还有其他因素，如当地村民对发展旅游意识不够、旅游基础设施不够完善。”大山包旅游公司常务副总经理马帅举例说，大山包镇地处西凉山腹地，进入大山包国家公园山路居多、不便于管理，居住在景区内的部分村民不支持、不理解，给旅游发展带来很大的困难。下一步，我们要加紧完善旅游基础设施，持续推进景区改造提升，大力发展夏季避暑休闲游、冬季日光康养游。

“近几年，我们投入了 2000 余万元，加大对大山包国家公园旅游基础设施建设，先后建成了大山包换乘中心及场平停车场、（鸡公山、玻璃栈道、大海子）换乘点规划及场平、旅游厕所、换乘线路安装波形护栏、大山包集镇修（补）损坏路面、大崖洞路段增埋涵管等设施；向大山包当地提供了近 100 人就业。”大山包旅游公司总经理赵鹏昭说，交通设施改善工作也在持续推进，大山包盘山公路升级加宽改造工程已经全面竣工。

通过昭通市各级政府、行业主管部门（昭通市交通运输局）及航旅集团的大力推广和策划，每年都吸引大批游客涌入大山包国家公园科普考察、观光游玩、体验农耕文化等，为当地村民提供销售平台、拓宽销售渠道，有效地推动大山包土特产——苦荞系列产品、洋芋及加工产品、燕麦及加工产品、高原放养土鸡、高原放养黑山羊等土特产销量大增，给当地村民带来可观的经济收入，让老百姓真真实实地得到实惠。依托大山包一级公路、昭璞绿道所带来的交通便利，沿线三甲村、迤那村、龙翔社区、新乐村、大山包村等集旅游观光和生态农业发展为一体的旅游特色小镇初具规模。此外，大山包一级公路将沿线昭璞绿道、龙氏家祠、万亩荷塘、彝族祭祖圣地、渔洞水库、名樱庄园、白虎山庄等人文自然景观有机地串联在一起，成为昭通旅游重要枢纽之一，有力促进了昭通旅游事业更好、更快、更健康的发展。

（作者时任云南大山包旅游开发有限责任公司办公室科员）

# 搭上致富快车　奔向小康大道

## ——昭通市实现建制村客车“村村通”助推脱贫攻坚

王明贵　杨珠珠

自脱贫攻坚实施以来，为大力推进农村客运“村村通”，让客运“村村通”成为脱贫攻坚的“助推器”“点火剂”，市、县道路运输部门采取有力措施，通过广泛调研、论证，不断完善道路设施，大力扶持，壮大农村客运市场，为“村村通”创造有利条件，做到能通全通，坚决打通制约农村发展的客运市场“瓶颈”，为脱贫攻坚增添“催化剂”。

## 公交车进村，农民如市民

初秋时节，来到昭阳区小龙洞回族彝族乡小塆包村，看到硬化的乡村公路上来回穿梭的公交车，村民三三两两走出家门，跨进路边停靠的公交车进城赶集。小龙洞乡，一幅新农村的美丽画卷正映入眼帘，村民的脸上洋溢着幸福的笑容。

“公交车开进村啦、进村啦……”2018 年 4 月 2 日上午，小龙洞乡宁边村农民高兴极了，他们盼了多年的公交车终于开进了村里，刚跨出家门，就上了公交车，轻轻松松进城赶集，大大推动了当地脱贫攻坚，为促进当地农民脱贫致富发挥了重要作用。当日，小龙洞乡 6 个村（社区）在全市率先实现了村村通公交车的目标。

在小塆包村 6 组村民马关林一家坐在院坝里，谈起公交车给自己出行带来的方便，一箩筐的话都说不尽。马关林一家是建档立卡贫困户，从她家住地到小龙洞乡集镇，走出家门四五百米，就是小塆包村新闻小学公交车站，到乡集镇 6 千米车程，每人每次 2 元车费，再从乡集镇到昭通城里 14 千米，再花 2 元车费，20 千米的路程才花 4 元钱，来回一趟就是 8 元车费，太方便了。马关林连声称赞：开通公交车就是好，过去没通公交车时，到集镇去全靠“两脚车（步行）”，走下坡路要花四五十分钟时间，回家时是爬坡路，要走 1 个多小时，过去种植的洋芋、苦荞，靠人工背下去卖，太艰难了。现在，每年全家人吃的大米全靠公交车拉回来，每逢农历二、五、八是小龙洞乡的赶集天，有 4 辆公交车跑，闲场天两辆车跑，进城十分方便。过去，未开通公交车之前，要么就靠步行，要么就坐面包车，从小塆包村新闻小学到小龙洞乡集镇要 8—10 元的车费，再从乡集镇到昭通城里，要 10 元车费。

现在太方便了，又节省车费。如今，马关林一家早已脱贫了。

小龙洞乡地处贫困山区，是少数民族乡，离昭通城只有 10 多千米，尤其是宁边、小米、小塆包 3 个村，山高坡陡，交通不便，群众出行十分困难，严重制约了农村经济社会发展。为助推脱贫攻坚，减少农民出行成本，增加农民收入，使小龙洞乡早日脱贫，昭通市道路运输管理部门经过广泛调研和多方努力，采取有力措施，终于实现了小龙洞乡村村通公交车的目标。

自从小龙洞乡开通公交车后，农民进城、出行、看病上学和销售农产品都有了便利的交通条件，小小的公交车改变了农民的生活。目前，小龙洞乡通公交车线路有 5 条，昭通公交公司投入公交车 22 辆，每天有 13 辆公交车到小龙洞乡集镇，每隔 15 分钟一趟。小龙洞乡集镇到最远的宁边村，赶集天有 4 辆公交车，闲场天有 2 辆公交车。“公交出行”覆盖小龙洞乡 6 个建制村 3.9 万人出行，日发班运输量高峰期达 0.48 万人，平峰时 0.15 万人。

# 城乡客运一体化，区域联营一体化

“以前出门难找车，现在每隔几分钟就有一趟客车经过，车费也低了，要带点笋子和山药到街上卖很方便，真的是太好了。”水富市太平镇盐井村一位老乡高兴地说。

为突破农村客运发展瓶颈，破解农村群众出行难、出行费用贵的问题，2017年年底，水富在昭通市率先实现了农村客运“村村通”，把农村客车开到农民家门口，打通了农民出行的“最后一公里”。

“我们两碗片区的31辆农村客运车辆现在都是联营，实行片区经营、循环发班。以前没有联营，大家常常为了争夺客源发生矛盾，而且不愿意搭载短途乘客。自从联营后，统一调度，大家排着班跑，不仅矛盾没有了，而且收入也比以前增加了。”两碗镇农村客运班线驾驶员罗师傅说，“联营前生意好的时候也就两千多元，但是现在联营后，我们的收入能够达到四千元以上了，农村群众乘车也高兴了。”

2017年前，水富有农村客运车辆62辆，客运线路4条，农村客运通车率只达到70%，大部分行政村无法开通客运班车，山区群众出行难、出行费用贵、出行不安全等问题始终制约着脱贫攻坚和农村经济发展。怎样打造城乡客运一体化、农村客运区域一体化、提高村通客车率？2017年年初，水富结合农村区域发展特点，提出2017年水富在全市率先实现农村公路和农村客运“村村通”目标。截至2017年年底，水富境内有国道、省道、县道218.2千米和乡道、村道、村组公路842.2千米，公路通车总里程达1060.4千米，水富辖区29个建制村公路硬化率达到100%，实现了29个行政村公路、客运“村村通”目标，推出了水富城乡客运一体化及农村客运片区联合经营模式。根据集镇分布和村民居住情况以及村民出行特点，水富将境内农村分为5个片区，投入运营公交车4辆和农村客运车辆83辆，形成以县城、太平镇、两碗镇、向家坝镇为中心，实现农村客运片区经营循环发班。同时，以镇为单位，调剂运力，实行片区循环，滚动发车，共同联营，最终实现县城到各镇的“大循环”加村与村间的“小循环”，并落实车辆静动态监管制度和措施，形成了城乡公交一体化、经营利益共享的新型农村客运管理模式。

根据核准班线，该县按一镇一经营模式、一车队一管理方法，具体为县城到各镇的大循环＋村与村间的小循环，采取统一行驶、调度、车辆运行监督，并以镇为单位，推选出镇车队长、村车组长，实行车队长、车组长负责制，镇客运站负责排班，调节运力，片区循环，滚动发车，实现共同联营，落实车辆静动态监管制度和措施，形成城乡公交一体化、经营利益共享等新型农村客运管理模式，促进城乡客运一体化发展和农村客运区域经营一体化。

同时，水富道路运输管理部门不断加大“打非治违”力度，安监、交通、交警等单位抽人在每镇设立一个交通安全管理服务站、每个村设立一个交通安全管理工作站、每个村民小组确定一名交通安全联络员、每个镇派出所设立一个交警中队、一名警察挂钩一个片区，确保道路交通安全管理责任制层层落实到位。为规范管理，严格落实农村客运公司安全主体责任，运管部门与公司、公司与驾驶员签订安全生产责任书、安全行车承诺书，制定客运车辆驾驶员安全行车十项禁令和六不准规定。

如今，水富自“村村通”运行以来，客运秩序规范了，群众出行方便了，客运安全水平提高了。

## 农村客运真舒心，接送到家很省心

大关县高桥镇辖高桥、新开、核桃、甘河、联盟、太华、车来、新场8个村、1个社区，全镇人口22795人，其中农业人口22270人，主要矿产资源有烟煤、铁矿、铜矿、石英砂和石灰石；主要经果林有4000多亩木漆、5000多亩板栗、7000多亩核桃，经济作物有烤烟、茶叶等。高桥镇从2019年起全镇开通农村客运以来，现有18辆客运车辆，成立了高桥镇农村客运车队。日均承运旅客60—70人次，逢赶集天或学生收放假时候旅客流量能达200多人次，满足了全镇农村群众的出行需求。

高桥镇到核桃村13千米路程，每人车费10元；高桥镇到核桃村何家坪，每人车费20元，核桃村到冉家坪—簸箕寨—沟边—何家坪14千米，每人车费10元。高桥镇开通农村客运后，实行区域化经营，让农民得利益、车队增效益。车队驾驶员蒋德胜住高桥集镇，车队驾驶员陈清海住核桃村三坪子村民小组，当有农民进城时，一方面，蒋德胜把农民从集镇送到农村；另一方面，陈清海又把需要赶集的农民送进集镇。从集镇到村再从村到集镇，随时都有客运车辆对开，农民随时乘坐客运车进城、从城进村，两方都有对开的车辆。

核桃村教场坝村民小组70多岁的村民张关禄高兴地说："以前去赶街，很不方便，如今打个电话，客运车就开到家门口来接送，到集镇磨面粉太方便了，过去靠人背马驮，很费时费力。"

高桥镇农村客运车队队长徐绍青说："村民需要出行，只要打个电话，我们就上门接送，比救护车还跑得快，为村民买东西、带货进城，送村民看病……村民有呼，我们就有应。"

## 客运催生电商，破解"卖难"问题

巧家县辖16个乡（镇）184个建制村，人口64万人。为切实满足群众安全、方便、快捷、舒适、周到的出行需求，在市、县道路运输管理部门的扶持下，成立了巧家县白鹤滩农村客运公司，以破解群众出行难题、补齐农村客运“短板”为突破口，闯出了一条“公司化经营、规范化管理、信息化普及、规模化发展、常态化运行的新路子，实行一乡（镇）一车队、一车队一管理一区域经营。2019 年年底，实现了乡（镇）和建制村 100% 通客车、建制村 100% 通邮”的跨越发展之路，助力全县脱贫攻坚。

为实现“农产品进城、工业品下乡”，让老百姓农副产品能挂果销售，使道路运输“供给侧”发力，让客运货运企业焕发生机，产生内生动力，公司对平台进行了深度开发，建成了客运查询、客运购票、物流查询、农产品信息发布等模块，让农村群众通过信息平台实现客运查询、物流查询。同时，农民可以将自己种植的农副产品通过手机录像、照片等形式在平台农副产品信息发布模块进行发布，让全国各地第一时间知道某地有什么鲜果、蔬菜及特色农产品，电话订购、网上订购，实现农副产品挂果销售。同时，巧家整合客运车辆、寄递物流资源，将客运站点“一站两用”（既是客运发班点，也是物流寄投点），畅通农副产品进城、农资和农村消费品下乡的双向消费兜底运输服务渠道，补齐电子商务时代在县到乡、乡到村、村到社的运输服务短板，拓宽了农副产品销售渠道，解决了农民的“卖难”问题。

随着脱贫攻坚进程的深入推进，近 3 年来，巧家农村客运助推脱贫攻坚的效益日益显现。2017 年末，公司共转运农副产品 3.4 万多件，2018 年达 6.4 万件，2019 年达 9.6 万件，有效解决了农民的“卖难”问题，真正提高了农民收入，助力了扶贫攻坚。同时，巧家积极推进客货联盟、交农携手、运邮结合等融合发展模式，实现了农村物流与干线物流网络有效衔接。近 3 年来，公司在客运市场多样化发展情况下保持了连续增长，2017 年客流量达 22.1 万人次、2018 年客流量达 23.2 万人次、2019 年客流量达 24.3 万人次，3 年年均增长 5%，企业营业收入分别为 490 万元、519 万元、550 万元，分别年均增长 6%。

截至 2015 年末，全市有建制村 1325 个，通客车的村有 1133 个，通客车率 85.5%；到 2019 年 6 月，全市有建制村 1343 个，实现了全市所有的村通客车，通客车率达 100%，现有农村客运车辆 2882 辆。农村客运为脱贫攻坚插上了腾飞的翅膀，真正破解了农村群众出行难、出行费用贵的难题，助推农民搭上致富快车，驶入小康大道。

（作者王明贵时任昭通日报社质量监察部副主任,杨珠珠时为昭通市道路运输管理局运管科负责人）

# 记驻村扶贫二三事

李　波

2015年9月下旬，昭通市召开“挂包帮、转走访”脱贫攻坚工作动员会，全市脱贫攻坚战役的号角吹响，得知市交通运输局的挂钩扶贫点调整到自己的家乡威信县长安镇，我积极响应国家脱贫攻坚的号召，主动请缨作为驻村扶贫工作队队员到长安镇去参与脱贫攻坚工作。当时的想法是，党中央提出实现“两个百年”目标，消除绝对贫困，全面建成小康社会，能参与其中，作为国家战略性发展工作的见证者、亲历者，是一项很有意义的工作，加之威信县长安镇是我家乡，对镇情村情较为了解，便于工作开展，使命感、荣誉感油然而生。根据工作需要2015年10月我进驻天坪村任工作队队长、第一书记，这一干就是5年。2018年威信县实现整体脱贫摘帽，到2019年年底，我们单位挂包的长安镇“三村一社区”共计660户2823人建档立卡贫困人口全部实现脱贫。2020年通过国家脱贫攻坚普查验收。回想这些年来的驻村扶贫工作，头脑中总是闪现出一起在脱贫攻坚一线战斗的驻村队员、镇村干部的身影和他们的故事。

# 镜头一：教育扶贫圆上学梦

高田乡凤阳村，是全县数一数二的贫困村，近一半是苗族同胞，我们单位派驻凤阳村工作队队长李登军、工作队队员罗熙在入户走访时，发现一位苗族小姑娘（杨天翠）在家门前抹眼泪，经了解，她即将面临失学。得知这个情况，李登军同志随后协调威信县运管局解决 1600 元，作为她到昭通的路费、报名费和第一个月的生活费，协调高田乡政府通过社会救助解决了她高中期间每学期 3000 元生活费。这位姓杨的苗族小姑娘可以安心地完成她的高中学业了。

同样是一个助学的故事，这次它发生在黄再富、李晓东派驻的长安镇安稳村，与前面那位姑娘近似，这位姓晋的学生，也是父亲早逝，母亲改嫁，两姐妹与爷爷生活在一起，2016 年她以优异的成绩考取了一本院校，为了让这位贫困家庭的学生能顺利就读大学。黄再富同志在市运管局回访期间，向单位领导汇报了该学生的情况，市运管局经研究，对该学生一次性资助 15000 元。黄再富同志同时协调市航道队对该学生一次性资助 5000 元。2016 年 8 月 24 日，在长安镇召开的资助建档立卡贫困家庭学生座谈会上，邀请了这位同学，作为学生代表发言，并发放了 3000 元的助学金。通过努力，这位贫困学生可以怀揣 23000 元助学金开启她新的人生旅程。

治贫先治愚，扶贫先扶智。“捐资助学”是昭通市交通运输局在挂钩帮扶的贫困村开展精准帮扶中，一直坚持在做的民生实事。帮助贫困家庭的孩子完成学业、增长智慧，干部职工用行动践行着“真扶贫”的理念，用自己的微薄之力表达对贫困学生的殷切希望，勉励各位学子将社会的关爱之情化作求知求学的动力，自强不息，奋发向上。从 2016 年至 2019 年连续 4 年动员干部职工捐资助学共 20.7 万元，资助贫困家庭学生 152 名。

## 镜头二：行业扶贫助力交通快速发展

我与小菱同志在村委会，迎接宜毕高速公路指挥部郑永宏主任和他带领的宜毕高速指挥部支部的几名党员，他们为资助大水沟村民小组的一座钢筋混凝土人行桥而来。大水沟村民小组的下半社，河对面是学校，每天学生读书要从一根近 20 米长的独木桥上过。我走访时也走过几回这独木桥，这个地点河水较深，水流也急，以前发生过几起落水的事故，造成过人员伤亡，村民们集资建桥，也是迫不得已，这年汛期，连独木桥都给冲走了。宜毕指挥部党支部与长安镇长安社区党委是基层党建共建单位，这次接到我们天坪村群众的困难反映，积极的想办法，以支部活动为载体动员企业慷慨解囊，帮助我们解决了 2 万元的缺口资金，真是解了燃眉之急。这最高兴的就是王小菱委员了，她是我们村上的妇女干部，她就是大水沟人，也是集资建桥的发起人之一，她作为这次捐赠仪式的受赠人，同时是村上委托的资金使用管理者。大水沟人行桥顺利建成了，这只是市交通运输局帮助长安镇解决交通基础设施短板的一个小故事。作为全市的交通行业主管部门，市交通运输局在挂钩扶贫长安镇的过程中，非常重视交通基础设施的完善和提升。单是新建的桥，顺着长安河往下数，有危桥改造项目的海坝桥，有解决易地搬迁集中安置点通行的大元子桥，有解决老涵管桥过水路面隐患的桐巴桥，有新建的大水沟公路桥。这一座座的桥梁就像是我们的驻村干部，是他们通过调查了解挂包村在脱贫攻坚工作方面的迫切需求，及时与单位汇报协调，连接起了挂包村与单位之间的沟通纽带，建立起彼此的信任，使许多的扶贫项目得以精准实施。

市交通运输局在挂钩扶贫中充分发挥行业优势，从扶贫伊始就把长安镇作为交通扶贫的示范点来进行谋划。从第一笔扶贫资金解决瓦石村苏麻、半坡 2 个村民小组不通公路的问题始，到解决安稳村到户公路硬化，再到启动瓦石至白水美丽公路建设。从完成村民小组村村通起步；到部分村民小组硬化公路实现进村入户；到通行政村公路安保工程波形护栏全覆盖；到镇客运站升级改造、村级招呼站建设；再到美丽公路建设。除去项目资金，市交通运输局单从挂钩扶贫的渠道，利用本单位资源解决长安镇交通建设、管护等方面资金就达 766 万元。通过 5 年来持续不断的帮扶，使长安镇交通基础设施发生了翻天覆地的变化。

## 镜头三：驻村扶贫倾情倾力成效

2020 年 7 月 20 日，脱贫攻坚全国普查工作在长安镇拉开帷幕，瓦石村工作队队长、第一书记杜义洪作为引导员完成当天工作回到村上。过两天就轮到普查瓦石村了，有个麻烦的事情一直萦绕在大家心头，赵家湾村民小组的贫困户陈某尧是个年近七十的独居老人，平时就是一个脾气古怪的人，也有过故意伤人的不良行为。为了普查工作的顺利进行，保障普查员的安全，他决定今天下午约上镇村领导、片区负责的村干部柳昌聪，带上慰问品去做一下他的工作，希望能配合搞好普查。哪知来到陈某尧家，刚坐下没寒暄几句，意想不到事情发生了，他把在炉上的水壶突然倒向坐在板凳上的几位同志，杜义洪队长的手臂当场烫起大泡。面对突如其来的事故，杜义洪一行赶紧回村进行处理，第二天带伤继续普查引导员的工作，第三天伤口化脓才不得不请假治疗。面对这种无缘无故的伤害，部队转业的杜义洪队长一笑置之，还解释说，遇见这种人也是没有办法。扶贫工作是如此地平淡无奇，但也会遇到一些难以理解的事情，因为我们的服务对象是贫困群体，个别的是特殊人群，有时付出了工作情感，却得不到认可，甚至是谩骂、伤害，尽管心中有万般委屈，整理一下心情，还是要迎难而上。驻村 4 年多来，杜义洪队长始终保持军人作风，严守工作纪律，急难险困的工作总是冲锋在前，而且他点子多，能说会干，工作能力强。在他努力和积极推动下，瓦石村发展起了方竹、桃子、猕猴桃、魔芋等种植产业，新建了半坡、马路、苏麻村民小组公路5.3公里，硬化村组道路28.8公里，新建猕猴桃基地产业路0.6公里，促成瓦白路市级“四好农村公路”示范建设，积极筹措资金完成已是危房的村公所拆除重建。瓦石村发生的诸多变迁，处处留有他辛勤付出的身影。他的工作也得到了当地党委政府和群众的认可，连续4年考核测评为优秀，被任命为镇党委班子成员、副书记，镇工作队总队长。在驻村扶贫期间，他从科员一路提拔到运输管理科副科长、安全生产管理科科长，充分体现了单位对他工作的肯定。

自挂钩帮扶工作始，市交通运输局即成立“挂包帮、转走访”扶贫工作领导小组，制定工作方案，确定班子成员专人分管挂钩扶贫工作。5年来，市交通运输局采取项目资金安排、经费解决、职工捐资、协调社会力量捐赠等方式先后落实扶贫帮扶资金1269万元，用于解决基础设施建设、民生需求、集体经济发展、技能培训、资助困难学生、帮助个别困难群体诊治重病等扶贫领域急需解决的问题。市交通运输局是全市大交通战略和交通行业扶贫的排头兵，10多条高速公路建设相继启动，交通行业扶贫任务繁重，在人员紧缺、建设任务重的情况下，顾全大局，不推诿、不摆困难，严格按照市委相关抽调人员文件的要求，派出驻村扶贫力量鼎力支持全市脱贫攻坚工作。先后派驻威信县长安镇工作队队员3批次16人，现驻村队员10名，驻村达3年以上的就占8人。2017年派驻威信县摸底调查队员9名，2018年派驻威信县脱贫攻坚督导员3名，2019年派驻大关县、巧家县、彝良县脱贫攻坚督导员11名。正是以杜义洪为代表的交通行业驻村扶贫干部，一直秉承和发扬“铺路石”精神，常年默默奉献在脱贫攻坚的第一线，任劳任怨，敢闯敢干敢担当，为全市高质量完成脱贫攻坚既定目标作出了交通人应有的贡献。

（作者时任昭通市交通运输局派驻天坪村工作队队长、第一书记）

# 脱贫不是梦

## ——昭通市邮政管理局挂钩帮扶玉马村脱贫实录

曹　仙

初秋的夕阳下，玉马村村委会温暖惬意，村委会门口的球场里，驻村工作队队员和几名群众正在进行篮球比赛，四周台阶上围坐着晚饭后的男男女女，老人小孩，不远处，卫生室的唐成应村医送走了最后一个病人，也站在门口看打球，大家的脸庞挂满了笑容。2015 年挂钩帮扶玉马村以来，我们参与并见证了玉马村奋力脱贫的“追梦”之旅。

## 玉马村的脱贫致富梦

玉马村位于码口镇东南部，村委会距镇政府所在地 19.6 公里，距永善县城 200 公里，平均海拔 1800 米，辖 5 个自然村、19 个村民小组，共有农村常住人口 571 户 2439 人，有贫困人口 313 户 1359 人，建档立卡时贫困发生率 45.24%，属于典型的深度贫困山区。

时光回到 2015 年前，当时的玉马村靠天吃饭、交通不便、地势偏远、基础设施落后、环境卫生差，群众生活极为艰苦。

“看病难”“上学难”“赶集难”“吃水难”“办事难”，当了 23 年的老村医唐成应回忆说："那些年，路不通，交通不方便，村卫生室都是在我屋里头腾一个地方，没有设备，我们村医只能打点预防针，老百姓生病了在山上也下不来，小病靠熬，大病靠背，要背着病人走3个多小时的山路才能到乡卫生院去看。娃娃读书都是走小路，遇到下雨，露水大、路又滑，远一点的娃娃到村上小学读书要走一个半小时，时常天还没亮就得打着火把出门，早上来，中午一般就不回去了，那时候也没有营养餐，娃娃早上从家里带上几个煮熟的洋芋就当中午饭，很艰苦。赶场一点都不方便，种出来的一点苞谷、洋芋根本销售不出去，太远了，走路要走2个来小时到镇上，坡抖路滑，要过两条河，又没得桥，遇到涨大水就过不了河，买点生活用品都很不方便。那时候，水源紧张，几个生产队守一个水源，通宵守水，争水打架都是常有的事。环境卫生差，好多老百姓都住土房子，院坝没有硬化，遇到下雨，门口脚都下不去。那时候，村委会连厕所都没有一个，食堂也没有，更不用说服务大厅，村公所只是一个摆设，上班都很不正常，老百姓要办点事也都不方便。"

这样一个极度贫困的地方，脱贫致富奔小康是当地百姓祖祖辈辈的夙愿，梦想成真是大家想都不敢想的事情。

## 携手"造梦"的艰辛之旅

2015年年底，昭通市委印发文件，启动市直部门挂钩帮扶计划，一纸文件，让我们和玉马村命运与共。当时我们仅仅是一个刚成立3年的"新单位"，只有8名工作人员，县级没有机构，要监管全市庞大的邮政快递市场，人手紧缺、任务繁重。面对这样的政治任务，面对玉马村那头殷切期盼的群众，我们选择迎难而上，决心啃下这块"硬骨头"。

急中之急，是选派干部下沉驻村。早在挂钩帮扶初期，玉马村信息化办公能力弱，村上的干部基本都不懂电脑操作，亟需驻村帮扶干部。2015 年年底，我们选派了 2 名精干力量驻村扶贫，之后的几年时间，先后选派驻村干部 8 名，保证了至少 2 人长期驻村，甚至在 2017 年人手紧缺任务集中的时候，我们原局长亲自驻村 3 个月开展扶贫统计。2019 年 5 月，我们又增派一名在编科级领导驻村，至此，长期驻村人员达到 3 人，占我们总编制数的三分之一。

我们的驻村工作队队员不辱使命，他们坚持吃住在村、履职在岗，同包村工作组、村“两委”共同奋战，不仅要承担大量的电脑办公任务，还要参与遍访、回头看、清查摸底、农危改、异地扶贫搬迁、劝返辍学学生、排查整改饮水、宣传政策、做群众工作等繁杂任务。驻村第一书记李阳银说：“做群众工作比我想象的还要难，一开始，由于政策传达不到位，群众抵触情绪很严重，不支持不配合，有一家非卡户涉及危房拆除，要我去做工作，他们常年举家外出，也没享受过本村实施的农危改、医保、低保等政策。当听说他们的危房需要拆除的时候，情绪很激动，说他们政策都没有享受过，凭什么说拆就拆？拆除了他的房子，以后他们回来住哪里？拒不配合。面对他的疑问，我前后打了 5 次电话给他耐心解释政策，有时一聊就是半小时一小时，后来终于打消他的疑虑，他同意拆除，在他的影响下，包包社的危房拆除推进很顺利。”

难中之难，是协调资金补基础短板。2015 年以来，玉马村公共交通、办公条件、贫困户住房、饮水、教育、医疗等方面陆续反映出补短板的资金需求。与此同时，我们没有扶贫专项资金。“真帮实扶”对我们来讲无疑是巨大的压力和考验。我们没有回避，到处想办法，削减经费、请示协调、动员捐款，千方百计给予资金支持。2016 年以来，我们累计协调投入帮扶资金 90 余万元，用于改善玉马小学办学就读条件，改造玉马村委会服务大厅、厨房、卫生间等基础设施，改善玉马村卫生室设施设备，改造群众饮水设施，帮助贫困户危房和户厕改造。2019 年，我们联合快递行业协会，倡议昭通市爱心快递企业捐资 7.822 万元，直接用于玉马村部分贫困户危房改造，还开展“党建共建”，划拨专项资金帮助玉马村加强党的建设，发挥农村党组织战斗堡垒作用和农村党员脱贫攻坚带头示范作用。

在力所能及的资金帮助下，玉马村从无到有，有了厨房，村委会有了自己的食堂；有了卫生间，驻村队员能洗上热水澡；有了政务大厅，群众办事“一厅通办”“最多跑一次”；有了方便安全的饮用水，群众告别了通宵守水、争抢水源的历史；有了标准的卫生室，村民看病小病不出村了；有了安全住房干净厕所，群众勤致富、讲卫生渐成习惯，思想深处有了变化，精神生活也丰富起来。唐成应村医感慨万千：“改变太大了，现在交通方便，网络方便，大家思想观念改变特别大，家家户户都讲卫生了。”

## “圆梦”大数据

玉马村管辖19个村民小组，有贫困人口313户1359人，2014年年底，建档立卡时贫困发生率45.24%。2014—2018年全村累计脱贫115户530人，贫困发生率下降到27.6%。2019年脱贫176户759人，贫困发生率降至2.33%。2020年6月，脱贫22户70人，实现了所有贫困户全部脱贫。

到2019年年底，全村通硬化路、通动力电、通广播电视、通网络、卫生室达标、活动场所达标、政务大厅达标，达到“六有一降”村出列标准，玉马村实现了整村出列，摘了“穷帽”。截至2020年6月，玉马村所有贫困户收入达标、住房安全、饮水安全，教育全覆盖、医疗有保障，贫困户全部达到“四有一超”脱贫标准，群众实现了100%户脱贫，拔了“穷根”，玉马村和全国人民一道迈上小康社会。

五年风雨无阻、克难攻坚，玉马村成功实现了脱贫出列，我们完成了党和人民交给的艰巨任务。站在玉马村群众幸福路的起点，未来路上，我们还任重道远，还要继续和玉马村委会和人民群众一起，在产业发展、文化发展等方面共谋共进，实现玉马村脱贫稳得住、群众能致富，在小康道路上携手攻坚，高歌前行。

（作者时任昭通市邮政管理局四级主任科员、综合文秘）

# 第三编　灯火照万家

# 爱是永恒的星辰

彝良县供电局

乌蒙连着山外山，彝良县的星光灿。在习近平新时代中国特色社会主义思想指引下的精准扶贫战略中，南方电网云南昭通彝良供电局充分发挥电力扶贫先锋军的作用，用忠诚和奉献谱写了“万家灯火　南网情深”的华彩乐章。

当白昼渐渐宁静下来，浅唱低吟的便是满天的星星了。在大黑山、白水江和洛泽河充满柔情的臂弯里，群星缓缓升起，南方电网云南昭通彝良供电局精准扶贫的诗行也在星光下萌芽，脱贫攻坚的竖琴也顽强地奏响爱的乐章。

假如每颗星都是一盏灯，夜夜是供电局把它点亮；假如每个人都是一颗星，那么是供电局为他们摆脱贫困设计轨道。南方电网云南昭通彝良供电局的干部工人，在浩瀚无涯的星辰中，每个人都是一颗忠于职守的星星，如银钉一样铆在自己的位置上，默默地劳作，默默地发光，默默地奉献。当他们饱经风霜雨雪、日晒雨淋的头颅抬起，在亲柔如繁星的灯光下，他们的心真的充满了慰藉和温柔。

“经济要发展，电力需先行。”在彝良脱贫攻坚5年的奋战中，作为电力先锋军的南方电网云南昭通彝良供电局，主动发扬乌蒙山革命老区的红军长征精神，乌蒙磅礴走泥丸，上攀海拔2780米的雨龙山，下沉海拔520

米的白水江，在崇山峻岭间盘旋架设铁塔银线，在深谷沟壑中蹒跚矗立电杆台变，牵手栖居高山峡谷的国家级特困村水田和小干溪，在彝良2804平方公里的土地上，向党和人民上交了一份优秀的电力扶贫答卷。

## 一、真情像星光熠熠

为全面承接南方电网“全面助力打赢脱贫攻坚决战、全面发挥电力先行官作用”的核心工作，坚决完成彝良县委、县政府安排的脱贫攻坚任务，南方电网云南昭通彝良供电局由局党委书记担任扶贫工作领导小组组长，定期召开扶贫工作会议，将深入学习习近平总书记关于脱贫攻坚的重要论述列入第一项议程。

2015年彝良供电局驻村第一书记吴长碧，率先扎根水田，以坚忍不拔的意志发挥钉钉子精神，赢得水田人民爱戴，同年投资928万元完成水田村、470万元完成小干溪村农网工程，实现村级户表改造全覆盖。2017年再次派出驻村扶贫工作队进驻小干溪村，两支驻村扶贫工作队、下沉人员和包保干部共计48人，穿行在水田和小干溪的村村社社，高举“人民电业为人民”的旗帜，走村串户共商共谋脱贫致富奔小康，“访村情、察民情、找穷根、立民志”，通过与贫困户交心谈心，持续开展“讲政策、感党恩、跟党走、断穷根”，帮助贫困户“找思路、谋出路、开民智、奔小康”，引导群众克服“等、靠、要、拖”等负面思想，通过长期持续的政策宣讲，增强贫困户脱贫致富的信心和决心。

自2017年以来，彝良供电局总计投入定点扶贫资金150.4万元，先后完成水田村、小干溪村教育扶贫项目，水田村大棚蔬菜产业扶贫项目，小干溪村农村文化活动广场进场道路及科技文化室建设项目。其中：投入定点扶贫资金13万元用于小干溪村、水田村教育扶贫项目，帮扶106名贫困学生。出资 20 万元解决水田和小干溪村办公经费。投入 80 万元建成 200 个标准育苗大棚，建棚面积近 5 万平方米，3 年来共售出 2460 万株辣椒苗，销售收入达 400 万元，同时，带动了白水江 3 个乡镇种植辣椒近万余亩，2019 年辣椒销售收入 600 余万元，片区贫困户受益面达 80% 以上。投资 21 万元用于小干溪村农村文化活动广场进场道路及科技文化室建设项目。投资 26.4 万元，将小干溪村集体经济的纯净水厂台变增容到 250 千伏安。2020 年水田村和小干溪村脱贫出列通过国家第三方审核验收。

## 二、梦想之光照亮现实

彝良县于 2016 年年底实现了全县农网户表改造全覆盖，完成全县农网升级改造的“民心工程”和“德政工程”，在彝良电力建设的历史上书写了浓墨重彩的一页，实现全县“一张网”，城乡居民同网同价。形成以 220 千伏发界变、110 千伏新场变、110 千伏大桥变、110 千伏桃坪变为主供电源点，12 座 35 千伏变电站为骨干的彝良电网。

“满足人民对美好生活的用电需求”就是南网人的初心和使命，云南电网公司出台“镇彝威革命老区精准扶贫精准脱贫 3 年行动计划”，按照彝良县委、县政府部署，围绕彝良 2019 年脱贫出列计划，把打赢“三大攻坚战”贯穿始终，根据易地扶贫搬迁安置点“搬迁到哪里、电就通到哪里”的工作要求，按照“总体规划、同步推进”的电网规划建设原则，南方电网云南昭通彝良供电局党委加强组织领导，细化电力行业扶贫行动方案，明确任务、指标和组织保障，对全县农村地区采取统一标准开展电网规划和建设，加快提升贫困地区供电能力和供电质量，加快提升电力服务水平。

2015 年以来，全县农网改造升级累计投入 6.7 亿元，完成 51170 户表改造，完善供电配套设施投资 3286.02 万元。2019 年配合全县实施易地搬迁户

“搬得出”“住得下”，确保农村危房改造“房成电通”，投资1860.8万元完成15093户通电工程，延伸扶贫安置点电力配套总计投资5565.21万元，截至2019年12月电力行业扶贫累计投入7.6亿元，实现贫困户生活用电不愁、贫困村动力用电不愁，贫困地区供电能力和供电质量得到提升，率先完成搬迁安置户通电任务，6171户28069名贫困群众迁入新居。

## 三、展翅迎光而跃

全面践行“人民电业为人民”的企业宗旨，全力服务彝良县地方经济发展，深入查找当前供电服务中存在的差距，针对全县脱贫攻坚产业用电保障问题，人民群众从“用上电”到“用好电”的服务需求变化。南方电网云南昭通彝良供电局及时调整供电服务思路，印制“便民服务联系牌”和“供电服务联系卡”，让群众用电遇到问题能第一时间找到片区客户经理，有效解决客户反映的“停电多、电压低、抢修慢、用电难”等焦点问题。在贫困群众办电方面，持续优化电力营商环境，压缩办电环节，减少办电成本，为贫困户、“五保户”等群体提供全方位、“一站式”电力服务，同步组织开展了电量电费减免，5年来累计减免城镇低保户2441户，电费158176.8元；农村低保户31810户，电费2061288元；特困五保户629户，电费40759.20元。

2015年以来，为全面助力产业扶贫，切实减轻工业、一般工商业用电和居民用电负担，根据国家电改政策，2018年累计完成市场化交易电量5.35亿千瓦时，为彝良用户节约用电成本6567万元。对一般工商业用户进行了政策性调价退补，共退金额8.9万元，累计完成居民用电量2.45亿千瓦时，平均电价降低了49元/千千瓦时，共为彝良居民用户节约用电成本1204万元。2019年市场化交易完成电量5.92亿千瓦时，为用户节约用电成本7384.288万元。

为宜昭高速一期、二期，彝牛二级路，渝昆高铁、彝良县沐阳硅业等重点项目提供电力保障，同时担负着全县 2923 户中小企业、15971 户个体工商户电力供应，为彝良县 22 万亩花椒产业深加工、2.83 万亩天麻产业深加工、10.3 万担烤烟提供电力保障。彝良县自从通电以来，2019 年首次实现了全年人身触电伤亡零事故。在全县进入脱贫攻坚决战的最后关头，南方电网云南昭通彝良供电局一手抓安全生产，一手抓供电服务，保障全县电网建设和电网运维安全稳定。

## 四、一路汗水一路灯火

南方电网云南昭通彝良供电局围绕脱贫抓党建，抓好党建促脱贫，在推进脱贫攻坚的过程中，把党建与脱贫攻坚深度融合。

他们“用真心、用真情、用全力”投身于脱贫攻坚工作，特别是供电局委派到牛街镇水田村的驻村第一书记吴长碧，作为一名女性，既有女人绣花的功夫，又有男人坚韧的毅力，扎根水田，做水田人，办水田事，动真情，扶真贫。在扶贫工作这条路上，她知道只有了解老百姓的菜米油盐，知道他们的所思所想，才能找准和拔掉他们致贫的根源。她与老百姓打交道，吃得起苞谷、洋芋，聊得上养牲口、种植、修房子、送娃娃读书。她给他们讲政策，讲致富方法，讲观念转变，让他们明白脱贫不是空话，而是实话，更让他们明白幸福不会从天降，只有靠勤劳的双手才能彻底挖掉穷根。她一次次艰难而执着地贴近大地，贴近群众，在希望与梦想中汲取力量。她咬着牙走在水田的山路上，迎着风雪走进留守老人家中，她为他们流泪，为他们鼓劲，为他们分忧，与他们在一起，对他们的爱永不放弃。她驻村扶贫，宁可让身上脱皮，也要让群众脱贫！从她的身上，我们看到了无数南网人的情怀和大爱。

他们立足挂钩贫困村实际，帮助挂钩贫困村完善村社两级党员活动室建设，改善挂钩贫困村党建活动阵地，组织党员定期到水田村开展与村“两委”“同吃同住同学习同劳动”，学习基层党员如何开展群众工作，学习村干部如何宣传党的政策，以此转变工作态度，建设高效务实、忠诚敬业、担当作为的党员队伍。

他们组织党员服务队，到挂钩贫困村为贫困群众义务更换用电设施和整治乡村人居环境，帮助每一个贫困户打扫卫生、摆设家居、改变生活习惯，开展每月到贫困户家“做一顿饭、讲一堂课、住一晚上”，认真倾听贫困群众的心声和诉求，诚心帮助他们解决思想问题和生活问题。局党委定期安排纪委人员打电话给贫困群众进行抽查，核实党员到位情况和工作情况，形成纪律通报。

他们组织青年团员到挂钩贫困村开展“万家灯火、青春点亮”暖冬志愿活动，每年六一期间，组织团员青年与挂钩贫困村少年儿童开展“万家灯火、青春点亮”志愿活动，组织劳模先进和团员青年到挂钩贫困村开展体验式交流和义务劳动。

## 五、报得三春晖

南方电网云南昭通彝良供电局在脱贫攻坚中进程中，爱撒山寨，情系乡村，用“满足人民对美好生活的用电需求”践行南网人的初心和使命，数字是枯燥的，但也是最有说服力的。

2015 年，在电网建设工作中，完成彝良 3 条灾后重建财政专项 35 千伏线路重建工程投运工作，完成 35 千伏光纤全覆盖工程的建设任务。农网改造升级工程 10 千伏及以下项目总投资 20377 万元，新建 10 千伏线路 511.38 千米，低压线路 1215.49 千米，安装配变 471 台，配变容量 47.83 兆伏安，一户一表改造22075户。工程在七月底启动建设，至12月底，电杆转运到位24060基，杆塔组立24060基，10千伏线路360.45千米，400伏及以下线路架设1480.67千米，完成工程比例94.86%，累计完成投资19343.08万元，完成投资比例94.93%。彝良2015年农网建设被昭通供电局授予“基建优秀样板工程先进集体”称号。稳增长项目工程于12月进行开工建设，涉及稳增长项目总投资524.56万元，涉及12个单项，新建10千伏线路11.62千米，低压线路9.52千米，安装配变10台，容量3445千伏安。

2016年，全面推进电网建设，圆满完成了下达的年度投资计划32781万元，建成10千伏线路518.69千米，低压线路1562.15千米，安装配变578台，户表改造25506户。完成投运192个台区，完成数据采集203个，电子化移交流程推送完成93个，实现了彝良县农村电网“一户一表”改造率达到了100%全覆盖。小城镇、中心村农网改造升级工程（第一批）项目计划总投资2373.08万元，共计84个单项，新建10千伏线路47.19公里，低压线路79公里，安装配变53台，户表改造1490户。他们的辛劳没有白费，他们的汗水没有白流，当年收获的荣誉有：公司被中华全国总工会授予“全国模范职工小家”荣誉称号，荣获昭通市“文明单位”“三八红旗集体”荣誉称号，荣获彝良县模范职工之家荣誉称号，彝良县农网工程项目参加昭通供电局基建优质样板工程评比，龙街乡梭嘎村龙井台区获得全市第一名并获得一等奖，龙街乡梭嘎村石丫台区获得二等奖，龙街乡恒底村张家岩社一号台区获得三等奖；荣获昭通供电局“创先素质杯”技能竞赛抄核收团体三等奖、变电检修团体三等奖、变电运行团体三等奖、配电线路团体一等奖；荣获昭通供电局电费回收先进集体。公司挂钩扶贫驻村干部吴长碧获得“南方电网2016年劳动模范”；荣获南方电网公司庆祝建党95周年“唱响我们的价值观”歌唱大赛原创作品奖，公司党委制作的党课被云南电网公司选送到南方电网公司参加“好党课共分享”活动，荣获昭通供电局2016年增供扩销先进个人，荣获昭通供电局2016年度应急抢险先进个人，荣获昭通供电局2016年抗冰抢险工作先进个人等荣誉。

2017年，宜昭高速、昭泸高速、彝牛二级路施工用电负荷迅猛发展，他们围绕全县基础建设工程用电需求，结合彝良县脱贫攻坚的总体规划和安排部署，及时开展了《彝良县“十三五”中低压配电网规划》修编，新增规划项目141项（其中110千伏项目2项、35千伏项目7项、10千伏及以下项目132项），新增“十三五”规划35千伏及以下项目投资5688万元。项目逐步实施后，将全面改善全县工农业生产发展电力需求，进一步提高全县电力客户的用电质量。积极推进“新一轮农村电网改造升级”工作，全年顺利完成彝良县小城镇、中心村农网改造升级工程（第一批）、易地扶贫搬迁安置点工程（第二批、第四批）、2017年农网自筹项目4个批次项目建设，完成投资2621.11万元，新建10千伏线路50千米，低压线路86.29千米，新增变压器65台，户表改造1669户。并及时启动了第二批应急资金项目，追加下达投资963.71万元，改造易地扶贫搬迁集中安置点5个、零星扶贫搬迁户676户、贫困村通动力电项目4个。工程建设进度、基建信息系统应用实用化得分在全局名列前茅。全力做好易地扶贫搬迁配套电网建设，跟踪落实政府安置点建设进度，及时将项目上报应急实施，确保搬迁到哪里电就通到哪里，有效改善贫困地区生产生活条件。全年较好地配合彝良县扶贫开发领导小组完成了国家、云南省脱贫工作考核检查组的检查，电力行业扶贫工作得到各级领导和专家的一致认可和好评。完成龙安、奎香供电所建设并投产使用，建成牛街、海子供电所，开工建设洛泽河、小草坝供电所，积极开展树林供电所前期工作，累计完成省公司下达小型基建投资2698万元，年内完成投资计划1371万元，投资计划和工程推进情况在昭通供电局县级供电企业名列第一。

2018年，全面落实新一轮农村电网升级改造工作，完成彝良县2017年第一批农村电网改造升级自筹资金项目、第二批应急资金项目2个批次项目的续建工程，完成项目总投资1089.85万元，涉及易地扶贫搬迁集中安置点5个、零星散户676户、贫困村通动力电项目5个，低电压项目8个，已竣工投产。完成彝良县2018年中央预算内投资和新增中央预算内投资农村电网升级改造2个批次10千伏及以下项目总投资计划296.89万元，对19个低电压、重过载台区进行升级改造，已竣工投产。彝良县2018年第二批自筹贫困村通动力电项目12个。完成彝良县2018年第三批应急项目，涉及易地扶贫搬迁集中安置点7个。彝良县2018年第五批应急项目，涉及易地扶贫搬迁集中安置点3个，计划投资241.84万元，工程于12月正式开工建设，已完成2个安置点电力配套建设并竣工投产，剩余1个项目将结合安置点房屋建设进度，配套电力设施建设工程同步实施，确保易地扶贫搬迁安置点搬迁入住前竣工投运。

2019年，配合农村危房改造户实现“房成电通”，投资1860.8万元完成15093户农危改通电工程；为确保全县实施易地扶贫搬迁户“搬得出”“住得下”，投资6041.6万元完成53个易地扶贫搬迁安置点电力配套建设，并率先完成通电任务，6171户28069名贫困群众迁入新居；投资148.58万元完成最后12个贫困村通动力电项目，截至2019年12月电力行业扶贫累计投入13.4亿元。

脱贫攻坚，五年征程，筚路蓝缕，五年奋进，铸就辉煌。这五年是彝良供电局最辉煌的时期。这五年，他们用汗水和泪水织出了纵横全县的，我们用初心和使命点燃将军故里的灿烂星空。

星斗无数，南网人是最灿烂的一束。星光下，我们看到的是南网人奋斗和拼命的身影，他们用爱编织的不变和永恒的星辰，是电力扶贫的英雄群像。

南方电网云南昭通彝良供电局，一片让人景仰的星空；

南方电网云南昭通彝良供电局，一段永远璀璨的故事。

（彝良县供电局供稿）

# 镇雄：稳定电是给百姓的大实惠

徐秋玲

长征期间，红军一方面军和红军二、六军团分别于1935年2月和1936年3月经过镇雄。1935年2月，红军一方面军在镇雄、扎西一带集中，并佯攻镇雄，甩掉尾追的滇军，顺利完成二渡赤水计划，在“四渡赤水”的光辉篇章里留下了重要的一笔。

镇雄是全国扶贫攻坚的主战场，对电网企业而言，扶贫既是一项政治任务，也是服务经济发展的内在需要。2016年8月18日，中国电力报“重走长征路”栏目记者来到云南省昭通市镇雄县，在镇雄山区实地走访，深切感受到长征路上的光明来之不易。

## 电力在扶贫路上走在前列

镇雄全境山峦重叠，坡陡谷深，沟壑纵横，地形复杂。记者在进山采访途中的一幕至今难以忘怀：左边峭壁，右边悬崖，下面是轰隆滚动的河水。记者所乘的车艰难盘山而上，时而突遇对面的车辆。为在狭窄的山路上通行，总要有一辆车退回山间宽阔处或山脚之下。

交通条件是否在很大程度上决定着镇雄农网改造的进度？“对！农网改造的最大困难就是交通问题。”镇雄县罗坎镇镇长成全忠给出了明确的答复。

农网改造是地方经济社会发展的重要基础，也是国家扶贫攻坚的重要举措。农网改造前，镇雄县的小水电是层层趸售到户，线路损耗和变压器损耗均摊给用户，距离变台远近的电价差别很大。已进行“一户一表”农网改造的，执行城乡同网同价收费到户 0.483 元 / 千瓦时；未进行农网改造的，收费为 0.5 ～ 18.43 元 / 千瓦时不等；有相当一部分村民生活用电价格高达城乡同网同价的 5 ～ 10 倍以上。

而此番农网改造后，罗坎镇老百姓每年电费将大幅度降低，全镇可节约电费共计 500 万元以上。“为百姓降低生产生活成本，确保其安全、稳定用电，这就是给予百姓的大实惠！”成全忠告诉记者，镇雄县属于国家级贫困县，罗坎镇则属于贫困乡镇。500 万元对于一个贫困镇而言无疑具有非常重大的意义。

原镇雄县委副书记、县人大常委会主任，现任革命老区建设促进会会长的王必兴已近 80 岁高龄，仍旧关注当地电力事业的发展。王老感慨道：“在扶贫上，电力部门绝对是全力支持，并且是走在前列的，这个不容置疑。”

记者采访期间，正值当地的雨季。由于地形复杂，自然灾害频发，时常导致艰难运到山中的物资被损毁。现场一施工人员告诉记者，不久前他就遇到类似的事情。刚刚把物资卸到场地就突遇大雨，26 根电线杆或被山上的落石压断或被河水冲走，1 台变压器也被落石砸坏。

那么，是否可以通过天气预报来避免雨季塌方等危险？现场施工人员无奈地摇头：“天气预报在镇雄的山区起的作用并不明显，我们常说云南十八怪，这边下雨那边晒。”

据了解，镇雄县罗坎镇此次农网改造，涉及 12 个村 206 个村民组，总投资达 9000 多万元。在记者采访期间，电杆完成 61%，架线完成 36%，户表完成 10%。“这次要安装变压器 199 台，按合同要求是 10 月 20 日竣工，但因条件恶劣造成施工难度极大，预计 11 月底能够完成。”镇雄县罗坎镇副镇长文怀远说。

# 山区农网改造玩空中“溜索”

当记者赶到镇雄县纸槽村大湾组农网改造施工现场时，这里正为海拔1600米处山中的用户运输电线杆等物资。记者身处之地，上是绝壁，下是悬崖，右前方不远处有条清晰的小路，据说当地村民祖辈只能沿着山间开凿的这条绝壁小径进出大山，即使年轻力壮的小伙最快也得用上个把小时才能下山。可以说，这里的人常年过着“世外桃源”的生活。

面对如此陡峭的悬崖怎么才能将电杆等材料运上去呢？现场施工人员指着记者面前那根已经架设好的溜索告诉记者，原来是通过在悬崖上架钢索的办法将电杆、导线等缓慢运上去。10千伏的水泥电杆，在垂直落差约400米的山崖间传送，这就是“溜索电杆”。据悉，这种高崖运输电杆的情况在昭通山区并不少见。

罗坎镇山高坡陡，公路建设等级较低，弯急路窄路面差，很多地方道路不通车或晴通雨阻，每次下大雨都会出现道路塌方，造成交通中断，许多地方的农网改造物资只能通过人工搬运。为了早日完成农网改造，镇雄供电公司想出了很多办法，除了用人工搬运这一老方法外，最快最有效的办法就是架设起一条溜索，通过溜索运送农网改造的物资。此番农网改造，罗坎镇27个点1400多户需要索道运输电线杆、电线及变压器等物资。

施工队员分崖下和崖上两组，通过对讲机实时沟通，查看物资运输情况。“正常情况下，杆子每分钟能在钢绳上走2米。”施工工人张全友说。纸槽村村民黄天发很有感触，运根杆子到他家附近得3个多小时。张全友摇了摇头，“你家还算近的呢！要运到你们组里最远的王文中家那儿，一根杆子得一整天。”

自7月21日开工以来，现场人员每日工作十几个小时，即使如此勤奋地工作，每天也只能成功运送2根电线杆到山顶。据纸槽村大湾台区现场施工负责人谢世香介绍，他们曾为山顶某一户架设线路达960米，共架设电杆十余根，用了10天时间才得以完成该用户的电网改造工作，而那户人家每月用电量仅有20千瓦时。

“这里原先4个村民小组七八十户人家共用1个变压器，现在力求达到1个村民小组14户人家用1台变压器。哪怕工程量再大，也得攻坚克难，因为我们还肩负着镇雄脱贫攻坚的光荣使命。”镇雄供电公司副总经理申庆常说。

当年年底，一台30千伏安的变压器已连接着多条线路，将充足的电力送至大湾组14户农家。“太好了，通电后不仅电压高，而且电费还便宜得多。”黄天发嘴角扬起微笑。

## 易地扶贫搬迁安置点“房成电通”

2019年，镇雄县政府批复实施六个易地扶贫搬迁安置点，镇雄供电局承接了这六个安置点的配套电力设施建设工作。2018年，开展鲁家院子一期、碗厂高炉沟二期搬迁电力接入工程，新建10千伏线路10.88公里，400伏/220伏线路11.53公里，新装配变5台，容量3.83兆伏安，一户一表改造1396户，完成投资1566.10万元。2019年，开展了鲁家院子二期、高山大地、呢噜坪、碗厂高炉沟三期、以勒、母享六个易地扶贫搬迁安置点电力接入工程，新建10千伏线路35.8公里，安装配变26台，容量20.42兆伏安，一户一表改造9881户，完成投资3664.16万元。在各方努力下，各易地扶贫搬迁安置点项目在2019年12月6日前已全部通电，搬迁户在春节前已高兴地搬进了新家，实现了“房成电通”。

镇雄易地扶贫搬迁安置点建设的时间紧、任务重，配套电力设施的建设又需要相应的电缆管沟建好后才能施工，因前期土建进度滞后，让本就紧张的工期更加紧张，但是镇雄供电局正视问题，高度重视，精心组织，在整个施工过程中克服了诸多困难。

针对工期紧的问题，镇雄供电局制定了易地扶贫搬迁安置点配套电力设施建设的项目策划和详细施工方案，先集中力量施工安置点外部的10千伏线路，同时保持与政府相关部门和安置点土建方云南建投公司联系，掌握安置点内部电缆管沟的施工进度，在具备施工条件后，第一时间进场施工，管沟建好一段，配套电力设施施工就施工一段，最终未因配套电力设施建设影响安置点的整体完工进度。

针对易地扶贫搬迁安置点外部10千伏线路的协调问题，在多次协调无果后，请地方政府又多次组织杆塔占地群众召开群众会，向群众详细讲解杆塔占地的补偿标准和异地扶贫搬迁安置点配套电力设施建设的重要性，最终协调问题逐个化解，外部10千伏线路顺利完成施工。

针对配套电力设施建设的施工时间不确定，达到条件后又必须马上施工的情况，镇雄供电局协调施工、监理、设计等参建单位积极配合，提高政治站位，克服镇雄县冬季施工气候恶劣的因素，达到有条件必须有人施工，没有条件尽量创造条件施工。

在整个易地扶贫搬迁安置点配套电力设施建设的过程中，镇雄供电局员工发挥艰苦奋斗精神和党员带头作用，在2019年11月30日城区三个安置点配套电力设施的投运过程中，镇雄供电局局领导带领相关部门人员和各参建单位人员忘我工作，连续奋战31个小时，完成了投运工作。

通过所有参建单位接近半年时间的共同努力，镇雄县脱贫攻坚安排的六个易地扶贫搬迁安置点在政府要求的时间内完成了“房成电通”，共计9877户，45203人在春节前顺利全部搬迁入住，镇雄县的脱贫攻坚工作又向前推进了一大步。

（作者系镇雄县供电局工作人员）

# 群山织就连天险　银线横跨进万家

周克伦

历史的河流奔腾向前，时代的浪潮永不止息。从靠柴油机发电到首座35千伏变电站投运，从农村电网建设改造到云南大电网进入镇雄……半个世纪以来，镇雄电力发展的步伐愈发稳健，愈加扎实。特别是党的十八大以来，以习近平同志为核心的党中央把全面建设小康社会提到治国理政的战略位置，打响了一场脱贫攻坚战。在这场波澜壮阔的脱贫攻坚战中，镇雄供电局主动扛起央企责任，积极贯彻落实南方电网、云南电网和镇雄县委、县政府的决策部署，发挥资源、技术、管理、服务优势，制订实施包括农网全覆盖、村村通动力电工程、易地搬迁入户工程和定点扶贫工程计划，努力为脱贫攻坚提供稳定可靠的电力支撑，助力镇雄早日实现全面脱贫。

## 攻坚克难，农网实现全覆盖

镇雄县的农村电网建设改造开始于2001年11月，到2015年年底，共计完成投资11.23亿元，完成“一户一表”改造约22万户，农村户表改造覆盖率达到65.66%。2016年，按照云南省发改委、南方电网公司和云南电网公司的统一部署，决定对剩余的 11 万余户用户实施“一户一表”改造，从而实现镇雄县农网改造全覆盖。

2016 年，镇雄县的整个农网升级改造工程，相当于前十五年工程量的总和，当年投资 8.15 亿元，新建及改造 10 千伏线路 1352.19 公里，低压线路 4035.48 公里，安装变压器 1694 台，容量 238.305 兆伏安，“一户一表”改造 11 万余户。这在昭通农网工程施工总量上，镇雄成了全市最大的“主战场”。

为了完成全覆盖工程，2016 年春节前，项目涉及所有工程施工图设计就已全部完成，参建单位招标全部完成，共计组织施工单位 12 个、监理单位 4 个参与工程建设，镇雄供电局及时与项目涉及乡镇开展对接工作，并到各乡镇召开了工程启动会。整个工程谋划超前，动员到位，启动及时，组织有序。

为了确保工程的顺利推进，镇雄县人民政府及时调整和充实了镇雄县电网建设改造工作领导组，协调解决全县电网建设改造中的土地征用、林木采伐、青苗补偿、环保、水利、交通等具体问题，积极配合项目实施单位办理电网建设改造的各项手续的办理。镇雄县人民政府于 5 月 20 日组织召开了全县 2016 年电网建设工作推进会，昭通供电局相关领导参加了此次会议。副县长代表县人民政府与各乡镇签订责任书，将电网建设改造纳入镇雄县人民政府年度重点工作进行督办。每月研究 1 次电网建设改造工作，编制工作简报，通报电网工程建设进度、投资完成情况、安全、质量等工作情况。同时昭通供电局在镇雄供电公司成立 5 个业主项目部，全面负责对工程项目进行安全、质量、进度等全过程管控。

在施工中，镇雄供电局按照镇雄县分年度脱贫计划和易地搬迁规划，分别对所有建设项目进行梳理优化，分阶段排列详尽的竣工验收投运计划，确保工程竣工投产顺利开展。2016 年，在脱贫出列的行政村中，有 17 个乡镇 31 个行政村完成了通电。

纵观镇雄县历年以来的农网改造工程，总体可概括为三个三分之一。

即：从 2001 年开始到“十一五”末，花了 10 年的时间完成全县三分之一的户表改造；“十二五”期间，加快步伐花了 5 年的时间又完成了三分之一；2016 年，作为“十三五”开局之年，仅用 1 年的时间完成全县剩余未改造的三分之一，这在昭通电网建设史上是前所未有的。2016 年年底，镇雄电网实现全覆盖时，10 千伏及以下电网投资已达 19.38 亿元，完成户表改造 33 万户，所有自然村均已通上了动力电。

按照改造前平均每户电价为每度 1.2 元、平均每月用电 100 度计算，改造后电价为每度 0.48 元，那么每户每月就节约电费 72 元，每年就节约电费 864 元，全县 33 万户一年可减少电费支出 2 亿多元。

## 行业扶贫，电网供电送温暖

电力作为“脱贫致富、同奔小康”的重要保障要素之一，是实现脱贫攻坚目标至关重要的支撑力量。作为电网企业，整个工作关系到全县经济社会发展和人民生产生活，肩负着重要的政治责任、经济责任和社会责任。

2016 年 5 月 16 日，阿里巴巴高级副总裁、阿里研究院院长高红冰到云南省镇雄县对发展农村电商进行考察和指导。他深入村寨和工厂，全面了解镇雄的发展情况，其间，还专门听取了镇雄县领导对包括农村电网全覆盖工程和“十三五”农网升级改造工程的“五网”建设相关情况介绍，这表明镇雄农村电子商务发展开始起步。

电商扶贫是云南省镇雄县九个脱贫举措之一，也是国务院扶贫办推进实施精准扶贫的十大工程之一。2016 年实现的农村电网全覆盖工程，正是确保镇雄发展农村电商的重要基础工程，更是促进云南省第一人口大县如期实现脱贫的有力保障。

从 2017 年起，每年都对全县电网进行升级改造，持续解决电网薄弱问题，全力保障电力供应。2019 年，配网在建工程项目（含续建）共计 7 个批次投资 20900.11 万元，新建 10 千伏线路 147.644 公里，400 伏 / 220 伏线路 494.279 公里，新装及改造配变 301 台，容量 82.555 兆伏安，安装一户一表 12190 户。

同时在 2019 年，镇雄县农村危房改造已完成电力接入 7750 户，当年要脱贫出列的 66 个村中，已完成户表安装并通电 2255 户。在整个用电服务中，对贫困户用电报装开通绿色通道，建档立卡户申请业扩新装时，只需要提供身份证复印件及村公所证明，现场勘查后符合安装条件的立即给予安装；对低保、五保用户用电提供优惠政策，2019 年 6—12 月，共向民政局支付低保免费电费 35 万元。积极为其他领域扶贫项目提供电力支持，配合水务局和地方政府完成产业扶贫配套电网项目 179 个，总容量 8277 千伏安，安装抽水工程用电 29 个，总容量 1619 千伏安，为村民生活抽水提供了电力保障。

## 加强主网建设，优化电网结构

崇山峻岭之间，一棵棵电线杆挺拔耸立、一座座高铁塔拔地而起、一条条银线划破长空，顺利地把山里和山外的两个世界连在一起，屋檐下，透明计量表箱及白色 PVC 管进户线延伸到农户家里，好一幅优美动人的乡村电力画卷。

近年来，镇雄县紧紧抓住“一县连三省”的区位优势，加大招商引资力度，引进企业入驻，推动经济社会跨越发展。大火地工业园区的兴建、成贵高铁以勒站的建设、县城城镇化的不断推进……区域用电负荷急剧上升。为此，镇雄县坚持电力先行，高度重视电力基础设施建设，从 2015 年到 2017 年，南广、五德、以勒 3 个 110 千伏输变电工程先后建成投运，至此，镇雄县110千伏变电站增至5座，加上1座220千伏镇雄变电站和19座35千伏变电，镇雄电网目前已形成了以220千伏变电站为核心，110千伏变电站为主网架，35千伏变电站为辅、10千伏覆盖全县的县域电网网架，为助力革命老区脱贫攻坚起到了坚实的作用。

“经济要发展，电力应先行。”这句被叫了几十年的口号，如今越来越体现出它的前瞻性，电已成了当今发展中不能缺少的重要能源。镇雄县目前有150多万人口，属云南省第一人口大县，同时，镇雄又是土地革命时期的革命老区，国家级贫困县。近些年，云南电网公司和镇雄县委、县政府十分重视该县的电网建设。2006年云南省大电网进入镇雄后，电网网架得到不断完善，农村电网建设改造户表率在不断提高。近年来，镇雄县经济社会迅猛发展，招商引资工作不断推进，大批企业进驻镇雄；每年转移输出的农村劳动力也带动了县域经济发展。随着生活水平的提高、城乡居民用电观念转变，几乎每个家庭都使用家用电器，导致用电负荷逐年增高。2019年，镇雄最大的变电站500千伏荣兴变电站（位于芒部镇新地方）已经建成投入运行，电网的快速发展为镇雄县经济社会发展提供了充足的电力支撑和保障。

5年来，镇雄供电局从普遍服务到精准扶贫，从“输血”到“造血”——电力人始终把电网扶贫的使命和责任扛在肩上，把实现百姓美好生活的愿景放在心中。曾有毛泽东“乌蒙磅礴走泥丸”，现有南方电网人“乌蒙磅礴建电网”。电力人扎根乌蒙，顽强斗争，通过不懈努力，已点亮乌蒙大地的万家灯火，续写着新时代历史的辉煌。

（作者系镇雄县供电局工作人员）

# 农网建设　那些感人的瞬间

周克伦

国家扶贫开发的5年，也是电网建设最关键的5年。5年来，镇雄电网建设实现了农网全覆盖，主网网架的不断延伸。在电网建设中，也出现了许多感人的故事和画面。这些感人的瞬间，都记录了电力人奋斗的足迹和老百姓受益后的深情谢意。

## 狗叫到天明

大贵山村民小组是镇雄县乌峰镇松林湾村的一个自然村，大贵山通后，村民自发组织送来了一块写有“光明使者，致富先驱”的大匾，感谢供电部门使他们获得了光明。就在送匾的第二天，我来到了大贵山进行了采访。

大贵山离镇雄县城直线距离只有10公里，而且有大半的路早已通了二级路，但另一半却是连绵横卧而且海拔高达2000米的大山脉上，需要翻越大山后再往前斜下1公里多才能到达大贵山的村寨里，由于交通不便和电力老化，这个地方仿佛与世隔绝一样。当天，我们花了近3个小时翻山来到大贵山，只见原始的大山深处，新架的电力线路在阳光下泛着银光。村落错落有致，不时看见房顶上显眼的电视接收器，让人感觉不出山村的原始，我们挨家进行了走访，村民高兴地告诉我们，电力正常后，大家都进城买回了电视机、洗衣机、电饭锅和电磁炉。村民告诉我，以前电力线路老化，而且线路长，电压太低，电视基本无法放，好多人家的电视都放烂了，现在通电正常了，家家的电视都放了起来。在采访中，一位村民告诉我，因为寨子里的电视机很多好几年都放得不正常，所以都没有放，电力稳定后，大家第一件事就是把电视放起来，于是山村的老少又都坐在一起，把电视声音开得大大的，但村里的狗听到电视里的声音，还以为村里来了很多不速之客，便相互吼叫起来，这样一条传条，此起彼落的叫声划破着山村的夜空，那一夜，成了大贵山人记忆中最热闹的一夜。

## 淳朴方式谢恩情

芒部镇关口村的岩洞、红桥、中寨和营盘 4 个村民小组电网建成正式通电时，当地村民近百人自发组织到通电现场，排着长长地队伍，把鲜红的锦旗和感谢信提在胸前，静静地凝视着整个通电操作过程，令在场的供电部门和施工人员十分感动。据施工人员介绍，每一次一条线路架通后在通过操作现场，村民们都要以淳朴的方式来感谢供电部门和施工队，坚持要做家里最好吃的东西给施工队吃，一些村民流着眼泪翻山越岭送施工人员出山。芒部三滴水村民在感谢信中写道：“今天你们将乘车离开，汽车呀，请开慢点，让我们多看你们一眼，我们会永远记住你们，世代由衷感谢你们！”

2016 年，农网改造是全覆盖攻坚年，由于全县镇、村所在和交通方便的地区都已全部改造完成，剩下的基本都是交通闭塞、山高路陡的地方，施工难度相当大，在古镇黑塘村的院子、黄家坡，30 多人一天才能抬两根电杆上山。碗厂乡长岩有近 40 里是便道，所有材料还得用人背马驮才能运到施工点。施工人员每天几乎都是天不亮就开始施工，天黑才回住处，有时直到深夜。由于没有电，墙上打孔装户表只能用发电机发电，笨重的发电机必须挨家挨户抬着走，一天下来，大家累得腰酸背痛。

## “悬崖村”通电　村民不再攀悬崖外出辗磨

地处云南省东北的镇雄县坡头乡坡头村梯子岩村民小组通电那天，村民顾旗兴十分激动，在大山里住了几十年的他，如今再也不用背着苞谷攀爬悬崖，到山外碾磨了。

德隆村地处云、贵、川三省交界处，两条河流在当地交汇后一分为三，形成了万丈悬崖地势。交通的不便，给那里的群众出行带来了很大的困难。梯子岩村民小组，就处在这悬崖的半岩上，上是绝壁，下是悬崖，村民祖祖辈辈出入只能沿着往山上开凿的绝壁小路攀爬，然后翻山到坡头镇上。

梯子岩村民小组分上梯子岩和下梯子岩，上有 2 户人家，下有 9 户人家。多年前，梯子岩村民用电是自费从河对岸十多公里外的威信县架线过来的。因路程远，线径小，电压不够，只能作照明使用，村民碾磨粮食，还得沿悬崖翻山出去才行，生活艰辛可想而知。

2015 年年底，农村电网改造全覆盖工程正式进入梯子岩村，但面对如此陡峭的悬崖，电力施工人员如何才能将电杆等材料运进去呢？经过分析后，大家决定从 800 米高的悬崖上架钢索，将电杆、导线和其他金具用滑轮吊下去。然后又用搅拌磨把电杆一根一根的拉到杆坑处。整个施工中，共运送电杆 30 多根，前前后后十多天才把电杆运送下去。参与施工的小伙子张雄说，每次在索道上往悬崖边推送电杆时，虽拴着保险绳，但看到万丈悬崖下的村庄，两腿都直哆嗦，晚上睡觉眼一闭，自己就在悬崖边，怎么都睡不着。施工人员住在 5 公里外的德隆村，每天都要攀爬悬崖两次，每次都让他们胆战心惊。

根据设计，梯子岩村安装上了一台变压器。刚开始，村民们担心最多的就是变压器的容量问题，担心电压不稳。后来，当看到高高的水泥电杆一根根立了起来，绝缘线路比原来粗了不少时，大家这才放了心。

据了解，梯子岩村是整个镇雄县农网建设最为艰难的地区。通过近半年的努力，这个“悬崖村”的 11 户村民终于用上了农网电，电压稳了，电价降了，农网工程让老百姓得到了实实在在的实惠。

## 镇雄“西藏”架电忙

花山乡被称为镇雄的“小西藏”，在距离集镇 6.3 公里的放马坝村，农网施工人员正趁着好天气不停地忙碌着。这个村平均海拔 2000 米，交通十分不便，自然条件十恶劣。全村用电基本靠当地的一个小水电站供电，由于电压长期不稳定，致使农户的电灯和电视等家用电器不时被烧坏，而且还经常停电。在施工现场，放马坝村委员王志华高兴地对记者说：“太感谢供电部门和党委政府了，有了稳定的电，我们村的发展就有希望了。”他一边说话一边正带领全村 20 多名村民在扛线、拉线，忙个不停。有一个老农从他住的山上下来背金具，他说：“施工队太苦了，我做不了其他的，只能背点材料。”

花山乡放马坝村只是全县多个施工点中的一个。镇雄供电局全力做好农网改造工作。在做好安全和质量监督的同时，为了加快进度，安排了 7 家施工单位进行施工。

“电足了，心暖了，奔小康的干劲更足了。”多年的电网建设改造，让全县有了充足可靠的电能，政府的肯定和老百姓的支持是农网改造得以顺利开展的关键，电网的发展为镇雄发展施工业和农业、实现产业升级创造了有利条件，它就像一盏明灯，照亮了全县脱贫致富之路。

（作者系镇雄县供电局工作人员）

# 脱贫攻坚路上的电力动车

水富市供电局

党的十九大以来，党中央把脱贫攻坚摆在治国理政突出位置，将贫困人口脱贫作为全面建成小康社会的目标，在全国范围打响了脱贫攻坚战。现今，脱贫攻坚已处在较真碰硬、攻坚拔寨的冲刺阶段。

为贯彻落实脱贫攻坚的工作部署，全力完成电力行业扶贫工作任务，助力地方打赢脱贫攻坚战，昭通水富供电局认真贯彻关于脱贫攻坚的方针政策，落实南方电网公司党组、云南电网公司党委和昭通供电局关于扶贫工作的决策部署，坚持“脱贫攻坚、电力先行”的工作思路，全力投入脱贫攻坚各项工作中，当好昭通市和昭通供电局“脱贫摘帽”电力“排头兵”。

## 决策谋划

我局从以下几点开展电力行业扶贫工作：（1）超前谋划，提前安排部署农村电网改造。明确了建设管理部负责牵头电力行业扶贫工作，全力抓实，整体推进，成效明显，为脱贫攻坚电力保障打下了坚实基础。真正做到“扶贫攻坚、电力先行”，不让贫困地区“等电用、要电用”，确保了群众“用上电、用好电、好用电”。（2）开展筛查，扎实做好群众生活用电保障。为确保我是所有老百姓都能用上电、用好电，以镇为单位在全市范围内每年都开展群众生活用电筛查工作，并根据筛查存在的问题进行整改。（3）梳理问题，做好项目申报，继续推进农村电网改造项目。重点从低电压治理、易地扶贫搬迁（集中安置）、新增零星搬迁用户、贫困自然村通动力电等进行梳理，再结合小城镇中心村改造，从而推进农村电网改造。安排各供电所主动沟通乡镇政府、村委、驻村干部、贫困户等，掌握每个贫困户的脱贫方式，分析其用电负荷，确定贫困户脱贫的用电需求。用电需求包括贫困人口从事小型种植养殖、小型加工、农家乐旅游、分布式光伏和其他类别脱贫工程的用电需求，以及低电压台区治理项目。

## 安全隐患治理

两碗镇是水富市脱贫攻坚的主要乡镇，贫困村社的电力配套设施也相对陈旧，安全隐患较多。比如花坛村的石坪台区、三角村桃子和土地台区，投运时间较长，原电杆破裂、金具老化，拉线锈蚀严重，低压导线线径较小，部分线路跨越房屋，对地对物的安全距离不足，还存在部分木杆现象。

石坪台区原配变容量 30千伏安，低压线路长度 4.070 千米，台区供电半径 1.278 千米，末端电压 180 伏，台区用户 46 户，户均容量 0.65千伏安，年最大负载率 94%；桃子台区原配变容量 30千伏安，低压线路长度 3.785 千米，台区供电半径 1.071 千米，末端电压 188 伏，台区用户 38 户（其中有 1 户动力用户），户均容量 0.77千伏安，年最大负载率 95%；土地台区原配变容量 50 千伏安，低压线路长度 9.673 千米，台区供电半径 1.434 千米，末端电压 179 伏，台区用户 94 户，户均容量 0.53千伏安，年最大负载率 94%。

## 改造成效

项目可研设计规模为：新建及改造10千伏线路2.33千米，低压线路10.218千米，新建及改造台区数共为6台，新建及改造配变5台，1台配电原用（桃子台区老配变原用，土地老台区经过拆分后无需改造），容量为190千伏安（未包含原用80千伏安配电容量，桃子老配变30千伏安和土地老配变50千伏安）。涉及受益户数178户，投资估算为158.64万元，户均投资高达0.891万元。项目实施后将原有3个台区中原有最长供电半径1.434千米降到了最长0.860千米，其余供电半径都在0.430至0.782千米，都在合理供电半径内，末端电压由原来最低的179伏都提升到了220伏左右的合格电压，户均容量达到了1.517千伏安，满足了该地区的用电需求容量，并解决了原电杆破裂、老化，线路跨房、安全距离不足等问题，大大地提高了用电质量。

## 低电压治理

偏远村庄的电力配套实施存在供电半径大，客户端频繁出现低电压现象，比如两碗镇三角村太阳台区、两碗村春花台区、成凤村花秋台区和石燕村白杨台区。还存在投运时间较长，原电杆破裂、金具老化，拉线锈蚀严重，配电变压器容量小导致户均容量低，导线线径小，几乎都以LGJ–25的裸导线为主，部分线路跨越房屋，对地对物的安全距离不足，电杆离房屋太近不满足安全距离，存在较多的安全隐患。

太阳台区原配变容量50千伏安，低压线路长度3.7千米，台区供电半径1.76千米，末端电压168.2伏，台区用户78户，户均容量0.64千伏安，年最大负载率51.57%；春花台区原配变容量100千伏安，低压线路长度5.8

千米，台区供电半径 1.77 千米，末端电压 176.6 伏，台区用户 114 户，户均容量 0.87 千伏安，年最大负载率 63.53%；花秋台区原配变容量 50 千伏安，低压线路长度 8.3 千米，台区供电半径 2.85 千米，末端电压 182.9 伏，台区用户 76 户，户均容量 0.65 千伏安，年最大负载率 63.5%；白杨台区原配变容量 200 千伏安，低压线路长度 4.403 千米，台区供电半径 1.2 千米，末端电压 175.2 伏，台区用户 140 户（其中有 1 户动力用户），户均容量 1.42 千伏安，年最大负载率 68%。

## 治理成果

4 个低电压台区的可研设计规模为：新建及改造 10 千伏线路 9.36 千米，低压线路 21.768 千米，新建及改造台区数共为 14 台，配电容量为 1150 千伏安，涉及受益户数 412 户，投资估算为 424.3363 万元，户均投资高达 1.03 万元。项目实施后将原有 4 个低电压台区中原有最长供电半径 2.85 千米降到了最长 0.936 千米，其余供电半径都在 0.192 至 0.77 千米，都在 E 类地区的合理供电半径内，末端电压由原来最低的 168.2 伏都提升到了 220 伏左右的合格电压，户均容量达到了 2.791 千伏安，超出了“十三五”规划的指标户均 2 千伏安的标准，并解决了原电杆破裂、老化，线路跨房、安全距离不足等问题，大大地提高了用电质量。

## 消除贫困自然村未通动力电

根据党中央、国务院打赢脱贫攻坚战的决策部署，结合国家能源局、南方电网公司和云南电网公司关于调查摸清贫困人口用电现状和需求的相关通知，我局及时展开了水富市的全境的调查，经过我局固定资产管理部门审查，各供电所与各乡镇政府、村委会对接并进行现场确认后，水富市太平镇复兴村向阳坪台区的变压器型号为D11－20千伏安，属于单相变压器也是水富市唯一一台单相变压器，不满足贫困自然村通动力电的要求，我局及时上报了该单项变压器基本信息和支撑资料，云南电网公司和昭通供电局在该年度（2017年3月29日）下达了解决该单项变压器的项目，工程名称为太平镇复兴村贫困村通动力电工程，于2017年6月初开工建设，6月底竣工投产，不到一个月的时间消除了我市贫困自然村未通动力电的问题。

## 解决新增零星搬迁用户

为满足易地扶贫零星安置户的迫切用电需求，我局安排各乡镇供电所与镇扶贫办、各村委会调查梳理并现场核实，经各乡镇供电所核实统计后，扶贫攻坚新增零星用户工程涉及水富市全境，即一个办事处及3个镇，我局计划建设部及时向上级单位昭通供电局和云南电网公司汇报并积极争取项目，并得到上级单位的大力支持。

根据云南电网有限责任公司昭通供电局文件（昭电计〔2017〕47号）“昭通供电局关于昭通市2017年第三批应急项目可行性研究的批复”，批复的投资估算为430.61万元；批复的可研规模如下：水富市新增零星用户347户，新增低压线路40.294千米。其中云富街道办事处新增零星用户41户，新增低压线路4.786千米，批复的投资估算为57.63万元；向家坝镇新增零星用户54户，新增低压线路5.035千米，批复的投资估算为70.81万元；两碗镇新增零星用户173户，新增低压线路20.008千米，批复的投资估算为235.29万元；太平镇新增零星用户79户，新增低压线路10.465千米，批复的投资估算为66.88万元。

# 克服困难

贫困村社大多在偏远山区，道路运输相当困难，弯多路窄且凹凸不平、四驱皮卡车在雨季时都无法通行，更不用说装载电杆或材料的汽车，主要有石坪、桃子台区的运输主干道路及台区分支线，凉山、太阳台区的运输主干道路及台区分支线。

两碗镇三角村、成凤村，太平镇二溪村和盐井村退耕还林的土地面积较大，10 千伏线路电源点到新增变压器的位置都需穿越退耕还林区域，砍伐树木较多，砍伐树木的相关许可手续烦琐，而且办理时间较长，会严重影响施工工期。

部分村民在输配电线路下方种植高杆树木、农作物、建房等，对输配电线路造成安全隐患，无法保证电力线路的正常运行和不能确保当地居民的人身安全。各级政府、村委会、我局在各镇、村社大力宣传安全用电知识，在选择宅基地时避开电力线路，保证足够的安全距离。

扶贫攻坚新增零星用户会随着时间的推移而陆续增加，但又不能在一定时间内准确地预估新增扶贫攻坚用户的用电需求户数，按照上级单位的要求，不能估报、虚报新增扶贫攻坚用电需求户数，故此在项目收口时间截至后新增的户数，只能在下一批的项目中逐步实施，致使扶贫攻坚新增零星用户可能存在不能及时满足用电需求的现象。

根据网省公司扶贫工作思路，我局采取电力行业扶贫单独规划、统计、分析，结合新一轮农网改造升级一并进行，让贫困地区要先行一步。因此，按照总体规划、同步推进的原则，我局对水富市农村地区采取统一标准开展电网规划和建设，加快提升贫困地区供电能力和供电质量，加快提升贫困地区电力服务水平。

（水富市供电局供稿）

# 奉献一束光　照亮千万家

张慧玲　陶小燕　于守全　方大勇

精准扶贫，是一项针对性很强的惠民政策，目的是帮扶贫困户实现共同富裕。绥江供电局的干部员工在精准扶贫工作开始后，明确了挂钩帮扶干部的责任和义务，驻村干部带着感情进村入户，与群众打成一片，真正做到在贫困村中深入基层，亲近群众，凡事能亲力亲为，以群众脱贫为己任，想群众所想，成为群众服务的贴心人，奉献出自己的光和热，照亮和温暖千家万户。

## 移动一根电杆，快乐一家人

2016年10月25日，我们在下乡路上了解到，板栗镇关口村13组村民李大兴家的高兴事和烦心事。高兴的事是：精准扶贫工作未开展前到家的必经之路本来只有两尺宽，精准扶贫工作展开后，在政府和挂钩单位的扶持下，李大兴等村民的入户路拓宽到了1.5米，交通条件得到明显改善。尽管如此，但李大兴一家也开心不起来，这是为什么呢？

“原本杵在路边的一根电杆因为拓宽了道路，变成立在路中间的拦路虎。”李大兴苦笑着说。望着眼前这条宽敞平坦的水泥路，自家的农用车却开不到家门口，李大兴一家愁眉苦脸。

绥江供电局板栗供电所负责人在了解到李大兴家实际情况后，主动承担社会责任，发动供电所员工自筹资金500余元，将电杆移动到了新路的侧面。现在，李大兴也能开着农用三轮车自由进出自家小院了，心里特别感谢为群众办了实事的电力部门工作人员。“金杯好银杯好，不如老百姓的口碑好”。李大兴一家朴实的感谢之言就是对绥江供电局干部职工的最大褒奖，是引导大家在精准扶贫道路上继续前行的指路牌。

## 崖上采李子寻销路

2017年7月13日，我们挂钩干部一行38人冒着38℃的高温，历时一个多小时成功攀上了海拔近600米的新滩村16组（小地名爆花嘴），因为这里住着我们的帮扶对象——刘学平、刘学林。

站在山脚下，抬头望，只见满眼的绿色，郁郁葱葱。刘学平、刘学林两人的家都在这山的半山腰上，曲曲折折的小路，大多路段较窄，仅够一个人经过。为了确保本次行动的圆满成功，时任绥江供电局党委书记于守全站在垂直于金沙江江面100多米的崖壁上，再次重申了此次活动的两个要点：一是本次行动的主要目的是帮挂钩群众采摘半边红李子，二是与帮扶挂钩群众商讨打开半边红李子的销路问题。

到达目的地稍事休整后，挂钩干部们自发分成两组分别在刘学平、刘学林的引领下到达了他们的半边红李子林，与他们 起采摘成熟的李子。经过六个小时的辛勤劳动，共采摘销售李子360斤。据悉，为了保证半边红李子的口感和卖相，该组村民平时都是凌晨2点就从家里出发，靠人力背着上百斤的李子步行下山。

在采摘结束后的休息时间里，挂钩干部和贫困户集思广益，共同商讨下，确定采用由“金江明珠”服务队搭建微商平台的方式，帮助新滩16组半边红李子打开销路，确保产业扶贫的实现。

## 修缮老鸦山公路铺富路

2018年6月22日，我们绥江供电局组织挂钩干部在时任党委书记于守全、局长高俊的带领下走进挂钩扶贫村新滩村20组老鸦山，开展挂钩帮扶活动。

老鸦山是半边红李子发源地，李子的运输和村民的出行都必须经过老鸦山公路。这条路于2009年建成通车，里程3公里。长期以来，由于受到极端天气和缺乏道路维护资金等因素影响，导致该公路已基本丧失通行能力，造成农产品无法运输，给农户造成不可估量的经济损失。为争取在半边红李子成熟前铺好道路，切实解决老鸦山产业发展和农产品运输难题，帮扶干部们借来锄头、铁锹、簸箕，冒着32℃高温，推开卧石、平整坑洼。大家分工协作，你一锹我一铲，干得热火朝天，满头是汗。泥泞坑洼的道路经过大家的一番修整变得平坦宽敞。

后来，绥江供电局积极向上级争取定点扶贫捐赠资金，维护改善了老鸦山道路状况，解决了全组54户297人的交通问题，为投产挂果的763亩半边红李子运出大山提供了保障，提高了村民收入，进一步敲开了村民脱贫致富奔小康的大门。

# 给“新滩好儿媳”送去关怀

在精准扶贫工作中，绥江供电局深入挂钩扶贫点新滩村开展扶贫调研及开展相关工作期间，我们局领导及驻村干部走村串户核查相关情况，为新滩村贫困户建档立卡，发现了一名好儿媳的感人故事。

这名好儿媳名叫刘学华，是新滩村16组的村民。2011年，刘学华的丈夫徐兴华病逝，2014年，年近百岁的徐兴华母亲范开福在家里不慎跌倒，导致常年瘫痪在床，吃喝拉撒全都要靠儿媳妇刘学华照顾。刘学华虽然过得很辛苦，可她不嫌弃、不抛弃、不放弃，几年如一日地尽心尽力地照顾瘫痪在床的婆婆。

得知姐姐的生活情况，刘学华的弟弟刘学军2014年把姐姐及范开福接回来和自己一起生活。刘学华考虑到弟弟家的条件也不好，便带着婆婆住在了弟弟家的隔壁房屋悉心照料。

绥江供电局领导及驻村干部2018年上半年在开展扶贫工作的时候，都会尽力去帮助刘学华。时任绥江供电局党委书记于守全和党委委员、副局长王彦钧等人来到了刘学华家中，给瘫痪在床的范开福老人送去了松软的点心和集体的慰问，并鼓励她们向前看，要相信在党的关心帮助下，日子一定会好起来的。

于守全动情地讲道，在丈夫去世后，在婆婆还有其他儿女的情况下，刘学华仍然选择自己照顾年迈而长期卧床的婆婆，这种美德值得大家学习，同时也将在绥江供电局上下宣传和发扬刘学华孝顺老人的传统美德，学习刘学华姐弟相互帮助的精神。

于守全最后亲切地对范开福老人说，等他们一家搬进位于新滩镇石龙村的联建房内，在范开福老人百岁寿辰之日，将组织员工专门为老人祝寿，为老人送去最诚挚的祝福。

## 为百岁老人贺寿

2018 年 7 月 19 日，是刚搬进新滩镇杨家坪集中安置点的范开福老人百岁寿辰。为让老人度过一个特别又有意义的生日，当天下午，时任绥江供电局党委书记于守全、局长高俊等一行 14 人，前往老人家中为其庆贺百岁生日。我们带去了蛋糕、米、油等慰问品，关切地询问老人的健康状况、生活起居情况，告诉她及家人有困难及时通知我们挂钩干部，大家将力所能及给予帮助。随后，我们一起为老人点亮生日蜡烛，合唱生日歌并送上诚挚的祝福。于守全更是贴心地将香甜的蛋糕送到老人嘴边，老人笑得合不拢嘴，场面十分温馨。

## 农民夜校致富有道

2018 年 7 月 19 日晚，绥江供电局党委在家领导班子带领相关部门来到定点帮扶村——新滩村 16 组开展农民夜校培训。

此次夜校培训，利用群众晚上茶余饭后时间，热情邀请本组村民参加。培训由局青年志愿者柯云淞领学，向群众普及党的十九大以来有关脱贫攻坚知识，介绍了该局挂钩帮扶的基本情况。为激发群众脱贫致富活力，充分调动其脱贫致富的积极主动性，保证扶贫夜校的学习取得实效，活动还穿插有奖知识问答和扶贫工作分享交流环节，与村民互动，旨在以考促学，以学促干，让群众进一步记牢、记全脱贫攻坚政策，激发群众脱贫致富内生动力。

## 精准扶贫携手行，真情点亮小康梦

2018 年 10 月 17 日，昭通绥江供电局团支部开展以“精准扶贫携手行，真情点亮小康梦”为主题的青年志愿者活动。

绥江供电局 9 名青年志愿者深入挂钩扶贫村新滩村 17 组，邀请新滩村党总支书记罗怀兴和孩子们一起玩耍、游戏，志愿者们亲切地跟孩子们交谈，了解他们的生活和学习情况，鼓励他们要克服困难，积极向上，并向孩子们送去了文具盒、转笔刀、铅笔等学习文具，在瑟瑟的深秋为他们带去暖暖的关爱。深入普及农村安全用电知识，积极宣传用电政策，向村民发放用电宣传手册，切实提升农村用户安全用电意识。活动最后，我局将志愿者服务与环境卫生整治活动相结合，在新滩村 17 组沿途周边展开了一次道路垃圾清理活动。本次活动，在迎接全国扶贫日，助力脱贫攻坚的同时，体现了青年志愿者敢于担当、忘我奉献的新时代南网风范。

## 大手牵小手，我们陪你成长

为了弘扬雷锋精神，传承中华文化爱护弱小、关心弱势群体的优良传统，绥江供电局党委联合团支部于 2019 年 3 月 16 日和 17 日开展了以“大手牵小手、爱心结对组学行”为主题的党、团日活动，把扶贫挂钩村新滩小学 40 名留守儿童接到供电家，带给他们爱和温暖。

在绥江供电局职工之家，我们的挂钩干部和青年团员们陪着孩子们体验跑步机、打乒乓球、气排球、羽毛球等各种体育运动，积极鼓励孩子们培养兴趣爱好，丰富课余生活。还给孩子们送上崭新的书包和文具盒，希望他们以后好好学习，早日成才。

儿童是祖国的花朵，是民族的未来与希望，留守孩子们则需要更多的关爱和帮助。时任局党委副书记王彦钧表示："在今后的工作中，绥江局党委、团支部将会开展更多的此类活动，密切关注农村留守儿童的学习、生活和成长，为全县全面脱贫奔小康作出积极的贡献。"

扶贫路上，绥江电力人一直在行动……

（作者均为绥江县供电局工作人员）

# 扶贫四部曲

文成刚

我们生活在新时代，每个人的命运都与时代紧密相连。自 2016 年参加驻村扶贫以来，我已连续驻村扶贫 4 年有余，在这悠悠四载中，驻村扶贫工作的点点滴滴一直在我脑海回荡，久久无法忘怀。特别是其中的“扶贫四部曲”，让我记忆深刻，终生难忘。我想，这是我一生中永远铭记在心，并最为之自豪的记忆。

## 找——找寻贫困原因

2016 年 8 月，按照上级开展扶贫工作部署的要求，绥江供电局考虑到我几年前在村委会任过职，有较为丰富的农业农村工作经验，将我抽派到绥江县新滩镇新滩村开展扶贫驻村帮扶工作，县委组织部任命我为扶贫工作队副队长。尽管我早年有着与群众打交道丰富的经验，但是在脱贫攻坚决胜小康的特殊阶段，面对如此艰巨的工作任务，我的心中隐隐增添了不小的压力。

驻村之初，为了顺利开展驻村扶贫工作，为百姓做好事，做实事，帮助他们更快更好地脱贫，我和另外两名同事——周开全、胡永建驻村后的第一件事就是深入、全面了解新滩村的基本情况。通过查阅资料和实地探访等途径，我了解到新滩村山高坡大，边远偏僻，地理环境恶劣。全村 25 个村民小组被分在 5 个大片区，常住农户 785 户、常住人口 3203 人。其中，建档立卡贫困户为 365 户、共 1496 人，全村的贫困率高达 46.7%。这样惊人的数字使我心头一震。我暗暗立志，一定要尽我和同事们的最大努力帮助群众走出贫困，奔向小康，过上好日子！

要切实解决农户贫困问题，就要找准并分析致使群众贫困的真正原因。通过走访农户、到地里实地探查等方式，我了解到：基础设施薄弱、各类产业布局不合理、农户缺乏科学专业的技术、患重病无力承担高额治疗费导致家庭劳动力缺失、家中的小孩早早辍学在家等等都是导致群众常年贫困的主要原因。

只有对症，才能下药。找到致贫原因以后，我按照脱贫攻坚指挥部工作部署要求，制订了详细又准确的工作计划。白天我入户走访各片区的支部书记、小组长和群众代表，了解他们的真实情况和当前所处的困境，晚上再根据白天走访时所掌握的情况进行综合分析，与村指挥部、村“两委”共同探讨和协商解决方案，然后再分层次到各片区、各小组召开会议，根据不同情况有针对性地制订明确详细的扶贫工作计划和脱贫帮扶措施。

## 识——识别贫困对象

2017 年 7 月 8 日，按照省、市、县脱贫攻坚精准识别的要求，我再次入户排查建档立卡户的致贫原因，特别是明确“两不愁、三保障”还存在哪些问题。其中，我重点排查了危房户、重病户、残疾户、因病返贫、因灾因学致贫、缺技术等原因致贫农户的具体情况。

在排查的过程中有几户农户令我印象深刻：

红岩片区16组建档立卡户刘建敏，家中共有三口人。刘建敏的丈夫李尔前在永善煤矿工作，2014年因突发的煤矿事故去世，此后只剩下他们母子三人相依为命。刘建敏患有脑血管瘤，两个孩子在校上学，丧失家中主要劳动力，使得这个原本就不富裕的家庭雪上加霜。生活条件差，长期住在危房里致使她们的生活越来越贫困。走访的第二户是吴昌秀家，目前家中共有3口人。吴昌秀本人患有长期脑供血不足的贫血病、肾炎，靠服用药物维持生命，两个儿子一个在绥江县农职中上学，一个在新滩中学上学。2014年，吴昌秀的丈夫李尔书在永善煤矿事故中死亡。由于丈夫早逝，生活的重担就落在了吴昌秀一人瘦弱的肩上。面对艰难、贫困的环境，她并没有自暴自弃，坚持在艰难的环境中抚养两个未成年的孩子。刘学军家是我走访中印象深刻的第三户。同样，他也属于建档立卡户，家中共4口人。迫于生计，刘学军夫妻长期在昭通务工，没有固定住房。为了落实他的住房问题，我通过电话的方式通知他回家，给他宣传扶贫政策，为他解决住房问题。一开始，他对政策不了解，处处开“横腔”，不仅不配合工作，还煽动本组的其他建档立卡户上访。这时，我和其他两位驻村队员一起耐心地给他讲解政策，做思想工作。在经历四次走访以后，刘学军从最初对政策的不了解，到对我们工作人员的排斥到对相关政策的深入了解，再到对我们工作的积极配合。在我们的帮助下，刘学军的住房问题得到妥善解决，他对我的态度有了极大的转变，积极主动向其他宣传扶贫政策，协助我们驻村队员开展工作，帮助本组富余劳动力外出务工增加收入。从刘学军的身上，我看到了我们扶贫工作的成果，从他的笑容中，我知道自己辛勤的付出有了回报。

这次走访中，我不仅仅是了解贫困户的贫困原因，更是在工作中向群众宣传教育扶贫、产业扶贫、医疗扶贫、社会保障和异地搬迁等多种扶贫政策，让群众真正了解扶贫工作的实质和内涵，增加对扶贫工作的配合。

# 解——解除致困之病

2018 年 8 月 12 日，阴。早上 7：20，一阵急促的电话铃把我从梦中惊醒。电话接听以后，只听见一阵呻吟的声音：“哎哟——哎哟——我心头痛得很……”“喂，喂……. 请问你是哪位？咋个不说话了？你病了吗？说话呀！”这时，我的心提了起来，心想：这是哪位同志啊，话都说不清，看来病情已经很严重了，要是他一直说不清楚话，要赶紧想办法弄清楚他的身份，千万不能耽误了他的治疗。

隐隐约约中，我又听到了电话那头微弱的声音：“你是不是驻村工作队的文刚成噢？”“是的，是的，我就是，你是哪个嘛，你咋啦？你哪里痛嘛？”此时的我心急如焚。

“我是新滩 20 组的牟同金，我心里面痛得很哟，我的儿子们都不在家，外出打工去了，只有我们两个六七十岁的老年人在家。快快来帮我想想办法呀！”

“好——好——我马上就来！”

说着，我挂掉电话，赶紧穿上衣服就往他家跑去。在路上，我给新滩村总支书记罗怀兴打电话，汇报了情况。罗书记告诉我：“牟同金身患癌症，家庭确实十分困难。”路上，我和罗书记商量，我自费给牟同金家买了一袋米，一桶油送去。

一个半小时以后，我们来到了牟同金家的院子。还在屋外，我们就听到了他的呻吟声。走到他的房间里，看到他躺在床上，用手使劲压着胸口说：“哎哟——哎哟——不得了哦，你们帮我想想办法嘛。”

牟同金不仅是新滩村的扶贫对象，也是我们绥江供电局的重点帮扶的贫困户。想到这，我和罗书记决定把他送到医院去治疗。但是他说，找不到车送他去，而且家里没有钱给他治疗，也没有人照顾他，他不想去医院。为了他的生命安全，我和罗书记给他做思想工作，帮他找到车，收拾好衣服，联系好照顾他的人和医生，他才答应去医院。

当天下午 2：32，在我们的陪同下，牟同金入院治疗，一个月后才康复出院。

后来，牟同金的儿子务工回来，特地打电话来感谢我和罗书记。开展扶贫工作以来，虽然我做过很多这样的事，但是我每一次都会觉得特别开心，心里特别温暖。

## 守——守住扶贫初心

2019 年 8 月 25 日，晴。这天中午，我接到镇扶贫办的通知，让我于 8 月 30 日之前交接好驻村工作，不驻村了，撤回原单位。我瞬间高兴了起来，心想：这回终于回单位了，工作也会轻松一点。

下午 4:10，我又接到单位的电话，相关领导说，在 8 月 30 日交接完手续以后，让我于 2019 年 9 月 2 日到盐津县落雁乡保隆村报到，代表昭通供电局在那里开展驻村扶贫工作。

我当时很惊讶："天啊！怎么还要我去驻村扶贫呢？我都已经驻村 4 年了。不行！我要去找局领导，请领导重新找人去……"

我冷静下来以后，认真想了想："为什么又要把我调派到其他县去开展驻村扶贫呢？不慌，肯定是我们行业部门因确保行业扶贫及广大群众的用电问题，实在是抽不出人去了。另外，盐津县是 2019 年脱贫，扶贫工作任务重，领导可能考虑把我抽调出去加强保隆村扶贫工作。"

后来，领导对我说："盐津县落雁乡保隆村是我们昭通供电局挂钩扶贫的村，这次是昭通供电局抽你去的。因为 2019 年要完成脱贫工作，时间紧，任务重，抽你去驻村，是帮助我们之前抽调过去的同志整理户档案和村级档案。"听了这话，我在心里暗下决心："哦，原来是这样，那我一定去！作为一名共产党员，在这种紧要关头，坚决服从组织的安排。”

于是，2019 年 9 月 2 日，时任绥江供电局纪委书记李学华和扶贫办主任彭勇把我送到了盐津县保隆村报到。到达保隆村的当天，“百日攻坚，决战脱贫”工作正式开展。在保隆村，我接手了一个片区 4 个村民小组的扶贫，并对全村 249 户的户档案整理及村级档案管理工作。截至 2019 年年底，我走遍了全村 249 户建档立卡户，共 1193 人，详细了解并实时掌握他们的情况，完成了上级指派的各项工作任务。每次开展工作时，都受到了群众的热情接待和鼎力配合。

自我参加扶贫工作以来，尽管工作中遇到很多困难，但是通过我和同事的共同努力，最终都圆满完成了任务，让许许多多的群众走出了贫困，迎来了富裕的生活。我看到过许多群众房子建好了，产业发展了，日子好过了。我何其有幸参加了这样一项利国利民的工作，我为能帮助他们走出贫困、看到生活的希望而感到骄傲和自豪。

脱贫路上，有汗水，有困苦，但是更多的是欣慰，是满足，是绽放在群众脸上的满意和幸福的笑容。在我的“扶贫四部曲”里，幸福之花在整个脱贫路上恣意绽放。

（作者系绥江县供电局工作人员）

# “电”定基础破瓶颈

丁福银

墨翰乡柏林村距离乡政府驻地15公里，国土面积19.47平方公里。截至2016年12月底，全村总人口663户2951人，其中建档立卡贫困户345户1562人，贫困发生率为52.93%。在面对该村的挂钩帮扶工作中，永善供电局立足部门职能优势，从解决群众用电困难、消除用电安全隐患入手，较好地推动了该村的脱贫攻坚工作。

## 电网建设破瓶颈

2016年3月，永善供电局驻村扶贫工作队进驻柏林村。工作队在大量入户走访中发现低矮的木电杆和锈蚀的铁丝电线遍布全村，部分居住偏远的群众甚至无法正常用电。电力成为制约该村发展的最大瓶颈。

“电力不通，脱贫难保”。永善供电局清晰意识到柏林村脱贫攻坚的严峻形势。为铲除柏林村脱贫攻坚的“拦路虎”，永善供电局积极争取云南电网有限责任公司的支持，对柏林村实施农网改造。从2016年5月至11月，永善供电局干部员工克服山高谷深、路窄坡陡、气候恶劣等重重困难，靠人背马驮、绞磨牵引、挖机刨路等方式，将 100 多段单位重量超过 3000 余斤的水泥电杆从海拔不到 1000 米的下普池，运到海拔 2200 多米的洗羊塘等贫困高寒村组。最终，经过半年多艰苦卓绝的战斗，永善供电局干部员工圆满完成了全村的农网改工程：共完成项目投资 650 万元，新建 10 千伏及以下线路 30 千米，新装变压器 20 台，改造户表 663 户，受益群众 2951 人，户均投资近万元。农网改造项目的实施，极大地改善了当地群众的生产生活，清除了多年制约柏林发展的第一道障碍。

“以前木杆绑铁丝，变压器离村子几公里，一半时间灯不亮，烤火、烧水、做饭全是柴火，满屋子的烟雾熏得让人睁不开眼，现在木杆换成水泥杆，铁丝换成绝缘线，变压器安在家门口，不仅灯亮了，大部分村民还买了电视机、洗衣机、热水器、电饭煲、电池炉等家电设备，过上了电器化的生活。”村民张家令感慨电力发展给群众生产生活带来的变化。“以前村民用民营企业发的电，供电杆线、变压器等设施都是群众集资建设，设施差、隐患重、损耗大，电价高达 2 块多一度，农网改造后村里的电力设施鸟枪换上大炮，电价降到了每度不到 4 角。”时任柏林村主任孔祥翰例证农网改造给群众带来的实惠。

## 整改隐患保安全

2016 年 11 月 25 日，随着柏林村 20 台新装变压器全部投运，全村 600 多户群众首次用上了农网电。但是，由于部分群众房舍破旧，室内线路老化，加之大部分在家的都是留守老人和孩子，群众安全用电常识欠缺，用电安全隐患极为突出。为及时解决群众用电安全问题，农网结束后，永善供电局组织 46 名党员干部历时 10 天深入柏林村各村民小组开展了电力安全入户宣传和供电设施隐患排查整改专项行动。同时，单位驻村工作队队员每次入户走访时，除了抓好脱贫攻坚的日常工作，他们还要检查村户的用电安全，并在挎包装备简单的电工用具，为群众做好安全用电服务。2016年以来，驻村队员共为为群众处理用电故障500多次，保障了全村群众的生产生活安全。

## 群众的事情，再小都是大事！

2019年5月31日，我随永善供电局驻墨翰乡柏林村扶贫工作队到该村柏林小学参加“六一”儿童节。在活动现场，永善供电局驻柏林村第一书记、扶贫工作队队长周廷勇在给孩子们赠送学习用具时问道：“同学们，你们认得我吗？”孩子们异口同声地回答：“您是周书记。”周廷勇每年都会给孩子们送图书、送文具，做电工、帮孩子们理发都是常有的事情。

在我们的驻村队员看来，其实就是帮群众做了一些小事，但就是这样一些看似简单的小事，背后却有着很多平凡而又感人的故事。

## 入户走访，顺便排查用电安全隐患

驻村之前，我们的驻村工作队就了解到柏林村群众用的是地方小水电，老百姓的室内外线路安全隐患突出，没能用上安全电。出发前，周廷勇就特地安排队员各人准备一套电工工具，并把这套工具作为必备“行李”带到了柏林村。

柏林村位于永善县墨翰乡南部的大山深处，交通不便，年轻人纷纷外出务工，常年住在村里的都是留守老人和儿童。我们的驻村队员从第一天走访开始，每到一户老乡家，都要把室内电线检查一遍。发现接头松动的、线路裸露的、安全距离不够的，队员们都会在现场立即处理。

这种“一边入户走访、一边处理隐患”的工作方式深受群众喜欢，第一轮走访下来，我们的队员全都认识了大部分的老人和孩子。很多时候我们的队员在山这头走访时，山那头的孩子直接对着山这边喊，要队员翻山越岭去帮忙处理用电隐患。尤其是回坪、洗洋塘这些地方气候潮湿，山高坡陡、土路湿滑，从这山走到那山，步行起来少则几十分钟，多则两个小时。我们的队员每天早出晚归两头黑也去不了几家，每天晚上回来都是黄泥巴糊满大腿，但是我们的队员不叫一声苦、不喊一声累，依然开心工作。

从 2016 年 3 月进驻柏林村到年底全村完成电网改造，我们的队员有的穿烂了 4 双运动鞋，有的体重掉了近 10 公斤。队员们精诚团结、各负其责，完成了柏林村 22 个村民小组 345 户建档立卡户的基本情况调查，先后为留守老人和孩子处理用电故障 200 多次。队员们每次处理完故障离开时都会告诉老乡：“有事吼一声就是了！我们一定会及时来处理的。”

## 从头开始，免费帮助村民洗头理发

我们的驻村工作队刚到柏林村时，第一次在洗羊塘社入户走访途中遇到几个 50 多岁放牧的村民，头发又长又脏又乱，队长周廷勇就开玩笑说：“老哥，你这个头发太长了，下次我来帮你剪短点行不？”村民高兴地说：“咋个不行呢？我还要感谢你哟！”

队员们都明白村民为啥不理发，因为村民从家到集镇单程要 3 小时以上，来回车费加理发要花费 50 多块钱，村民觉得费时费钱干脆不去理发。回到村上，周廷勇连夜到集镇的理发店买了一套理发工具，每次入户走访都带在包里，免费帮助老人孩子洗头理发。

这些居住在大山里的老人和孩子常年很不洗头，所以理发前给他们洗头确实是一件不容易的事情。但这让村民很高兴，逢人就念叨供电局的同志不嫌他们脏，帮助他们洗头理发，他们很感激。老人孩子们朴实的话语让我们的队员很满足，也增强了同志们尽心尽责帮助群众脱贫致富的信心和决心。

这些很不起眼的小事，却能让村民实实在在地体会到扶贫队员们在诚心帮他们。老百姓不仅淳朴善良，而且知恩图报。2018年年初，柏林村上坪子易地搬迁安置建设要砍村民孔恩德家的一片竹子，村“两委”反复做工作孔恩德就是不同意，导致项目无法正常推进。我们的驻村工作队队长周廷勇同志得知情况后，立即带领队员登门找孔恩德沟通协调，刚说明来意，孔恩德拿起柴刀就去把竹子给砍了。边砍边说：“人心都是肉长的，供电局的同志们辛辛苦苦地帮我们脱贫，帮我们做了弄过多好事，我还有啥说的呢？我就信他们！”

驻村队员心里都明白，村民孔恩德之所以给周廷勇这个面子，主要还是我们工作队平时为群众做了很多好事而积累了深厚的情感。后来的进村走访工作中，我们的队员都会带上电工工具和理发工具，每次进村走访都要提前了解哪些群众需要理发，哪些群众家里需要处理用电故障。每次在帮村民理发处理用电故障过程中，我们的队员都会抓紧机会和群众沟通交流，既掌握了村民的贫困情况和各种需求，也拉近了干群关系。

## 力所能及，帮助群众解决实际问题

驻村以来，队员们深刻认识到老百姓的事没有一件是小事，也认识到正是这些诸多的小事的积累，导致了他们的贫困和落后。所以，队员们始终本着全心全意、尽心尽责的工作理念，把每一件小事当成大事来办实办好。

2016年年初到柏林时，队员们看到柏林村环境脏、乱、差突出，立即协调资金在安置点为群众新建了畜圈1680平方米。为了长效解决环境卫生问题，我们的驻村队员立即请示“娘家”永善供电局，主动投入环境整治资金4万余元，新建了垃圾池15个、公厕1个，人居环境和人畜饮水卫生得到了明显改善。2020年1月中旬，我们的驻村工作队抓紧在春节来临前，义务为墨翰乡柏林村上坪子安置点64户群众新建微菜园2000多平方米，每个微菜园都架设了围栏、填充了干净疏松的新土，既方便群众种点葱葱蒜苗，也美化了环境卫生。2020年2月至3月新冠肺炎防控期间，柏林村洗羊塘村民小组近20余户留守老人因天寒地冻出行不便，生活物资短缺，我们的驻林村队员坚持定期为他们送去食用油、蔬菜等生活物资，保证了疫情防控期间老百姓的基本生活需求和农村社会稳定。

为了解决柏林村留守儿童文化娱乐活动，我们选派的驻村第一书记周廷勇同志还主动邀请他的微信群友募捐6000多元，为柏林小学120多名学生购买了儿童图书1000余册，建起了柏林小学历史以来第一个图书室。我们的驻村工作队还连续5年参加柏林小学“六一”儿童节庆祝活动，累计为孩子们赠送5万多元的图书、学习用具和体育用品。

## 全员参与，工作任劳任怨不计得失

永善供电局挂钩帮扶墨翰乡柏林村和墨翰社区以来，除了派驻8名驻村队员常驻一线开展驻村工作外，还选派了43名工作踏实、作风优良的党员干部每月定期深入基层开展挂包走访工作。自2019年9月以来，永善供电局再次增派50名工作务实、吃苦耐劳的党员干部，按10人一组，每组为期10天深入墨翰乡柏林村开展农村危房改造、人居环境整治、特殊群体关爱、政策宣传、思想动员、易迁群众物资转运、疫情防控、脱贫攻坚普查等重点工作，全体员工不计得失、勇于奉献，涌现了大批的典型事迹。

驻村工作队队员、新员工刘兴涛同志的母亲因癌症住院，同样生病的父亲放弃治疗照顾其母亲，单位得知情况后及时研究并请示组织部门，拟另派一名队员替换刘兴涛回来。但刘兴涛的母亲得知后坚决反对，并电话告诉刘兴涛：“现在是脱贫攻坚的关键时期，不能拖组织后腿，忠孝不能两全，你把扶贫工作做好了就是对我最大的孝敬！放心吧，我们会照顾好自己的。”直至 2020 年 9 月，刘兴涛同志依然战斗在扶贫攻坚的第一线！

2019 年 8 月，柏林村人居环境整治和易迁群众拆危拆旧开始后，永善供电局首期选派的 10 名工作队队员不顾烈日烘烤，不顾暴雨倾盆，全面投入安置点群众搬迁和人居环境整治工作。共产党员陈元坤同志面对妻子和母亲先后癌症住院，父亲间歇性老年痴呆等各种家庭困难，毅然选择了奔赴脱贫攻坚的第一线，每天奋战在陡峭的山路上为群众搬运生活物资，用超负荷的拼命劳动缓解内心的伤痛和精神上的压力。李于学同志顾不上陪护脑瘫在床多年的儿子和重病住院的父亲，主动勇挑重担，为群众搬运最笨重的石猪槽、石磨、棺木等辎重物品。分管扶贫工作的罗元斌同志 2019 年 8 月至 2020 年 3 月在近 8 个月的时间里，仅回家探亲 2 次，始终坚守在扶贫一线，年过半百的他每天起早摸黑为群众搬运物资，带领队员开展人居环境整治，自己掏钱购买线材为肖尚杰等农危改户安装电线，大年初一就回到扶贫一线参加疫情卡点执勤，自费为困难群众购买生活物资。2020 年大年初三，驻村队员秦方元、谢友祥 2 位同志就返回到扶贫工作一线，每天起早摸黑，连续工作 20 余天，为群众嫁接黑桃 400 多亩。驻村近 5 年来，我们的驻村工作队先后分村组社开展嫁接技术培训 6 次，举办嫁接苗木现场实训 3 次，先后有 400 多名群众参加培训和实训，群众生产生活技能得到有效提高。

## 天道酬勤，助力群众开启幸福生活

2020年3月15日，笔者随永善供电局驻村工作队护送墨翰乡柏林村群众跨县搬迁到昭通市昭阳区靖安新区，在靖安新区思源社区18幢1单元304号易迁群众张家令的新家里，面对全程护送他们到靖安新区，并帮助他们搬家的永善供电局10多名党员干部，张家令特别激动地说："真不敢相信，我们全村父老乡亲昨天都还在春雨茫茫、稀泥烂窖的上威宁寨，今天就来到高楼林立、阳光明媚的靖安新区，真的像做了一场梦！以前在老家，房子矮小柴火做饭，满屋子都是烟雾，眼睛都睁不开，全身烟熏味太重，女朋友都找不着，就医就学更不方便，生存条件太差，外出务工也养不活一家人。现在好了，在党和政府的关心下，我们一夜之间从地地道道的农民变成了城里人，就业、就医、就学等各种条件都非常方便，和过去的生活相比，真是天壤之别啊！"

同样在靖安新区张家令的新家里，当笔者问起及周廷勇同志驻村近5年来为何选择从小事做起服务群众？他毫不思索地回答我：群众的事情，再小都是大事！我们既然选择了扶贫，就一定要把工作做好。作为企业的一名普通党员，一名基层干部，虽然我们做不了惊天动地的事业，但只要我们用心去做，就一定能把老百姓的事情真正地做好！

2020年7月1日，值此党的99岁生日之际，笔者再次走进永善县墨翰乡柏林村，映入眼帘的是干净整洁的村道，错落有致的房舍，我们真切地感受到群众生产生活已经发生了翻天覆地的变化。夕阳西下，和乡亲们漫步于户户相通的户间道，行走于社社相连的硬化公路，仿佛正走进一幅崭新美丽的新农村画卷！

（作者系永善县供电局工作人员）

# 灯火照万家

昭阳区供电局

自党中央脱贫攻坚战打响以来，永善供电局始终把电力行业扶贫作为贯彻党中央、国务院决策部署的重大政治任务抓实抓好，深入落实南方电网公司《关于打赢脱贫攻坚战3年行动方案》，加大电力行业扶贫工作力度，深入推进定点扶贫工作，确保了2019年永善行政区域供电关键指标达到国家要求，全面满足脱贫攻坚用电需求，实现了全县贫困乡、村如期脱贫摘帽，贫困人口稳定脱贫。

## 电网建设有效推进脱贫攻坚步伐

2016年以来，南方电网公司不断加快统筹农村电网发展，加大贫困地区电网投资力度。在云南电网有限责任公司和昭通供电局的关心支持下，永善供电局抢抓机遇，积极作为，重点以农村电网改造升级为主要举措，认真开展行业扶贫，先后实施了电力易迁扶贫、贫困村通动力电、电力应急、电网升级改造、农危改电力保障等工程项目。4年累计投入电网建设改造资金28130万元，年均投入超过7000万元。其中涉及电力行业专项扶贫项目的电力易迁扶贫、贫困村通动力电、电力应急3个项目总投资为4587万元，电网升级改造项目总投资19743万元，农村危房改造电力保障项目总投资3800万元。上述项目覆盖全县15个乡镇所有行政村。新建35千伏及以下输电线路940千米，新建变电站1座，新建及改造配电变压器481台，为群众新装、拆、移户表73525户，惠及群众26余万人。

## 电力易迁满足安置群众用电需求

“群众搬迁到哪里，我们的电就通到哪里；老百姓居住在哪里，我们的服务就延伸到哪里”。这是2016年8月永善供电局扶贫工作会议上，时任局长何贵先同志对该局全体党员干部提出的工作要求，也是永善供电局党委对全县易地扶贫搬迁工作的庄严承诺。

2016年以来，永善供电局积极配合县委、县政府，切实做好易地扶贫搬迁配套供电工作，按照“实施一个搬迁项目、安置好一方群众、实现一方人脱贫”的总体要求，主动加强与各级党委、政府、扶贫主管部门的沟通联系，密切跟踪易地扶贫搬迁规划、实施方案和建设进度，及时将有关供电项目纳入配网规划建设，有效满足扶贫攻坚项目开展和实施的用电需求，促进全县易地扶贫搬迁任务顺利推进。截至2019年12月，永善供电局共实施了3批次电力易迁扶贫项目，累计投资3152万元。其中2016年电力易迁扶贫总投资1426万元，新建10千伏及以下输电线路99千米，新建配电变压器42台，新装户表2602户。2017年电力易迁扶贫总投资199万元，新建10千伏及以下输电线路11千米，新建配电变压器4台，新装户表310户。2019年电力易迁扶贫项目实施的重点主要是永善红光新区易地扶贫搬迁安置点电力配套设施项目，该项目总投资1527万元，新建10千伏架空线3千米，新建电缆5千米，新建配电变压器21台，新装户表4364

户。该项目 3 年累计架设 10 千伏及以下输电线路 118 千米，新装配电变压器 67 台，新装户表 7276 户。

在这场易地扶贫搬迁攻坚任务中，永善供电局在县委、县政府的统一安排下，积极融入地方脱贫攻坚大潮，始终将“易地扶贫搬迁，供电服务先行”作为打好脱贫攻坚战首要的政治任务来抓，提前完成了永善红光、桐堡等 81 个扶贫安置点电力建设工程，及时解决了安置点群众和扶贫相关产业的生产生活用电需求，得到全社会的高度肯定，优质电力也成为贫困群众“搬进来、留得住、能致富”的重要保障。

2019 年 12 月 1 日，在永善供电局红光新区便民服务点，从团结乡新田村田坝社搬迁过来的蔡天相主动和供电局的员工聊起了他对家乡电力发展的感受：“我们老家 1974 年因地震修建了一个 48 千瓦的救灾电站。全村 600 多户人仅有 3 台变压器供电，供电半径远的有 2000 多米，损耗大，电压低，供电质量得不到保障，虽然那些年没有人用电器，但是 40 瓦的灯泡都不咋亮。后来白水孔电站建成后，电压质量得到明显改善，但我们村的线路老化陈旧，电饭煲都无法用，且触电事故时有发生。后来一直到 2003 年供电局给我们实施农网改造后，我们才第一次用上了电饭煲、电炒锅、饲料机，家用电器能用的都可以用了，电价也降下来了。特别是近几年供电局又给我们改造增加了变压器，部分线路还进行了绝缘化改造，没搬上来之前我以为这个就很了不起，殊不知搬来永善红光新区才发现，这里 100 多栋房子的安置点看不见一根水泥电杆，看不见一根裸露的架空电线，真的了不起啊！”

## 贫困村通动力满足农村产业需求

2017 年以来，永善供电局干部员工始终聚焦“两不愁、三保障”总体目标，扎实推进贫困村通动力电工程，2017 年至 2018 年连续两年实施了贫困村通动力电工程，完成总投资 87 万元。新建 10 千伏及以下输电 7 千米，新建及改造配电变压器 11 台。截至 2019 年 11 月 30 日，全县所有行政村及下辖的自然村全部实现通 380 伏动力电目标，贫困村通电指标全部达标。贫困村通动力电工程的实施，贫困群众用电需求得到有效提高，用电质量全面提升，农村产业发展动力强劲，为全县打赢脱贫攻坚战中发挥了积极重要的作用。

“解决动力电提高了群众的用电需求，降低了用电成本，永善供电局确实为我们做了一件看得见摸得着的好事。虽然我们村老百姓的照明问题十多年前供电局就给我们解决了，但是部分村组的动力用电还一直没有覆盖，村里面从事养殖的群众全靠人力加工饲料，不仅辛苦，而且人工成本高。现在好了，每个村组都通了动力电，电钢磨取代了石磨，饲料机取代了猪草刀。作为一名农村党员，一名基层干部，这 10 多年来我亲眼见证了电力给群众带来的实惠，所以我坚信老百姓今后的生产会更加便利，生活会更加富裕。”2019 年 11 月 16 日，在莲峰镇楠林村委会办公室，该村党支部书记、村主任马真孝与永善供电局党委书记余荣强交谈时，对该村的未来充满了信心。

## 电力应急项目提升群众用电质量

为全面提升贫困地区群众的用电质量，满足群众用电需求。2017 年以来，永善供电局分两个年度共实施了三批次电网基建应急项目，累计总投资 1349 万元。其中，2017 年电网基建应急项目总投资 206 万元。新建 10 千伏及以下输电线路 18 千米，新建配电变压器 1 台，为贫困地区群众新装户表 274 户。2018 年实施了两批次电网基建应急项目，总投资 1142 万元。新建 10 千伏及以下输电线路 58 千米，新建配电变压器 40 台，为贫困地区群众新装户表 1912 户。

据永善供电局计划建设部主任施吉祥介绍："电力应急项目主要是及时解决群众低电压、重负载等急需的用电困难，项目申报和审批程序相对简单、实施及时，群众能很快见到项目成效。比如前几年县城南部大瀑沟至溪洛渡高级中学方向公路沿线新的建房较多，用电户猛增，负荷成倍增长，导致用电高峰期时电压不足，停电现象突出。为了及时解决群众的用电需求，提升供电部门的服务质量，我们及时对原来的变压器及部分输电线路进行了改造，及时满足了群众用电需求。现在群众可以放心用电，再也不用担心低电压煮不熟饭，再也不担心负荷过载停电了，公路沿线修车的，加工水泥砖等所有动力用户都可以放心经营，电力保障很充足。"

## 农危改电力保障群众用上安全电

2018 年至 2019 年，永善供电局分两批次在全县 15 个乡镇 141 个行政村全面启动了农村危房改造电力保障项目，工程总投资 3800 万元，惠及全县 23766 户群众。其中 2018 年农危改项目投资 1500 万元，为群众新装、拆、移户表 8335 户；2019 年农危改项目总投资 2300 万元，为群众新装、拆、移户表 15431 户。

2019 年 12 月 11 日，昭通永善供电局组织了近 20 名电力员工，克服自然条件恶劣、交通不便等重重困难，翻越崇山峻岭，靠人背马驮搬运电力物资，为墨翰乡响水村老厂社白泥巴海子朱开珍老人解决用电困难。据永善供电局建管中心薛显明现场介绍：朱开珍老人一家原居住在响水村老厂社寨子堡，在危房改造时最终确定将新房了建在同社小地名白泥巴海子这地方。由于这里过去没有群众居住，所以没有高、低压电源到达此地。为认真落实市级督导工作任务，有效解决朱开珍老人一家的用电困难，永善供电局投资了近 12 万元，专门为朱开珍老人一家新建 10 千伏及以下线路

400余米，专门为她家安装了变压器1台。

在施工现场，一位当地放羊的老大爷好奇地问："你们供电局真的舍得花钱，给她一家人安装一台变压器，就算她家每月用40块钱的电费，200多年都收不回成本，你们企业图啥子啊？"当时正在施工现场的永善供电局党委书记余荣强微笑着说："大爷，我们扶贫的最终目标是实现共同富裕，你家有电了，但她家不能没有电啊。作为共产党领导下的央企，我们不能丢下任何一户群众不管。只要国家有需要，政府有需要，群众有需要，我们亏本也要干！"

当天下午4点10分，随着朱开珍老人新房子所有电灯全部亮起，永善县141个行政村农危改电力保障工程宣布全部结束。农危改电力保障项目的实施，实现了全县所有城乡群众都用上安全电和放心电，全县所有行政村实现了安全可靠供电，为全县扶贫攻坚任务如期完成打下了坚实的基础。

## 电网升级实现城乡电力服务均等

2016年年初，国家发改委出台《关于"十三五"期间实施新一轮农村电网改造升级工程的意见》，提出了重点加快西部及贫困地区农村电网改造升级，有效解决电压不达标、架构不合理、不通动力电等问题的具体措施，明确了最终实现电力普遍服务水平全面提升等目标。

2016年至2019年，除电力专项扶贫项目外，永善供电局连续4年在全县实施电网升级改造项目，累计投入资金19743万元。新建35千伏线路17千米，新建了容量8000千伏安的35千伏务基变电站，新建及改造10千伏及以下输电线路722千米，新建及改造配电变压器362台，新装及改造户表40297户。

"以前我们从来没用过电饭煲、电磁炉等家用电器，就连电视机都没法正常启动，电压太低了。说起来都夸张，以前我这10多平方米的堂屋头点一个100W的电灯还是黑黢黢的，晚上在屋里头走路还随时绊到板凳。现在农网改造了就对头咯，电压充足，电灯亮得很，100W的电灯晃眼睛直接不敢用咯。特别是电价从原来的2块多一度降到3角多一度，便宜了很多，可以放心的看电视、烧水、做饭、用洗衣机。自从有了电，我们回坪这儿的生活越来越安逸了……”2016年12月24日，在墨翰乡柏林村回坪村民小组，年近古稀的老社长孔沛德见到时任永善供电局局长何贵先就异常高兴，平时不善言语的他忍不住娓娓道来，谈起了农网改造给他们生产生活带来的各种变化和实惠。

经过连续4年电网升级改造的全面实施，永善农村电网结构得到全面改善，城乡电力供应能力明显提升，城乡电力服务均等化进程快速推进，农村地区电力保障能力与日益增长的用电需求矛盾得到彻底改善，农村电网整体水平与全面建成小康社会目标之间的差距不复存在。广大农民用电需求得到充分满足，全县农电管理体制全部理顺，城乡同网同价目标全部实现，无电人口用电问题得到彻底解决。

## 16年披荆斩棘谱写电力新辉煌

2003年12月，云南电网有限责任公司和永善县人民政府共同组建了永善供电局，永善农电体制改革首次迈出实质性步伐。在各级党委政府的坚强领导下，在南方电网公司的大力支持下，永善供电局在全面推进农村电网改造的同时，积极改革和理顺农电管理体系，提前实现了永善城乡用电“同网同价”的目标，“两改一同价”工作取得了绝对性的胜利。

从2003年12月永善农电改制至今的16年里，永善供电局从当初的股份制企业发展成为云南电网有限公司的全资分公司，累计在永善完成电网建设投资12.2亿元，在境内建成110千伏变电站2座，110千伏配套线路188千米；建成35千伏变电站14座，35千伏配套线路302千米；建成10千伏及以下输电线路6800千米。输电线路总长是1978年近60千米的118倍，是1998年启动电网建设时300千米的24倍。截至2019年12月，全县改造户表12万余户，户通电率达到100%，户表智能化集抄率均达98.54%，永善电网实现了从旧的作坊式生产到电力高度智能化的华丽转身。

2019年11月30日，在永善全县脱贫攻坚取得决定性胜利的关键前夕，历经半个多世纪风雨洗礼的永善供电局也迎来了它有电以来的60岁生日。随着全县141个行政村《农危改户通电工程现场确认书》及《已出列村和预出列村通电认定书》的全部签字确认，永善供电局郑重地向全县人民宣布：永善新一轮电网建设改造工程取得全面胜利，全县所有行政村实现了农村电网改造全覆盖，全县所有自然村实现了通动力电，全县所有城乡群众实现了户户通电。

（昭阳区供电局供稿）

# 茫茫乌蒙山　浓浓电力情

李远勋

走进滇东北的乌蒙山区，便走进了山的世界。乌蒙山绵延不绝、起伏若浪，在黎明的雾霭中似亭亭玉立的少女，于清幽宁静中脉脉守望；在正午洒下的阳光中，犹如皇天后土铺展开的画卷，异峰兀起处姹紫嫣红、山涧溪流旁绿意茸茸；夕阳绯霞中看去，却像牧民的羊群和牛马，伴着晚风缓缓远去。

鲁甸县位于这乌蒙山中，是云、贵、川三省结合部，是昭通市的南大门，1484 平方公里的国土面积中，辖 10 个镇 2 个回族乡，总人口 46 万人，居住着回、彝、苗、布依等 13 个少数民族，这些少数民族占总人口的 20.6%。境内最高海拔 3356 米，最低海拔 568 米，立体气候明显。鲁甸县自然灾害频发，贫困人口多，贫困程度深，属国家级贫困县。

自党中央脱贫攻坚战打响以来，鲁甸供电局在县委、县政府的坚强领导下，坚决履行行业扶贫及定点扶贫主体责任，积极围绕县委、县政府脱贫攻坚各项工作部署，深入落实南方电网公司《关于打赢脱贫攻坚战 3 年行动方案》，加大扶贫攻坚电力建设工作力度，确保了 2019 年鲁甸行政区域供电关键指标达到国家要求，实现了全县贫困乡、村如期脱贫摘帽，较好地完成各项扶贫攻坚工作任务。

## 一、提升网架结构供电可靠性，为农村扶贫建设提供保障

稳定、充足、优质的电力供应是贫困群众摆脱贫困的必要条件，鲁甸县长期以来经济、社会发展缓慢，整个县域电网建设极其落后：电网构架薄弱、电力设备老旧、电网覆盖不全面、运行故障频发；县内多座变电站、多条线路出现了超负荷现象。鲁甸要发展，电力基础建设必不可少！面对历史现状，鲁甸供电局想办法、抓机遇，积极争取申报项目推进贫困地区网架结构改善，共计投资 1.53 亿元，新建 1 座 110 千伏变电站、2 座 35 千伏变电站，新建高压线路 42.9 千米，新增变电站容量 153300 千伏安，从根源上解决负荷增长需求“卡脖子”及贫困地区网架结构薄弱问题，提高了供电可靠性，为农村扶贫建设提供根本保障。

## 二、加强农网改造、改善电压质量，推动扶贫工作建设

在改善网架的同时，鲁甸供电局继续以农村电网改造升级为主要举措，认真开展行业扶贫建设。马礼韬局长、李远斌副局长等领导班子更是在全局职工会议上提出：“鲁甸供电局不但要加强电力基础建设，更要从根本上改善电压质量，促进贫困地区从‘用上电’到‘用好电’转变”。2015 年至今共计投资 3.34 亿元，实施了贫困村通动力电、易地扶贫、农网配电网改造、电力应急、行业扶贫新增负荷台区等 19 个批次 386 个单项的工程项目。新建和改造 10 千伏线路 364.34 千米，低压线路 1056.16 千米，新增中压开关柜 62 面、电缆分接箱 9 台、10 千伏真空断路器 31 台、10 千伏开关站 8 座，新增（改造）配变 407 台，容量 107511 千伏安，新建低压开关柜

695面，无功补偿33770千伏安，新建及改造一户一表31926户。以上项目的实施解决了中压过载线路8条，中压重载线路3条，改造残旧中压线路189.32千米。解决了过载配变台区34个，重载配变台区43个，低电压台区177个，改造残旧低压线路459.97千米。解决了安全隐患台区172个，改造低压安全隐患线路555.09千米。解决业扩受限项目12个，配套易地扶贫安置点电网建设工程项目117个，扶贫攻坚零散用户用电24875户。新增10千伏线路出线19回满足新增负荷供电。

这一系列投资项目覆盖全县12个乡镇所有行政村，完善了鲁甸农村配电网的改造，解决了大量历史存留的台区低电压、配变重过载和业扩受限情况。完成了龙树镇新乐村、铁厂镇铁厂村、文屏镇阳光社区、小寨镇大坪社区等11个易地扶贫安置点以及鲁甸12个乡镇3457户零星安置用户的配套用电建设。

## 三、电网建设点亮光明与希望，助力灾后恢复重建

2015年，在鲁甸龙头山镇的老街片区，还能看见倒塌的政府办公楼、被砸坏的汽车以及荒草丛生的废墟，还在无声地诉说着一年前的那场举国哀悼的“8·03”地震灾难。

灾难过去希望重启，恢复重建电力先行。在地震灾后重建中，51岁的龙头山供电所的老党员宗朝禄主动承担起受损最严重的西屏、银屏、新民3个村社的日常照明和应急抢险任务，每天骑着摩托车在高山陡坡奔忙六七十公里，守护3000多户灾民安全用电，自己一家6口却仍住在24平方米的帐篷里。“人总是要有希望、有盼头，相信今后能建设好新的家。我每天就想着保证每家每户的灯都是亮着的，为他们提供一些免费的服务；想着帮助大家克服困难，树立起重建家园的信心。”在他看来，作为鲁甸电力人的责

任，就应该为灾区群众带去温暖和信心。从寒风刺骨的铁塔下，再到热火朝天的重建现场，到处都有鏖战一线的鲁甸电力人。

鲁甸县电网灾后重建项目总投资 1.55 亿元，其中主网项目 4302 万元，10 千伏项目 11191.46 万元。新建 35 千伏变电站 2 座，新增 3 台主变；新增及改造 10 千伏线路 136.4 千米，低压线路 436.987 千米，新增（改造）配变 158 台，配变容量 2.58 千伏安，涉及低压用户 2.47 万户，完全满足灾区未来 5 年用电需求。震中龙头山镇重新选址新建 35 千伏变电站，并且实现双电源供电，N－1 通过率为 100%；项目实施完毕后，灾区 35 千伏主变、线路 N－1 通过率达到 100%，灾区供电可靠性得到大幅度提升。曾经在大地战栗中伤筋折骨的条条银线、座座铁塔，如今已在崇山峻岭间绵延起伏，强大的电流正源源不断地送往龙头山重建新城。

## 四、易地扶贫安置配套电网建设<br>全力保障安置贫困群众用电需求

2019 年 12 月 10 日晚，扶贫安置搬迁群众周大爷搬进了鲁甸卯家湾安置点分配的保障房，一个劲地直说：好，好，好。周大爷打开电源开关，顿时整个房间灯火通明，灯光映照着周大爷布满皱纹的脸上，溢出的笑容久久没有散去……与此同时，鲁甸供电局建设管中心主任蔡祥还在安置点驻守，协调推进施工进度、检查工程质量，以确保搬迁户在搬进新家后能够正常用电。这已经是蔡祥在卯家湾安置点连续坚守的第 50 天了。

鲁甸县卯家湾易地扶贫搬迁安置点是全国建档立卡户最多的易地扶贫搬迁安置点，占地 3000 亩的卯家湾易地扶贫安置区，共 66 栋楼，配套供电工程项目总投资 6103.12 万元，新装变压器 34 台，容量 39500 千伏安，分为 3 个批次项目实施，其中投资最大的 1 至 5 号地块投资 4006 万元。计

划于 2019 年年底前建成并承接安置昭通 5 个县 3.6 万贫困人口，同时卯家湾周边还有 3.3 万平方米“扶贫车间”、鲁甸环城公路等一批重大配套项目同时启动建设。

鲁甸供电局在得知全国扶贫攻坚工作安排消息后，提前规划布局，积极争取资金项目于 2018 年启动了鲁甸县 110 千伏文屏输电工程建设，举全局之力精心组织、攻坚克难、倒排工期、全力以赴推进项目于 2019 年 4 月 30 日顺利完成工程建设并于 5 月 19 日投产，比以往类似工程工期提前了 192 天。110 千伏文屏变电站建成投运后进一步完善了鲁甸片区电网结构，大大提高了供电能力和供电可靠性，为卯家湾易地扶贫搬迁、产业发展、重点工程项目施工用电和群众生产生活用电提供了安全、优质、可靠的电力供应。

为确保“房成电通”，携全局之力提前统筹谋划，分别从已有线路迁改、施工用电接入、配套工程实施等方面全面与安置点建设单位做好协同配合工作，明确各参建单位职责，全过程管控电力配套工程时间节点，形成《鲁甸供电局易地扶贫搬迁配套电网建设工作方案》，根据安置点整体建设进度安排将项目分为三个批次实施，新建 10 千伏架空线路 14.887 千米、10 千伏电缆工程 17.47 千米、变压器 34 台容量 39500 千伏安、低压开关柜 272 面、10 千伏环网柜及分支箱 88 台，实施后整个安置区内户均容量达到 4.45 千伏安。75 天完成了同杆双回双通道 14.887 千米架空线路的安装投运；60 天完成 4571.82 万元配电部分项目的竣工投运。

最终实现了房成电通的目标，在巧家、永善、盐津、彝良、鲁甸 5 个县的脱贫攻坚工作中作出了应有的贡献，践行了公司所肩负的“人民电业为人民”的使命。得到了鲁甸县政府的一致认可并送来感谢信。感谢鲁甸供电局为鲁甸县脱贫攻坚事业及各项经济发展作出的贡献。

2019 年 6 月 11 日，省发改委、省能源局联合印发《云南省发展和改革委员会　云南省能源局关于印发鲁甸县易地扶贫搬迁配套电网建设工作方案的通知》（云发改办能源〔2019〕360 号）文件，文件高度赞扬鲁甸供电局重视易地扶贫搬迁配套电网建设工作，通过制定《鲁甸供电局易地扶贫搬迁配套电网建设工作方案》对全流程工作进行了提前安排。项目推进过程中，通过鲁甸县易地搬迁指挥部周例会方式，面对面提出问题、解决问题，确保配套电网前期建设工作有序推进。并将工作方案印发推广，强调借鉴鲁甸县经验做法。

## 五、茫茫乌蒙山　浓浓电力情

鲁甸供电局成立至今，与鲁甸县发展建设同呼吸、共命运。我们一直秉持着人民电业为人民的宗旨，为改变鲁甸的落后面貌在努力着。无数的电力人用自己的双手和汗水，日复一日、年复一年艰苦奋斗在各个电力建设的现场，如今，鲁甸县已建成 110 千伏变电站 2 座，主变 4 台，变电容量 17.15 万千伏安；35 千伏变电站 10 座，主变 18 台，变电容量 13.55 万千伏安；10 千伏公用线路 55 回，线路长度总计 1516.32 千米；公用配变 1474 台，配变总容量 20.95 万千伏安，低压用户 12.27 万户；供电面积已覆盖鲁甸县全境，实现 12 个乡镇 1618 个自然村全通动力电。“十三五”期间全县电力行业扶贫投资 4.87 亿元；易地扶贫集中安置点及零散用户项目下达投资 7 个批次，共 40 个单项，新建及改造 10 千伏线路 12.95 千米，低压线路 313.7 千米，新建改造配变 36 台，容量 0.71 兆伏安，改造一户一表 16670 户，解决 16670 户 80065 贫困人口脱贫。

春护耕种、夏送清凉、秋保收获、冬抗严寒，鲁甸供电局伴随着鲁甸从偏僻落后的贫困县逐步发展成为交通便利、开放发展的樱桃之乡，一路走来，“万家灯火、南网情深”！

（作者系鲁甸县供电局工作人员）

# 建起光伏电　小康早实现

程昌明

集中式光伏电站与户用光伏电站都是巧家县近两年发展起来的新能源发电设备，它们都是采用太阳光照射光伏板发电，将光能转化为电能，再向巧家电网售电，实现电量电费收益的扶贫项目。不同的是，一台3千瓦户用光伏电站占地约20平方米，一般分散安装在每家每户屋顶上，发出的电采用低压220伏并网，安装、计量、并网都相对简单。而集中式光伏电站占地面积较大，一套100千瓦的电站占地需要1200平方米，还要通过升压变压器和10千伏高压线路实现并网。

据巧家供电局统计，从2020年元旦这天开始发电，到今年6月的半年时间里，140个集中式光伏电站共收益电量电费570.84万元（含购电费272.75万元，政府补贴电费298.09万元），平均每个电站半年时间收益4万余元。2019年1—12月7164户户用光伏电站收益2548.76万元（含购电费1222.26万元，政府补贴电费1326.50万元），平均每户光伏用户年收益3500余元。事实证明，这一阳光工程在巧家县成功落户，已成为巧家县贫困山区成功走出一条“借光”脱贫的致富路、阳光路。

2019年10月20日，巧家县140个村级光伏扶贫电站建设项目开工仪式在巧家县金塘镇梨树村举行，这也是继第一批7164户户用光伏成功投入运行后启动的“十三五”第二批光伏扶贫项目。工程涉及新建及改造10千伏线路26.1千米，配电变压器安装122台，容量14140千伏安，140个村级电站通过村级联建的方式分别建设在15个乡镇的72个村社。

巧家县奇星实业有限公司施工负责人黄薪至今还清楚地记得，他接到工作任务的时候是2019年10月22日，当时他正在小河镇组织农网升级改造，但集中式光伏电站不仅是巧家县脱贫攻坚的重点建设项目，更是事关全县是否如期实现脱贫的大事，要求必须在2020年元旦前完成建设并网，因工期紧、任务重、压力大，他要随即将工作重心转移到光伏扶贫电站的建设上来，竭尽全力完成这项艰巨而光荣的任务。

巧家县地处乌蒙山区，大部分乡镇山高坡陡，道路崎岖，在72个光伏电站选址上，有一半以上是车辆不能完全到达的地方，这给整个施工材料运输带来很大困难。接到任务后，黄薪安排好手里的工作后，立即投入光伏电站建设工程中，他马不停蹄，用了一周的时间和施工人员跑遍了所有的光伏电站选址，通过现场查看施工地形和线路走向后，发现难度要远比他意料中的大得多，最主要的还是材料搬运问题，临近冬季，多数选址又地处高海拔地区，气候寒冷，如小河马店村、崇溪安居卡村等多个选址还不通公路，他负责的电网配套建设及光伏电站安装要在不到70天时间完成72个点的施工，平均每天就要完成2个光伏电站并网发电，这谈何容易？在困难面前，他没有气馁，也没有被吓倒，凭着多年在各乡镇农村电网改造的施工经验，按照每一个选址详细研究作业点最有利的施工方案，绘制好施工图，确定施工方案后，他不等不靠，迅速带领施工人员一头扎进工程。在巧家供电局的指导下，提出多点同时施工和先难后易的策略，一方面，为了争取时间，结合高寒山区气候特点和道路交通情况，趁天气晴朗立即开工，在电杆等材料还没到位的情况下，先组织修便道、挖电杆坑等；另一方面，要时刻催促供应商及时将电杆、变压器等材料运输到指定地点，不能因为施工组织和材料运输问题影响整个工程进度。

材料陆续到位后，第一批25个点的施工开始了，200多人的施工队伍被分配在10多个不同的小组，由小组负责人负责现场指挥，每天天刚蒙蒙亮，施工现场就一片热火朝天的场景，挖坑、立杆、架线……，一直到晚上，有时因工作需要，还要用手电筒照亮加班，冷了，施工队员就在工地找点柴草点燃后取暖，饿了，就到当地村民家买点洋芋煮了充饥，为了节约时间，甚至住宿也要求就在当地村子里集中住宿，以节约往返乡镇住宿时间。没日没夜的超强度施工让工作人员有些吃不消。但大家心中都抱着一个信念，就是早一天发电，就多给村集体经济和老百姓多增加一天的收入，多为巧家县脱贫攻坚事业尽一份自己的力量。

黄薪每天奔波在各乡镇每个施工点，解决工程中遇到的困难问题，衣兜里装了 2 部手机，还有一个 2 万毫安的充电宝，随时随地保持联系，联系工程进度、材料运输，协调土地占用、青苗赔偿、施工安全等方方面面的事宜，虽说每个点都有小组负责人，但是遇到棘手的问题，黄薪要到村民家中耐心解释，处理好青苗占用、土地合理的补偿。有时，甚至还要邀请村干部来一起解决，坚持一贯的文明施工逐渐得到群众的支持和理解。

巧家供电局领导和巧家奇星实业有限公司也非常重视这项工程建设，局分管领导陶建平副总经理更是将此项工程列为全年重点工程，实时和相关负责人深入施工现场，掌握安全、进度、质量等方面存在的困难问题，做好物资后勤供给，并提醒每个施工班组一定要确保安全的前提下开展施工。

2019 年 11 月初，在 2300 米海拔高度的小河镇马店村瓦窑坪社，天空中飘着雪花，天气异常寒冷，这是一个 9 村联建的光伏电站，受到不通公路的影响，材料无法运输到指定地点，导致工程停滞不前，面对小山一样的材料，在局分管领导陶建平的现场指挥下，联系租赁小河镇挖掘机、装载机前来新修公路，历时 2 天，挖掘机、装载机终于将一条近 1.5 千米的便道开挖出来，可以沿着新公路一直通往光伏电站安装地点，可是，载重车一行驶在新公路上，后轮立即就陷在淤泥里，路虽然修通了，但由于路面松软不能承重，在陶副总的建议下，一方面，挖掘机来回碾压，将车道泥土夯实；另一方面，又联系当地村民农用车进行二次少量倒运，在挖掘机、装载机、农用车前拖后拽的配合下，又经过 2 天，一件件光伏板、变压器、电杆才终于被运输到指定地点，卸货后，好多崭新的材料都被淤泥抹得花里胡哨，寒冷的天气下，一个个手上、鞋子上早已沾满厚实而冰冷的淤泥，为了赶工期，材料一到位，工作人员顾不上喘口气，他们在地上踹两脚，双手在杂草上抹一把，把脚上和手上的淤泥稍微抹落，便往双脚套上脚扣，往腰间系安全带，匆匆忙忙投入紧张的施工中。

随着工程的一步步推进，看似不可能完成的任务，就这样被大家齐心合力一一攻克，2019 年 12 月 31 日这天，是所有施工人员永远铭记的日子，随着最后一台光伏电站的并网成功，大家亲眼见证着一排排耀眼的光伏板在太阳光下熠熠生辉，听着变压器呜呜的声响，一个个施工人员干裂的嘴唇露出灿烂的笑容，200 余人辛苦鏖战 70 天，终于安全、圆满、按期完成了这一惠民工程，用他们的实际行动啃下了“硬骨头”，向巧家县委、县政府和 140 个村集体交上了一份满意的答卷。

（作者系巧家县供电局工作人员）

# 大山深处守“初心”

吴长碧

云南电网有限责任公司昭通彝良供电局职工驻牛街镇水田村第一书记吴长碧自2015年9月到牛街水田扶贫以来，坚守初心，竭尽全力，上为党分忧、下为民解难，做了大量让组织肯定和群众认可的工作，水田村也从“一穷二白”的深度贫困村变为远近闻名的脱贫示范村。5年来，她共为水田村争取和协调资金3000余万元，还将自己的工资和各级公司给予她的奖金30余万元全部用于帮扶水田村的贫困群众。为此，她先后被中央省市等评为中央企业优秀党务工作者和南方电网“劳动模范”、中国南方电网第五届“感动南网”10名先进个人；云南省脱贫攻坚“优秀驻村扶贫工作队队员”“昭通市挂钩扶贫和社会扶贫先进个人”等数十项荣誉称号。她的扶贫工作先进事迹也先后被中央省市媒体采访并制作成《逐梦远山》《山路弯弯》等专题片宣传报道。

但她深知，这些荣誉不仅是党组织对她和水田村扶贫工作的肯定，更属于每一位奋战在一线的扶贫工作者。她将“不忘初心、牢记使命”，在脱贫攻坚大决战中不退缩不懈怠，为实现水田人民的美好梦想而战斗。

# 村情贫情奠基人

水田村是国家级特困村，这里山高坡陡，80% 的地形都是陡坡，没有一条像样的公路，没有自来水，最偏远的村民小组来回一趟需徒步 7 个小时。2015 年贫困户人均年收入 1920 元，贫困发生率 42.7%。刚驻村时，很多人不相信她，村委会黄方义主任曾打趣说："曾经有个男扶贫干部来了一天，第二天就走了，这次还来了个女同志，能行吗？"说实话，当时的水田确实是她见过最偏远、最落后的乡村。但她告诉自己："作为一名共产党员，既然组织把我派到这里来，再苦再累我也要把心沉下来，为这里的老百姓做点实事。"

水田村 849 户，3812 人；其中建档立卡贫困户 361 户，1557 人；贫困户分散在 25 个村民小组，要想短时间内掌握他们的全部详细信息是很困难的。但为了全面掌握水田村的致贫原因和现状，她坚持走访所有的贫困户，把水田村的村情贫情和民情彻底进行梳理，为打赢脱贫攻坚战奠定坚实的基础。2016 年 6 月，正是贫困户建档立卡的关键时刻，村里在向上级部门提交数据的时候，她发现还有几户贫困户的信息还未采集，这几户人家位于水田村最偏远、道路最艰险的道洞小组。如果耽误了就会愧对他们，她决定立即去采集，那天大雨如注，她拿着手电筒和几名同事从海拔 680 米的河谷一直爬到 1600 米的大山上，走到最偏远的那几户人家采集信息。她们下午 3 点就出发，直到晚上 11 点才返回很辛苦，但让她最感动的是，不少山下的老百姓由于担心她们的安危，自发地骑着摩托在山下的路边来接她们，经过逐一摸底，她把水田村 25 个村民小组，分成 5 个片区，按照土地贫瘠、人口多寡、劳动能力、生产生活条件、技能培训和转移就业等信息精心整理归纳，为下一步精准施策提供信息。

# 贫困群众贴心人

追梦赤子心，筑梦执念行。她一心沉在扶贫一线，心系群众，以村为家，用脚步丈量水田每一寸土地。将群众当亲人，用心、用情、用力将习总书记在深度贫困地区脱贫攻坚座谈会上的讲话精神及省市县的相关要求宣讲到一线。严格按照市委制定“133”脱贫攻坚工作思路和县委“123456”扶贫攻坚工作定位，坚持以人民为中心，以群众工作为主线，抓住精准、统筹、务实“三个关键”，实现工作、思想、情感“三个认同”；以抓党建促脱贫攻坚，以激发群众内生动力为主，开展“自强、诚信、感恩”，“三讲三评”教育活动，用身边事教育身边人，让群众感党恩、听党话、跟党走。自打2015年驻村以来，只要是老百姓的事情，吴长碧书记都会去关注，去想办法解决。有一户贫困户叫宗清贤，申请到了住房补贴，但房子建到一半的时候，施工队却突然停下不想建了，原因是怕好赌的他把政策补贴的钱赌没了，她得知后就主动为他担保，做施工队的工作，又教育他投工投劳。房子建好后，宗清贤说：“做梦也没想到，还有人相信我，我这一辈子还能住上新房，感谢共产党！”

村里小姑娘王玉敏的妈妈在她半岁时就离家出走了，父亲长年在外打工，小玉敏一直跟奶奶长大。小姑娘和吴长碧特别投缘，每一次到她家，小姑娘都会紧紧拉着她的手。有一次，小姑娘主动说想做她的干女儿，她欣然同意。一天清晨，她在村口遇见小玉敏，帮她系好红领巾，整理好衣服、扎好头发。小姑娘看着她，红着眼眶低下了头，也许，这就是小姑娘苦苦寻找多年的母爱。从那以后，不管小姑娘有什么困难，她都全力帮助。

每次在与村里的党员，村（组）干部，共同交流学习时，她始终说：“你们才是永不走的扶贫队，大家切记凡事都要在阳光下办公，要经得起历史的检验，我们无论做任何事情都要学会换位理解，特别是村“两委”人员不容易，补贴低，事情烦琐，任务重，所用大家要想尽一切办法一步一个脚印将村集体经济做实壮大，走出一条路子来。”她还把扫黑除恶、人居环境、拆危拆旧、殡葬改革等宣传入脑入心。体现了“细而深”的朴实作风，无论任何事情，她都做到件件事情有落实、有回音，高强度的宣传和讲解工作致使她的嗓子长期沙哑。当有人问起她时，为什么你能坚持到现在，她总是回答“我是一名共产党员，在党和国家最需要的时候，哪怕我只是一粒沙子，也要在这场没有硝烟的战场发挥一粒沙子的作用”。

## 产业兴旺领头人

2017 年年底，她把主要精力放在了水田村大棚蔬菜的建设上，主要是为了将剩余在家的闲散劳动力聚集起来，多一条增收的途径。启动建设时，因村里没钱，村民也没钱，帮扶资金一时无法到位。眼看村民增收的途径就要化为泡影，她暗下决心，宁可让身上脱层皮，也要让群众脱贫！为了让资金尽快到位，她多方协调资金，在政府、挂联单位云南电网有限责任公司和东西部对口协助搭建大棚育苗基地，在各方面资金未到前，她用自己的工资作抵押，借贷了 120 万元，作为启动资金，并自己支付所有利息。当时她的行为，周围有的群众不理解，身边同事也不理解，但是她知道，有的东西如果没人带头，就永远没有办法迈出第一步，只要自己一步一个脚印用心为群众做事，任何困难都可以克服。2018 年 1 月，她们建成 200 个标准育苗大棚，建棚面积近 5 万平方米，3 年来共育苗售出 2460 万株辣椒苗，销售收入达 400 万元，同时，带动了白水江 3 个乡镇种植辣椒近万余亩，2019 年辣椒销售收入 600 余万元，片区贫困户受益面达 80% 以上。

除了做蔬菜大棚，她还引导村民建立了养牛场、养猪场、家具加工厂、扩大大竹种植规模。曾经的贫困户常倡祥，在她们的引导下，扩大酒厂和养猪场规模，不仅自己靠劳动增收致富，还带领 37 户贫困户一起发展，成为水田村致富带头人。

# 疫情防控"狠心人"

2020年吴长碧书记没有回家过春节，疫情就是命令，防控就是责任。要落实好疫情防控要求，宣传教育是关键，吴长碧第一时间组织村委和村民小组，通过乡村大喇叭、微信群、拉横幅、宣传单、公开信等方式，将疫情防控信息和要求及时传达到每家每户，教育引导群众不信谣、不传谣、不造谣，引导群众科学认识和防控疫情。新冠肺炎疫情刚开始防控时，许多群众不理解，依然我行我素，干活扎堆、不愿居家、白事照办等情况依然发生。为了"外防输入、内防扩散"，坚决防止疫情的发生，吴长碧书记不分白天黑夜，跑遍千家万户、说尽千言万语，让群众从不理解到理解再到最后的自觉支持配合。

半年来，她劝阻全村群众延期办婚事、丧事从简4次，人群扎堆20余起，面对面教育感化群众100余人次，为湖北返乡居家隔离有困难人员免费购买生活物资近3000元送到家里。关键时刻，吴长碧舍小家顾大家，主动冲上疫情防控第一线，没有半点的犹豫和退缩，在这场没有硝烟的战场上充分展现了一名共产党员的初心和使命。

（作者时任彝良县供电局驻彝良县牛街镇水田村第一书记）

# 我的脱贫攻坚故事

周文艳

1994年出生，26岁，这个人是我。出学校进社会两年多，却也是硬着头皮在脱贫攻坚大浪潮中，扑哧扑哧游了两年泳的人。如果真要用句话来描述这个过程，那就是我呛了几口水，泳学会了，同时浪潮退去，变成了湖。回想2018年至今的脱贫攻坚工作，能写得出来的是3岁小朋友都能口算得出来的时间两年，写不出来的却是这两年里我所经历的风和雨，所承受的苦与乐以及脱贫验收成功后的回头看的感慨万千，因为这条路走得真的挺不容易，但我并不后悔，因为这两年一路来遇到的各色“风景”，带给我的是经历、是感动、是成长。

众所周知，2020年要全面进入小康社会，眼看时间越来越紧，随着精准扶贫工作的进一步开展，我发现精准扶贫根本不是走过场，脱贫攻坚也不是喊喊口号而已，其任务之烦琐、工作量之大，完全都超负荷，接踵而来的工作搞得人身心疲惫，喘不过气来。宣传政策、落实项目、帮扶计划、产业报账、控辍保学、危房改造、易地搬迁、危房拆除、两金收缴、两癌筛查、大病报销、饮水安全、低保管理、户籍清理、慢病卡办理、达标销号进度表的上墙、户档案资料的整理、村级卫生整治、辣椒扶贫产业苗的培育、辣椒苗移栽到田间地头的管控以及丰收季节制定收购辣椒的路线等等工作千头万绪，都要我全身心投入、全方位亲力亲为地参与。因此，我便成了水田村地地道道的农民，水田才像我真正的家。更是变成了一位长相像女，而实际像男的“汉子”。是啊！来到水田，再也没有化过精致的妆容、睡过懒觉、参加朋友聚会，甚至就连能回家与70多岁的老人待上一天，住上一晚，唠唠家常都变成了一种奢侈。然而更多的却是把全部精力和重心放在脱贫攻坚工作上、为老百姓排忧解难上、脱贫致富奔小康的路上。因为时间紧、任务重，这不仅仅是每天挂在领导口中话语，更是摆在眼前的实事。每晚睡前是要整理上报到镇上的基础数据，醒时迎接我的都是新的任务和工作。不是怀揣不变的初心访贫问困，提着沉重的资料袋下乡入户，就是与农户劳作于辣椒扶贫产业的大棚中或栽种辣椒的田间地头。于是，我存在于水田村的每条小径上，村委会通往农户的村组道路上一定有我骑摩托车碾过的痕迹，户与户之间的户间路上也有我细碎而匆忙的脚印，晚上开展完工作回村的途中定会留下了我忙碌而疲惫的身影。

回想驻村期间，一直都是严格要求自己，加强学习相关扶贫政策，坚持理论与实际相结合，把所学的扶贫政策宣讲到群众中去，对照工作任务清单，履行好岗位职责，自觉服从牛街镇党委、水田村委、驻村第一书记的统一管理安排，积极主动、认真扎实地开展工作，及时完成脱贫攻坚工作的部署安排。回顾这两年走过的历程，如果要用一些词句来形容就是磨人、是艰难、是心力交瘁，但更多的是感恩、是收获、是无愧自己、是对得起村民。

## 脱贫攻坚中的“三个女人一台戏”

习主席向全世界郑重承诺2020年要全面进入小康社会，当然彝良县要脱贫摘帽，各行各业各单位都要有人员入扎一线，站好决战脱贫的最后一班岗，我的同事王斯琪和我便于2018年11月驻扎到牛街镇水田村，踏上了扶贫路。因此，2015年9月就驻扎在水田村的吴长碧书记不仅成了分管我们的领导，更是带领我们在脱贫攻坚战中打仗的将军，我们两个驻村队员自然就成了书记的左膀右臂。古有巾帼不让须眉，现有谁说女子不如男，在此次脱贫攻坚过程中，完完全全表现得淋漓尽致，我们三人合力打仗，而且是在水田村的土地上打了一场胜仗。

我们三人齐心协力、分工明确、互帮互助。但最终都只有一个目的，就是力争打赢脱贫攻坚战，让水田村如期脱贫，完美上交给国家，经得起人民和国家的检验。同时，自己也无愧于心，离开水田那天昂首挺胸，不留遗憾。

水田村顺利通过了县级检查，市级督查、省级抽查和国家普查，我们如期完成上级交给的光荣任务。扶贫工作扛肩上，我们拼尽了全力，在水田的土地上随处可见的都是我们三个人的身影，没有周末是我们、没有节假日是我们、以水田为家是我们、产业大棚的棚内是我们、田间地头辣椒种植管控是我们、政策宣讲的大课堂是我们、早出晚归饱一顿饥一顿是我们、公路上捡垃圾和晚上擦洗垃圾桶的是我们、凌晨还在电脑旁等着修改错误数据的是我们、疫情防控的黑夜卡点值班是我们、不畏天寒地冻山高路险背着喇叭宣传疫情防控是我们、泥泞路上的深一脚浅一脚是我们……嗯，对，人生如戏，戏如人生，是这三个女人以水田村为戏台，以脱贫攻坚工作为主旋律唱了一台戏，而且还把这场戏给唱巴适了，唱成功，唱活了。

## 访贫问困、真抓实干，一路艰辛、一路收获

记得刚来水田分到所包组那会儿，为了熟悉户情况，村干部副支书骆艳同志领着我第一次下乡入户，把我介绍给农户时，难免碰到钉子户，吃些闭门羹，很多农户质疑过我："你个小姑娘扶啥子贫，还是啥子包户干部，我都怕比你懂，一样都没有整过给我，还天天来屋头串，搞哪样哦？"诸如此

类的话，这些让原本就心有余悸的我，更加提高警惕。但是不管怎样，工作不能停，时间不等人，我只能厚着脸皮，带着笑脸一次又一次上门，主动和他们拉家常聊天，通过聊天掌握该户的基本信息，并在笔记本上分门别类一一备注，一来二去，且多次给他们宣讲上级各项惠农政策，投入他们的生活中，与他们一同“战”在一起，同时，根据所了解的情况，因户制订扶贫措施和脱贫计划，实现“一户一策、一户一法”，做到精准施策、精准帮扶。政策的落实、实施和执行过程中难免会与老百姓发生冲突，比如：“我家为啥子没有公益性岗位”“某某家为那样有三个低保？为哪样我家就只有一个？”“我家盖房子为什么没有得到政府补贴？难道就不该得？”“如果搬迁要拆老房子，那我家就不搬迁”，诸如此类的问题真的是数不胜数，但是最终我都把所有问题给他们一遍又一遍给他们做解释。扶贫真的不仅是来落实政府给的优惠政策，而且也是来改变他们的错误的思想观念。就这样，慢慢的他们就理解到，我是真正来帮助于他们，服务于他们的，而他们口中的“小姑娘”变成了周同志，驻村干部。

就拿所包组范泽满户来说，最近那户人家到他家都要走路40分钟左右，而且全是围着山爬坡，是坪上组最偏远最贫穷的一家，三代人，7口人。范泽满及配偶80多岁，3个孙子，分别是一岁、三岁、五岁，还有一个只有三岁智商，无劳动力智残的儿媳妇，儿子老实巴交，且患有严重的腰椎间盘突出，该户实属老弱病残集中户。清楚地记得，第一次到他家，一条皮包骨的狗开始没多大声的有气无力地叫，看到的第一眼就是破损的危旧房的大门口没有穿鞋七大八小的几个孩子，以及靠着门坐着咳嗽喘粗气的老人，还有一个大热天穿着水鞋，头发散乱，满脸污渍，看着我傻笑的儿媳妇。看到我们时，范泽满老人连呼，“老大，有人来了，搞忙点找板凳给她们坐”，这时候只见一名看着老实巴交，背有些佝偻的四五十岁的男人抬了条板凳从家里出来，后来询问才得知是他儿子，有严重的腰椎间盘，是家里仅有的半劳动力。说实话，第一感觉不知道用揪心、难受、心疼哪一个更能来表达我当时五味杂陈的情感。回村后，了解情况才得知该户易地搬迁镇安置点，还要过一个月才搬迁。在走访过后村上研判的过程中，我在会上把该户情况汇报，低保由原来的三个增加到了五个，并给唯一劳动力安排了公益性岗位，每月有八百元的收入，在他们没有搬迁前，我去走访，不管多少都会给孩子们带点零食，没事就去听老人唠嗑。到镇上的安置房入住以后，感觉老人更精神，娃娃们更活泼了，家里的顶梁柱脸上的笑容更多了。当问到范泽满老人“两不愁，三保障”还有什么问题没有，老人脸上面带笑容，高兴地说“感谢共产党，政府政策好呀，给我们新房入住，给老大安排工作，肉这些是想吃就吃，娃娃读书方便，我们看病也实惠了呀，娃娃我们会好好让他们读书，老大我会让他把地扫好”。是啊，政府政策好，政府帮我们一把，自己要想着自己发家致富，不能等靠要，更不能把身子全部靠在政府身上。现在每周老人都会给我打上一个电话，并亲切地叫我一声妮子，在新房里住着，我身体好得很；每次见到娃娃们，娃娃都会喊我一声小爹，告诉我考试又考了多少分。

是啊，扶贫工作的核心大概就是访贫问困、真抓实干、一路艰辛、一路收获、扶贫工作大多就是与老百姓打交道，听心声，讲政策，干实事，把自己更好地融入老百姓的生活中，把他们的事情当作自己的事，他们的小事当成自己的大事。

## 扶贫路上，遇到能跟随我一生的“伴侣”

来到水田，水田泥泞曲折的小路为我做了媒，牵了红线。哈哈，我成功的“嫁”给了它，它不幸地“娶”了我。它出生城里，却被迫长在乡下的摩托车，因为来到这里，我们相遇，我们慢慢熟悉，自然而然的它就被我拿下，不仅要被我使唤，还要受我虐待。我跟它在一起后，我能为它做的唯一仅仅就是加油打气，而它为了照顾我要竭尽全力。不仅要带我爬坡上坎，还要忍受我的各种刁钻。不分白天黑夜刮风下雨。

我所驻扎的村距离牛街镇 28 公里，是最偏远的村。这里山高，路远，沟深，道路坎坷崎岖，地质情况十分复杂，经济落后导致交通极不发达。回想第一次走路下乡入户走访，到所包组上根本走访不了几家农户，就不得不开始返村。因为所包组距离村委会走路路程回转就要花上 5 个小时，这样到组上就开展不了多少工作。后来我发现这样根本不是办法，从那一刻起，我就觉得我不得不改变现状。我看着村里最多的交通工具就是摩托车，而且当时的条件也只有摩托车吃得消，于是我便和它有了第一次交集，但它却不听我使唤，各种为难我，后来肯定是觉得我多次招惹它，不得已而“娶”了我，就这样我们在一起了，它对我服服帖帖，唯命是从，就这样陪了我在脱贫攻坚工作中两个春秋。它跟我在一起真的是委屈它，我到哪里它就必须跟上，而且不分时间天气，还不能抱怨。下乡带着我去的是它、下乡疲惫驮着我回来的是它、领着我到镇上的是它、带我同事下乡的是它、帮我扛事情的也是它……对，就是它，在脱贫攻坚中默默地任劳任怨陪了我两年，不仅是这两年，而是我学会了这项技能，就是一辈子。

在脱贫攻坚工作的大浪潮中只是单纯地呛了几口水且能把泳学会，真正要感谢的第一是我们单位的领导同事对我们的关心关爱，时刻关注我们的工作和生活，是我们在脱贫攻坚战中最坚实的后盾；第二要感谢的就是我们的驻村书记吴书记对我们的严管厚爱，书记的工作态度是我们学习一生的优秀榜样，不等不靠，主动作为，以赤子之心，用智慧，用真情精准施策，把国家意志落到实处，她是真扶贫，扶真贫，她是用心用情倾其所有，竭尽全力为老百姓办实事啊，而且在生活中对我们也倍加照顾。第三我要感谢这个时代，自己既然赶上这个特别的时代，就应该该做这个时代的人。最后浪潮退去，变成了湖，脱贫攻坚战打赢了，水田村如期脱贫出列，这要感谢各级党委政府的领导以及与村干部的通力合作，协调作战，感谢经历，感谢相遇。扶贫路上，只有起点，没有终点。

（作者系彝良县供电局工作人员）

# 一片初心为扶贫

杨正强

2018年初春时节，威信县高田乡凤阳村依然寒气袭人。天虽然冷，却挡不住驻村扶贫工作队队员火一样的热情。带着昭通威信供电局的嘱托，肩负着带领凤阳村民脱贫的重任，杨正强还未过完春节，就从威信县三桃乡转驻到高田乡的凤阳村，参加村“两委”班子、驻村工作队会议；入户走访与村民代表促膝长谈了解情况、分析致贫原因、谋求致富之路……两年过去了，杨正强给凤阳村带来了什么？他修路、建房、架设电力线路和通信设施，使得硬件设施迎头赶上；他多方考察，深入探索，因地制宜发展富民产业和转移劳动力，带领村民一起挖穷根、摘穷帽，踏步迈向脱贫致富路；他不讲条件，吃住在村，和群众同甘共苦，诠释了南网人“人民电业为人民”的企业宗旨。威信县的“问题村”悄悄变成了“亮点村”，2018年度杨正强被威信县人民政府评为“优秀驻村工作队队员”。

## 翻山越岭，找准穷根

截至2017底，凤阳全村有25个村民小组，共有868户3742人，其中苗族人口占35.86%，是威信县贫困面最大、贫困率最高的行政村。凤阳村有建档立卡贫困人口 488 户 2261 人，贫困发生率为 44.12%。杨正强分片挂包的黑家岩村民小组是凤阳村偏远少数民族集居较多的村民小组，全社有 52 户 237 人，其中 31 户 150 人属于建档立卡贫困户，贫困发生率为 63.29%。

究竟是什么原因导致的贫困，是当地的资源不行还是观念问题？贫穷的根源在哪里，出路在何方？为了找到答案，他挨家挨户摸底调查，听取村民代表的意见和建议，与村“两委”、驻村工作队、威信供电局扶贫领导小组多次召开座谈会了解情况共同“把脉问诊”。

杨正强在调研走访的基础上，对致贫原因进行了逐类分析：凤阳村距威信县城 50 多公里，地处偏远，交通闭塞；土地贫瘠，气候条件差；村民思想保守，摆脱贫困的意识不强，留守劳动力居多；基础设施薄弱，交通、通信等设施不健全；产业结构单一，多以种养植业为主，规模化程度低。

“喝着凤阳的水，吃着凤阳的饭，就要为凤阳人民干事，干真事、真干事。”杨正强在扶贫工作会上的发言犹在耳边，“有困难不可怕，我们到这里驻村，为的就是让百姓富起来，生活好起来！”

## 扶贫先扶志，治穷先治愚

杨正强是一名老党员，他积极履行“抓基层党建，促脱贫攻坚”的驻村工作队队员职责，平时认真落实“三会一课”制度，在村党总支领导下切实组织开展“不忘初心、牢记使命”主题教育活动，依托党建阵地，强化宣传引导，多次召开“不等不靠，艰苦奋斗”“扶贫先扶志、治穷先治愚”等为主题的思想培训会，耐心教育广大党员群众如何正确认识精准扶贫，疏通群众对扶贫工作的情绪和不理解，灌输扶贫不养懒汉、扶贫不是光发钱的理念，并培育出 2 名党员示范户，充分发挥他们的积极性和能动性，创造了“户户争脱贫”的良好氛围。

## 勇当“开路”先锋，补齐设施短板

基础设施薄弱是凤阳脱贫致富的瓶颈，全村道路全是泥土路，一到雨天，很多路坑洼不平，小四轮汽车和越野车都无法通行，入户走访举步维艰，为改变路况，杨正强勇当“开路先锋”，走社串户，协调土地，争取得到群众的理解和支持，土地对于农民来说，那是命根子，全家都指望在地里“刨食”，此项工作做起来是很困难的。杨正强不畏艰辛，与群众讲政策，讲发展，在施工方为群众争取“小工”获取报酬等方式，挨家挨户做通工作，加快了道路建设进程。经过一年多的时间，全村95%以上的村主干道和联户路硬化完成，突破了道路瓶颈。长达1千米的“最后一公里”位于四川接壤的“两不管”地段，通过协调完美串联硬化，路通了，材料、食品运输成本降低了，茅草房变成了水泥平房，动力电带动了小型加工厂，电话移动网络快了，农产品也销售出去了。

## “绝缘棒”演变教科书

杨正强是威信供电局少数苗族中的营业班班长。在扶贫驻村前他在民族居住区成功地协调了电力工程施工用地，有效地避免了各种投诉。驻村后，他放下了“绝缘棒”，拿起了教科书。教会了苗族儿童讲会了汉语，组织专业技术人员给村里的青壮年劳动力进行培训，着重提升群众烹饪、木工、泥工、电工、挖掘机操作等技能。同时还积极参与组织人员到政府有关培训行业部门和广东省东莞市大岭山镇学习技术，为群众培训一技之长，让青壮年劳动力走得出去，在外待得住。

凤阳村箭竹坝贫困户张可平。11年前因一场意外失去了左手，因残致贫，通过参加多次培训后，学得一技之长，在村里分包政府公益建设项目，成为村里第一个致富带头人。他带领村里建档立卡贫困户修砌涵洞、河墙等，带动一批贫困户脱贫致富；杜德强一家四弟兄，大哥在威信县城开起了烤鸭店，3个弟弟在外面工厂找到好的工作，也找到了女朋友，杜德强也可以轻松将两个小孩送到扎西的幼儿园读书了。这样的故事还很多，据不完全统计，凤阳全村共有劳动力1133人，长期务工的村民达917人，很多家庭通过外出务工有了可观的收入，甩掉了贫困的“穷帽子”，彻底拔掉了“穷根子”。

## 电力人变成庄稼汉

“虽然青壮年劳动力出去了，但家里的地不能荒！”就地取材，让留下来的人也能增收。为响应县委、县政府号召，落实村委、驻村工作队产业规划，杨正强变成了“庄稼汉”，天亮起床扛起锄头，和群众一起在田间种植魔芋和方竹。门外汉通过书本和上网进行理论学习，在田间进行实操训练，现在成为小有名气的“庄稼汉”。现在问起种植魔芋和方竹，他可讲得头头是道，是不是还在田间和群众讲解除草、施肥、避免虫害等。通过他以身作则的带领下，群众种植积极性高，魔芋和方竹已规模化。魔芋和方竹产业成为凤阳的“绿色银行”，长期可持续解决了贫困户的稳定收入问题。

## 群众贴心人

群众的事都是大事，杨正强成了群众的贴心人。说起杨正强，黑家岩社贫困户马朝均眼含热泪，打开了话匣子。几年前，马朝军被确诊为同时患有肺癌和肝癌，为了治疗，他花光了积蓄。大儿子常年在外务工，因为家庭贫困，儿媳妇与大儿子离了婚，留下两个年幼的孙女，全靠老两口抚养。年轻劳动力不在家，老人家不懂得如何报账，在杨正强了解情况后，亲自拿着他的资料去帮他报账，为他减轻了医疗负担。

马正银和老伴都已经有 80 多岁了，是黑家岩老社长、老会计、老党员。他原来有 5 个儿女，三个儿子相继去世，两个女儿远嫁他乡，杳无音讯。现在两位老人家都卧病在床，行动很不方便。杨正强了解情况后，亲自带领村卫生室医生上门为马正银看病输液，并为老人打扫卫生，整理家务，让老人能够在一个干净舒适的环境里生活，让他感觉到家的温暖，感受到党和政府对他们的关爱。

## 履承诺见行动

“不忘初心、牢记使命”的活动宗旨在杨正强身上得到体现。2019 年 10 月杨正强已驻村两年，在轮换期间，威信供电局党委考虑他腰椎间盘病情严重，建议进行调整轮换，征求杨正强意见时，杨正强说：“凤阳人民离小康路还很远，我不能半途而废，这点病算不了什么，我希望组织再给我两年时间，我要让凤阳能真正富起来，走上小康路上。”

2020 年 6 月，杨正强因工作劳累，病情严重，在成都接受了手术治疗，疗养不到半月又回到自己热爱的扶贫驻村岗位，用行动履行了一名共产党员的承诺，一片初心为扶贫。

（作者系威信县供电局工作人员）

# 第四编　兴水润城乡

# 水利扶贫一直在行动

洪开云

自脱贫攻坚开展以来，昭通市水利局始终把挂钩帮扶镇雄县鱼洞乡、以勒镇作为全局水利扶贫工作的重点来抓，围绕解决水利制约贫困的瓶颈问题，充分发挥水利在扶贫攻坚中的重要作用，深入推进水利扶贫工作。

2015年，市水利局从盐津县普洱镇调整到挂钩帮扶镇雄县鱼洞乡瓜乌、银厂、青杠3个贫困村的扶贫工作，市水利局历任领导亲自部署、亲自督导，坚持领导主抓，始终把挂钩帮扶作为一项重要政治任务和重要民生工程来落实，从项目、资金、人才、技术等方面给予了大力援助。2016年把局办公室主任姒清政、规计科长李观德、计财站副站长雷云下派至3个村担任驻村第一书记、工作队队长，每村另派两名队员，共计9人驻村开展扶贫工作。市水利局共挂钩帮扶贫困户1281户，其中瓜乌村453户、银厂村447户、青杠村381户，有贫困人口4197人，2016年锁定的挂钩贫困户837户2711人于年底实现脱贫。

在挂钩帮扶中，市水利局充分发挥行业优势，切实把解决鱼洞乡水困作为"挂包帮"扶贫工作的重点，通过2016年、2017年两年努力，有效解决该乡水问题。落实水利建设帮扶资金2089万元，其中投资1200万元完成鱼洞乡刘家河河堤治理6千米，受益4000人；投资650万元完成鱼洞乡集镇供水工程，年总供水量54万立方米，受益4000人；投资100万元完成刘家河小流域治理2平方千米，受益400人；投资85万元完成抗旱塘建设1口，受益500人；投资54万元建设蓄水池21口、铺设引水管道20千米，巩固提升饮水安全人口1500人。

突出重点，发展产业，夯实基础设施。在瓜乌村种植板栗300亩、附子50亩、黄花菜200亩，扶持发展了10户养猪、养牛、养鸡大户；投资85万元实施抗旱塘建设。参与修建公路15千米、硬化连户路20千米，完成了大地小学，麻塘小学、街上小学、麻园小学教学楼建设。银厂村种植板栗800亩、重楼20亩、半夏10亩、天麻20亩，完成刘家河治理和刘家河小流域治理，硬化乡集镇至银厂村公路5千米，参与硬化上寨漆树湾至麻塘（红旗小学）至荒都公路6千米，改造银厂村上寨至石砘公路3千米，硬化9个村民小组连户路30千米。青杠村种植板栗1200亩，实施瓜乌至青杠油路7.2千米。

为营造“脱贫不等不靠，致富靠智靠脑”的氛围，市水利局筹集15.22万元对挂包的镇雄县鱼洞乡93名学生（其中考取一本13人、二本41人、三本18人，昭通市一中5人、云师大附属镇雄中学16人）进行资助。

2017年10月以来，按市委、市政府统一安排和部署，昭通市水利局调整挂钩帮扶村为以勒镇木城、庙埂和团树村。市水利局干部职工刚刚助力鱼洞乡脱贫一线群众，又风风火火与以勒镇3个贫困村群众接上穷亲，从那一刻起，市水利从领导到职工就把一腔豪情、热情、亲情倾注以勒镇，局主要领导先后20多次深入以勒镇进行实地调研，指导帮扶工作。市水利局先后派驻木城村驻村工作队队员6人次（其中科级干部1人次，专业技术人员5人次，高级工1人次；研究生1人次，本科生3人次，其他学历2人次）；派出帮扶干部38人结对帮扶木城村建档立卡贫困户368户1910人。安排木城村安全饮水巩固提升项目资金240余万元，用于巩固提升庙埂、团树、木城村群众饮水安全。为解决以勒镇中长期集镇安全饮水问题，争取推进投资预计3亿元的小（一）型水库。

3支工作队驻村后迅速开展走访贫困户工作，宣传扶贫政策，深入了解村情、民情、贫情，沉下心坐下来和群众谈心拉家常，熟悉贫困户家庭情况，了解他们存在的问题和困难，吃透村情，找准定位，因地制宜，补齐短板，强筋健骨，与村“两委”共同商定脱贫思路、研定脱贫措施；充分利用熟悉政策、熟悉电脑、懂扶贫业务的优势，助力村“两委”开展大数据平台信息更新、录入、完善，共同收集完善装订扶贫档案；围绕脱贫出列时间节点和项目建设工期要求，全力抓好“水、电、路、房、产、教、医、（低、养老）保、环（境）、（增）收”等工作。3 支驻村工作队按照扶贫和党建“双推进”要求，认真组织村“两委”日常党建工作和帮助指导加强村级能力建设，较好地保障了扶贫工作目标落地。

庙埂村扶贫队长蒋安松说：我们通过实行一月一走访、一月一研判、一月一解决机制，有效开展挂钩帮扶工作。对整户无劳动力家庭实行整户识别、整户施保，确保其通过民政政策性兜底实现脱贫，实施卡户农村低保 463 人、特困供养 3 人、孤儿及事实无人抚养儿童 16 人，2019 年以来落实临时救助措施卡户 216 人、残疾人补贴卡户 124 人。全村均没有义务教育阶段失学辍学学生，实现了义务教育有保障目标。完成易地搬迁、农危改及人居环境整治工作，全村 93 户农危改已全部完成，并达到入住条件，人居环境提升成效明显。

为决战决胜脱贫攻坚，助推挂钩帮扶的镇雄县以勒镇三个村圆满完成脱贫任务，市水利局 2020 年联系对接企业捐款 10 万元，发动职工募捐扶贫帮扶资金 8.32 万元，对接镇雄县正和教育科技有限责任公司向以勒镇捐赠电脑、打印机、桌椅、多媒体、文件柜、热水器等，价值 10 余万元，用于支持以勒镇的脱贫攻坚工作。

水利人的扶贫故事更是传遍昭通大地，张磊、姒清政、李观德一直在扶贫一线锻炼成长为水利局领导班子成员，马惠云、周聪、蒋安松、孟德华、邱珺一直在一线担任驻村队员多年，张波妻子有身孕，儿子才读小学二年级就在巧家县发拉村和镇雄县龙洞村当督导员，为了昭通早日脱贫，多次做家人思想工作支持自己扶贫，这些只是水利人扶贫故事的一个缩影，有位同事说，时常做梦都在扶贫……

用心、用情、用力，水利局始终把挂钩帮扶摆在突出位置，在项目资金、人才支持上下功夫，细化工作举措，狠抓任务落实，水利扶贫的每一步都走得无比扎实而坚定。

（作者时任昭通市水利局办公室副主任）

# 骨干水源提速建设助力脱贫攻坚

周增贵　杨超群

一座座大坝拔地而起，一条条输水渠穿山越岭，一股股清流滋润山乡……2015年至2020年8月，全市共有19座水库实现下闸蓄水，新增蓄水库容16296万立方米，年供水量达17125万立方米，受益人口52.56万人，灌溉农田40万亩。

## 老少边穷　水利设施薄弱

昭通地形以山地为主，是乌蒙山深处的典型老少边穷地区。全市山区面积占94%，山高坡陡，人在山上愁，水在山下流，山区农户居住分散，耕地分散，可集中连片灌溉率低，水资源开发利用成本高，投资大。全市水资源开发利用率低于10%，人均蓄水库容仅143立方米（不含水电站库容），远低于全国、全省平均水平。长期以来，全市已建水库多为小型水库，大、中型骨干水源较少，昭通人均库容和人均供水能力都比较低，季节性和工程性缺水没有得到根本性解决。同时，城乡水源工程建设较为滞后，供水应急备用水源较为缺乏，应对持续干旱和严重干旱能力低。截至2014年年底，全市有效灌溉面积 158.86 万亩，占耕地总面积的 32.3%。

受制于历史和自然条件等原因，昭通特殊的地理环境形成季节性、区域性、工程性缺水，同时与城市化、工业化发展伴随水质性缺水矛盾并存；严重束缚了全市高原特色农业发展、新型工业化推进，城镇化步伐的加快。昭通属水资源丰富而开发利用极低的贫困地区，特别是在革命老区、贫困地区、边远山区，不少群众生产、生活用水和防洪安全等基本水利需求还没有得到有效保障，严重制约脱贫攻坚。

## 多措并举　加强工程建设

市水利局把推进重点水源工程建设作为脱贫攻坚重点工作，全局上下一心协调配合工作，积极向上争取水利工程项目支持，多方筹措资金，迎难而上、团结拼搏、扎实工作，集中一切力量，以水库资源为重点，加快骨干水源工程水库项目的建设进度。同时，加强水库资源利用，助力脱贫攻坚，确保农业生产灌溉需求，保障群众喝上“稳定水、干净水、放心水”。

为有效解决水资源时间分布、空间分布不均问题，“十三五”以来，我市积极筹划论证水利领域重大项目，形成项目储备和滚动接续机制。扎实做好项目前期工作，加快土地预审、项目环评、移民安置、水资源论证和节水评价等方面工作，成熟一项，开工一项。陆续新开工了镇雄县坝口河、永善县天星坝 2 座中型水库及昭阳区边箐、鲁甸县滴水海子、巧家县小空山、巧家县洗羊塘、巧家县老深沟、巧家县铜厂、彝良县奎香、彝良县新场、威信县昌水岩、盐津县木怀塘、大关县广东坝、永善县双河、永善县白云、永善县富庆等 14 座小（一）型水库。概算投资规模达 38.3 亿元，设计总库容 8895.7 万立方米，项目建成后，可解决 16.64 万人、10 万头牲畜饮水和 33.88 万亩农田灌溉需水。重点水源工程建设为解决我市工程性缺水问题、助力脱贫攻坚和保障区域供水安全、实现决胜同步小康奠定了坚实的基础。

2016年，新开工昭阳边箐、鲁甸滴水海子、巧家小空山、巧家老深沟、威信昌水岩和烟草援建大关广东坝、巧家洗羊塘、永善县双河、永善县白云库、彝良县奎香等10件小（一）型水库工程，概算总投资150704万元。建成威信县桂香沟和彝良县发达2件小（一）型水库大坝枢纽工程，并通过下闸蓄水验收，新增蓄水库容386.1万立方米，新增年供水能力646.5万立方米，可控灌农田面积1.25万亩；解决人饮3.12万人。

2017年，新开工镇雄县坝口河中型水库工程，概算总投资53162万元。建成昭通市黑石罗、巧家县小海子2座中型和绥江县关村小（一）型水库大坝枢纽工程，通过下闸蓄水验收，新增蓄水库容7428万立方米，新增年供水能力6105.2万立方米，可控灌农田面积11.38万亩，解决人饮18.8万人。

2018年，新开工盐津县木怀塘小（一）型水库工程，概算总投资16924万元。建成鲁甸月亮湾、镇雄胡家山2件中型和威信县回风、水富县四方碑、盐津县板厂沟、巧家县小空山、威信县昌水岩5座小（一）型水库大坝枢纽工程，通过下闸蓄水验收，新增蓄水库容3377.8万立方米，新增年供水能力4150.9万立方米，可控灌农田面积10.66万亩，解决人饮15.28万人。

2019年，新开工彝良县新场小（一）型水库工程，概算总投资17687万元。建成永善县营盘中型和鲁甸县滴水海子、永善县大板厂、巧家县洗羊塘、大关县广东坝4座小（一）型水库大坝枢纽工程，通过下闸蓄水验收，新增蓄水库容2698.3万立方米，新增年供水能力2651.37万立方米，可控灌农田面积9.65万亩，解决人饮10.4万人。

2020年，新开工永善县天星坝1座中型水库和巧家县铜厂、永善县富庆2座小（一）型水库，概算总投资145092万元。全面建成昭阳区边箐小（一）型水库工程，通过下闸蓄水验收，新增蓄水库容423.1万立方米，新增年供水能力400万立方米，可控灌农田面积1.8万亩，解决人饮2.65万人。

# 立足长远　规划先行

为巩固脱贫攻坚成果，在“十四五”期间，我市还将新开工建设一批骨干水源工程，缩短与全省人均蓄水库容的差距，提高供水能力，巩固产业发展成果，助推乡村振兴步伐。我市“十四五”水安全保障规划坚持以人为本，服务民生，坚持以人民为中心，紧紧围绕更好满足人民日益增长的美好生活需要，把增进民生福祉、促进人的全面发展、实现全体人民共同富裕作为水利工作的出发点和落脚点，加快解决民生水利问题，让水利改革发展成果惠及更多人。

按照“谋划一批、实施一批、储备一批”的思路，我市“十四五”水安全保障规划着力补齐工程短板，加快重点水利工程建设，补齐水资源开发利用、防洪、城乡供水、生态修复和信息化五大工程短板，不断完善水利基础设施体系，加快构建现代水网体系。重点以水库为节点，城乡供水管网及河湖沟渠为脉络，以泉水、地窖为补充，因地制宜综合利用原水保障、清水互通、集中保障等思路，充分发挥水源工程的供水能力，优化水资源配置格局，提高水资源调控能力。同时，加强信息化建设，提高自动化管理和精细化调度水平，合理配置生活生产生态用水，建立多元化供水格局，实现经济、社会、生态效益最大化。

目前，“十四五”重点水源工程的规划正在紧锣密鼓地进行中，已有近80座中、小型水源工程纳入建设规划，设计总库容达6亿立方米，设计年供水能力量达6.28亿立方米，规划解决供水人口238万人，新增耕地灌溉面积达10万亩以上。

（作者周增贵系昭通市水利局高级工程师，杨超群时为昭通市水利局农村水利建设管理科负责人）

# 修沟筑渠引甘露　脱贫致富奔小康

熊　伟

作为“八五”期间中央批准云南建设的最大水利扶贫工程，在经历了“两下三上”的建设历程后，昭通渔洞水库于2000年12月竣工验收并投入使用。之后，昭通渔洞水库一直发挥着巨大的社会经济效益。特别是扶贫攻坚战号角吹响以来，我局干部职工不忘初心、攻坚克难、尽锐出战，完成了一项项的工程建设，帮扶了很多困难群众，以优异成绩向党和人民交上一份满意的“扶贫”答卷。

## 一、把“规划图”变“施工图”

云南昭鲁大型灌区是云南省12个大型灌区之一。2001年，水利部批准以渔洞水库为龙头，包括渔洞灌区内的2座中型水库、21座小（一）型水库、37座小（二）型水库，576个小塘坝和各种灌溉引水渠系组成大型灌区，涉及昭阳区10个乡镇、鲁甸县7个乡镇，人口89.7万人，耕地73.35万亩。2009年启动建设，2020年建成后灌溉面积将提高到52.9万亩，昭鲁坝子水利化程度可达72.2%，每年可净增产粮食1.1亿公斤。昭鲁大型灌区续建与节水改造工程从开始实施至2020年全面完工，国家共下达7.63亿元的投资计划，仅2015年至2020年就完成投资5.43亿元。工程建设任务重、风险大、投资高。通过逐级下访、一线督查、赶工奖励等各种创新管理方法，我局都按照投资计划按时、按质、按量高标准地完成了各年度工作任务。昭鲁大型灌区工程建设多项指标任务在全省12个灌区中均排名靠前，工程完工情况得到了省水利厅领导的充分肯定。2015年完成建设投资额度2.1亿元，建设23条113.25公里的灌排渠道；2016年完成建设投资额度2.77亿元，修建渠道54条143.37公里，配套渠系附属建筑物929座，灌区农田灌溉排水条件得到明显改善；2017年完成建设投资任务0.56亿元，建设渠道27条54.06公里，附属建筑物216座，灌区信息化水平得到显著提高；2018年项目总投资588万元，新增站点36处，节水特种设备量水5处、节水图像监测系统40处，节水改造和量测水设施布局逐渐规范完善。

## 二、把“效果图”变“实景图”

从高空鸟瞰渔洞水库和渔洞径流区所在乡镇，碧水青山相互映衬，关系昭鲁坝区60多万人饮水安全的水库生态环境已经有了巨大改善。在渔洞水库水资源保护委员会的指导下，渔洞水库始终坚持问题导向，强化措施，落实责任，把促进渔洞水库保护区生态环境的转变作为重点整改目标，实施分年度专项整治。2014年委托云南省环境科学院和中国昆明高原湖泊国际研究中心制定了《昭通渔洞水库水资源保护专项整治规划（2015—2020年）》，针对规划区6大主要环境问题和5大主要挑战，从确保昭鲁地区集中式饮用水源地永继利用的战略高度出发，提出了最严格的水环境容量控制要求，制订了渔洞水资源保护“36263”行动计划。2014年至2020年，渔洞水库管理局从生态建设、污染治理和环境管理3大方面，实施“集镇污染控制、养殖户污染控制、农村污染控制、农业污染控制、小流域综合整治和水域涵养林建设”6个类型项目26项工程，水库和河流两岸环境敏感区域、龙树河小流域区域、集镇和农村人口密集区生态环境得到了改善明显，渔洞水库生态状况指标渐趋稳定，水库水质总体也始终保持在良好。结合农村人居环境整治3年行动，指导和帮助径流区乡镇改善贫困村人居环境，径流区村庄环境干净整洁有序。2016年7月，总投资近12亿元的长江上游云南洒渔河流域生态补偿先行示范项目开始规划。项目建成后，将覆盖昭通市昭阳、鲁甸两地，惠及8个乡镇34个村2.7万户15万人。

## 三、把“进度图”变“就业图”

所有由渔洞水库管理局管辖的项目建设均要求优先安排贫困劳动力务工，这样既帮助建档立卡贫困户实现了就业脱贫，又保障了工程建设的用工需求。始终要求施工单位重点关注劳动密集型岗位的设置，主动开发、协调和帮助弱劳力、半劳力贫困人员找到适应的工作岗位，落实就业扶贫举措，让贫困劳动力端稳就业“饭碗”。采取“开发合适岗位、开展技能培训、供需双方对接、鼓励企业吸纳、加强监督检查”5项措施，督促施工方在加快工程建设项目施工进度，优先招募和使用本地建档立卡贫困劳动力。据初步统计，仅昭阳区工程项目就帮扶350户建档立卡贫困户，惠及1415人次贫困人口。在挂钩昭阳区洒渔镇联合村期间，投入资金对17.6公里联合大堰进行清淤除障，确保了洒渔4个村1万余亩农田的有效灌溉。投入资金新建4.7公里排灌沟渠，解决4个村民小组647户的耕地1310亩和苹果园926亩的灌溉和排涝问题。每年常规开展农民工工资专项整治，健全完善农民工工资欠薪隐患排查机制，准确掌握在建项目施工方用工和劳动关系状况，及时化解劳资纠纷，将矛盾和隐患解决在萌芽状态，农民工合法权益得到有效保障。排查用人单位95家，涉及劳动者人数2.1万人次，检查昭鲁大型灌区建设、渔洞水库水资源保护等2大类项目和26个建设施工场地。

## 四、把“任务图”变“实物图”

精准扶贫，关键任务在产业，产业持续稳定发展，贫困群众才能持续稳定增收致富。我局始终坚持因地制宜、创新开发特色产业助力贫困村脱贫。结合田黄村实际，驻村扶贫工作队认真调查研究，分析田黄村气候、土壤、品种等具体实情，最终选择种植简单、省力省时、市场销量好的羊肚菌作为贫困户创业的主导产业。参考《云南省高原特色现代农业“十三五”食用菌产业发展规划》，田黄村驻村扶贫工作队制定了《田黄村羊肚菌产业发展规划》，将羊肚菌产业发展以任务的形式下放到每个扶贫工作队队员和村组干部。2019年，协调社会扶贫资金累计23.75万元，采取集体管理的模式建设第一期羊肚菌种植大棚8亩。局领导亲自协调农业种植专家加强羊肚菌产业项目的技术指导，引导田黄村安置点80多户群众到管理点学习田间管理知识，掌握羊肚菌生产流程，参与羊肚菌种植管理。目前，田黄村发展的羊肚菌产业，已经产生了良好的辐射带动效应。据了解，第二期约100亩羊肚菌正在推广种植，一份份羊肚菌种植任务书，正在成为彝良县田黄村建档立卡贫困群众看得见、摸得着的脱贫新路径。

## 五、把“资料图”变“资源图”

脱贫攻坚这几年，我局聚焦行业优势，统筹做好水利、生态、环保、扶贫等工作。紧紧围绕防范化解重大风险、精准脱贫、污染防治“三大攻坚战”，分析研究渔洞水库在水利、环保、农业等相关领域对扶贫工作的基础支撑效应，对照国家级水管单位的标准，建立健全各项规章制度，完善内部管理，坚持向管理要质量、要效益，做了大量卓有成效的工作。工程管理规范、工程资料齐全、工程形象完好，2016 年顺利通过国家级水利工程管理单位复核验收，顺利通过水源地安全保障达标考核，荣获“全省档案系统先进集体”称号。灌区建设运行管理、水资源保护系列规划、枢纽区安全运行管理制度等资料，为各级扶贫决策提供了理论参考和智力支撑。

滋养苍生，润物无声。昭通渔洞水库的建设和管理凝聚着云南水利人的心血，凝聚着昭通人民的期望与奉献，在统筹做好本职工作的同时，我局将进一步加强精准扶贫工作，进一步促进扶贫与扶志、扶智深度融合，拓展贫困群众就业渠道，不断增强贫困地区可持续发展的内生动力，确保高质量完成脱贫攻坚任务。

（作者系昭通市渔洞水库管理局工作人员）

# 家家入户管道有清水　件件工程管理有机制

## ——昭通市全面解决农村饮水安全问题纪实

周　聪

九月的大雄古邦，富有镇雄特色的绵绵秋雨、浓浓寒意如期而至。但它没有阻挡住全市十一县市区数十位参加镇雄县脱贫攻坚农村饮水安全市级抽查认定的水利战线的同志。这是昭通市最后一项未脱贫县的农村饮水安全认定工作。从进驻到离开，短短数日，大家踏遍了镇雄的每一个乡镇，趟遍了每一个乡镇的山山水水，走访了数千户农村群众。看着群众家中或院内涓涓而流的干净饮用水，听着群众对饮水安全得到有效解决而发出的感恩土话，感受着农村饮水安全建设为全市农村群众带来的生产生活巨大变化。昭通水利人想尽一切办法解决农村饮水安全的画面一幕一幕再现。

规划先行，有的放矢。昭通市解决农村饮水安全保障工作由来已久，在党中央和国务院的统一领导下，经历了数次工作重心的变化和更迭。从21世纪农村饮水解困到十二五的农村饮水安全建设，经过10多年的努力，“十二五”末，全市和全省、全国一道基本解决了农村群众饮水困难问题。2015年1月19日，习近平总书记亲临昭通视察时提出“要以更加明确的目标、更加有力的举措、更加有效的行动抓好脱贫攻坚，确保扶到点上、根上，让贫困群众真正得到实惠”的指示，中央、省作出了一系列农村饮水安全建设的重大部署，提出了新时代饮水保障新要求，昭通市紧紧抓住机遇，于2016年组织县市区编制了昭通市“十三五”农村饮水安全巩固提升规划，规划巩固提升人口 145.35 万人，总投资 6.57 亿元，为近 5 年的农村饮水安全建设奠定了基础。

组织保障，勇担重任。规划编制后，为了完成这一重大的历史任务和政治任务，昭通市水利局聚焦“两不愁、三保障”总目标，强化脱贫攻坚农村饮水安全主体责任，切实加强脱贫攻坚农村饮水安全的领导，成立由主要领导担任组长的昭通市水利局扶贫开发工作领导小组，坚持深入充分研究布置推进水利脱贫攻坚暨农村饮水安全工作，确定了水利行业扶贫、挂钩定点扶贫和其他扶贫 3 个水利脱贫攻坚任务，并把农村饮水安全作为水利行业的首要政治任务、头号水利扶贫工程来抓；细化脱贫攻坚农村饮水安全工作责任，确立主要领导亲自抓，分管领导具体管，局副处级领导协同落实、负责到县，分管科室挂包到县乡，脱贫攻坚农村饮水安全不达标不脱钩的责任机制，确保全面完成脱贫攻坚农村饮水安全巩固提升和达标工作。

精准核查、精准施策。2019 年，按照脱贫攻坚精准扶贫的要求，为确保精准解决饮水不安全问题，昭通市水利局盯住卡户、重视非卡户，全面动员、全员参与、高位推动、真督实导、狠抓落实，全面保障贫困群众饮水安全达标。聚焦“两不愁、三保障”要求，按照《云南省脱贫攻坚农村饮水安全评价细则》，组织开展多轮饮水不达标人口精准识别，全市落实 156 名贫困人口饮水安全状况信息管理员，2019 年精准核查锁定全市实施饮水安全巩固提升人口 16.88 万户 70.62 万人，并针对 14101 户 61888 人饮水不达标贫困人口，一户一策落实巩固提升达标措施。确保“不漏 1 户、不落 1 人、人人实现饮水达标”目标。按照“2020 年县（区）全部脱贫摘帽目标，2019 年全面完成农村饮水安全达标任务”要求，2019 年年初计划巩固提升 16.88 万户 70.62 万人，其中解决贫困人口饮水不达标 1.41 万户 6.19 万人，计划投资 5.01 亿元，计划实施管网项目 1614 件。

到点到人，责任细化。昭通市水利局认真贯彻“中央统筹、省负总责、市县抓落实工作机制”，省水利厅厅长和 3 名副厅长挂包昭通市 4 个饮水不达标贫困人口千人以上的镇雄、彝良、巧家、昭阳4县（区），派出8个驻县（市、区）技援团和省委专家水利分团助力昭通；昭通市实行水利局处级干部挂包县（区）、科（室）负责人挂包重点乡（镇）责任制，昭通市水利局明确1名副调研员、12名工程师，组成脱贫攻坚农村饮水安全建设技术咨询服务专家小组，为全市农村饮水安全项目建设提供技术咨询服务。从省到市到县均建立了行政、技术双线责任体系，实行“不脱贫、不脱钩”管理办法，责任具体明确，细化到人到点。省、市水利系统切实发挥好专业服务、技术支撑作用，昭通市采取“四不两直”方式，直杀到村、沉入到底，全面加强拟建、在建项目检查督导，形成问题清单及时反馈、限时整改，始终抓好项目建设过程质量、安全、进度控制，加大施工方案审查、建设质量跟踪、目标进度控导、安全运行管理等工作力度、密度、效度，认真履行好建设前、建设中、建设后全过程行业管理责任，严把工程建设进度、资金、材料、质量、验收关，确保每件工程都建成合格工程、满意工程。

注重运管，保障长效。市水利局局长付松同志说：“我们不但要建好农村饮水工程，让老百姓喝上放心水，更重要的是要建立起良好运行管理机制，确保每一件工程长期发挥效益。”简而言之，昭通市水利人对农村饮水安全的目标就是“管道有清水，管理有机制”。按照这一目标，昭通市认真贯彻《水利部关于建立农村饮水安全管理责任体系的通知》要求，强势推进农村饮水安全管理地方人民政府的主体责任、水行政主管部门的行业监管责任和供水单位的运行管理责任“三个责任”落实，县级农村饮水工程运行管理机构、运行管理办法和运行管理经费“三项制度”建设，紧扣经济调节和管护责任两个抓手，针对每件工程规模、性质、特点，采取计量收费、用水户协会等管护方式，把管理责任落实到企业、到协会、到用户。

巩固提升，全面共享。5年来，昭通市切实把农村饮水安全保障作为首要任务，围绕“水利工程补短板，水利行业强监管”总基调，聚焦“两不愁、三保障”，重点解决农村贫困人口饮水不达标问题，抓实巩固提升，以尽锐出战、迎难而上的精神状态，以不获全胜、决不收兵的坚定决心真抓实干，靠实工作责任，加大工程建设力度，快速高质量推进了农村饮水安全工程，让群众吃上了放心水。累计完成农村饮水安全巩固提升投资 14.17 亿元，其中中央投资 3.98 亿元，升级投资 1.96 亿元，地方 8.23 亿元，建成各类农村供水工程 6676 年，实现农村饮水安全巩固提升人口 206.36 万人（其中建档立卡贫困人口 48.59 万人），纯水窖供水人口下降为 1.37 万人，超额完成全市十三五规划任务和农村饮水安全巩固提升任务。

全面达标，不漏一户。按照全市脱贫攻坚总体部署，2018 年绥江县、威信县提前完成农村饮水安全巩固提升任务，市县严格按照《云南省脱贫攻坚农村饮水安全评价细则》对农村饮水安全开展达标认定，确保了 2018 年绥江县、威信县顺利实现脱贫摘帽。2019 年年底计划脱贫摘帽的 7 个县（区）按时全面完成建设任务后，各县（区）相继组织开展了入户排查工作，县级自评全面达标。在此基础上，提请市级复核。市水利局对照《云南省脱贫攻坚农村饮水安全评价细则》认真开展市级核查，经市级核查后认定，全市 2019 年计划脱贫摘帽的昭阳、鲁甸、巧家、彝良、盐津、大关、永善 7 个县（区）农村饮水安全暨建档立卡贫困人口饮水安全达到脱贫标准。2020 年 5 月，按照省水利厅的要求，昭通市再次组织县市区开展了逐村农村饮水安全达标评价，全市 11 县（市、区）农村按照云南省脱贫攻坚农村饮水安全评价准则全面达标。2020 年 9 月，组织对镇雄县脱贫攻坚农村饮水安全组织市级认定抽查，核定结果为达标脱贫攻坚饮水安全标准。

落实责任，全面收费。“三个责任”和“三项制度”全部落实。按照国家水利部《关于建立农村饮水安全管理责任体系的通知》要求，2019 年 6 月底全面落实农村饮水安全管理“三个责任”，2019 年年底前健全完善农村饮水工程运行管理“三项制度”。目前昭通 11 县（市、区）农村供水“三个责任”“三项制度”已全部落实。水费收缴机制建立基本健全。按照《云南省水利厅关于加快推进农村供水工程水费收缴工作的通知》要求，2020

年昭通市人民政府出台了《关于进一步加强全市农村供水工程水费收缴和运行管理工作的通知》，11县（市、区）均出台了地方性水费收缴管理办法。

目前，全市农村集中供水工程供水率从2015年末的72.6%提高到96%，农村自来水普及率从69%提高到94%，农村饮水水质达标率从57%提高到72%。全市农村供水水费收缴工作按计划顺利推进，全市所有集中供水工程已全部定价完毕，千人以上工程已收费占比100%，水费收缴率为94.61%；千人以下工程已收费占比97.75%，水费收缴率为94.95%。

全市农村饮水安全工作“管道有清水，管理有机制”的局面已经基本形成。

（作者时任昭通市水管站站长）

# 昭通市农村饮水安全运行管理机制建设成效

刘 沛

加强农村饮水安全运行管理是贯彻落实行习近平新时代中国特色社会主义思想，遵循“节水优先、空间均衡、系统治理、两手发力”治水思路的具体体现。围绕“水利工程补短板、水利行业强监管”总基调，坚持问题导向和目标导向，推进农村供水工程产权明晰化、运营市场化、维护网格化、收费透明化、供水安全化，全面提升管护运营水平和质量，是切实增强广大农村群众用水获得感、幸福感和安全感的有效方法。

## 典型示范引路

走进昭阳区苏家院镇骡马河水厂，一排排整齐的厂房、办公室、水处理池印入眼前。净水机“嗡嗡作响”正在生产干净的水，并通过高位水池流向千家万户。水厂负责人陈昆向我们乐呵呵地介绍骡马河水厂的生存之道：“骡马河水厂位于苏家院镇顺山村，水厂以总库容为 298 万立方米的骡马河水库为水源，解决苏家院村、坪子、双河、迤那、顺山 5 个村委会，39800 人（其中建档立卡贫困户 2651 户 10063 人）和 26000 头牲畜的饮水问题，覆盖受益人口达到全镇人口的95.5%，可以讲是全市数一数二的乡镇供水工程。骡马河水厂于2010年10月开工建设，2011年10月竣工，水厂建设总投资2130万元，设计供水规模每日6000立方米，建设了650立方米絮凝沉淀池2座；净化水处理设备6套，总制水能力每小时300立方米；机房建筑面积195平方米；厂区管理房建筑面积347平方米；厂区总占地面积2134平方米。供水处理流程为水源→预处理→净化→提水→蓄水→配水管→用户，是一项规模化的供水工程。”

这么大规模的供水工程，要保证长久运行，最重要的关键点是什么，我们一边参观厂区，一边关心地问道。陈昆如数家珍，一一道来：“三分建，七分管，运行管理是重点，也是关键，大家都明白这个道理，但不一定做得好。”他又补充道，“我们一是成立管理机构和配备好人员。苏家院骡马河水厂于2011年10月建成，试运行3个月通水完全正常后，为加强工程建后管理，使工程长效发挥应有的效益，随后成立了昭阳区苏家院镇农民用水户协会进行管理。协会现有管理人员14人，并制定了相应的管理规定、规章制度，选举产生了会长一名、副会长一名、会计一名、委员十一名。二是项目运行管理。按照‘产权明晰、责权统一、管理到位’的原则，项目所有权属国家所有，使用经营权属协会所有。三是保障水质量。为确保水质安全，水厂每月由区疾控中心进行一次水质检测。四是在让利于群众，又能保障运行维护的前提下，现行水价根据区发改局文件精神。暂按每吨2.5元收取，并及时进行水价、水量和水费公示工作，让群众用上明白水、放心水。五是提高服务质量。用水户协会在每月组织水管人员对所辖管道加强检查维护，保证管道安全通水。对影响通水的管道及建筑物及时组织力量维修。六是加强账务管理。每年人饮安全用水前，由协会领导安排专人抄表、计量，认定出原表基数。实行按水表计量收费。严禁人情水、关系水，严禁隐瞒或转移水方，严禁以权谋私，私减水方。科学调度，合理配水。严格执行水价，不擅自提高收费标准，水费实行专款专用，不挪用、不截留。”

这几年运行下来，情况如何？陈昆介绍说，供水工程运行后，群众满意了，政府轻松了，工程正常了，基本实现了以水养水，长期良性运行。

## 共促思想转变

昭阳区苏家院镇骡马河水厂的运行管理，是全市规模化水厂的一个缩影。全市截至 2020 年 6 月 30 日，累计建成规模化供水工程 49 件，供水人口 89.37 万人，小型供水工程 11820 件，供水人口 387.96 万人，全市农村集中供水率由 2014 年 73% 提升到 96%，自来水普及率由 2014 年的 69% 提升到 94%。

农村供水工程运行管理，得到各级的关心和重视，得到广大群众的认可，已从“大锅水”“福利水”的思想中渐渐转变为“产品水”“商品水”。陈昆讲：现在供水正常、质量保障，收费合理，群众满意，运行管理已不是难事，有政策给我们引路，有政府给我们指导，有群众给我们支持。他拿出一份份文件，有国务院办公厅的《关于创新农村基础设施投融资体制机制的指导意见》、水利部的《水利部关于建立农村饮水安全管理责任体系的通知》《水利部办公厅关于加快推进农村供水工程水费收缴工作的通知》和《云南省水利厅关于加快推进农村供水工程水费收缴工作的通知》，这些文件都对农村供水工程管理提出具体要求，要求建立健全管理体系，加快推进农村供水工程水费收缴工作。还有昭通市人民政府出台的《关于进一步加强全市农村供水工程水费收缴和运行管理工作的通知》文件，昭通市水利局下发了《昭通市全面推进农村饮水安全运行管理专项行动实施方案》等均对农村饮水安全作出布置。

## 合理加强督导

全市农村集中供水工程多，工程规模小，是推进农村供水工程运行管理的难点所在。围绕难点，2019年以来，我们收集整理了相关资料，推进重点工作落实。一是认真贯彻落实习近平总书记新时期治水思路，切实把农村饮水安全作为首要政治任务、头号水利扶贫工程来抓。二是集中力量成立6个督战小组，由8名处级领导挂县（市、区），17个科（室）包村的责任体系，开展运行管理督查工作，责任具体明确，细化到点到人。三是深刻汲取运行管理中存在的问题和管理教训，适时分析研判运行管理薄弱环节，举一反三，持续巩固饮水安全成果。四是针对农村供水的短板弱项，市级编制了饮水安全保障达标、整改、水费收缴等督导手册，清理并编制完成了20人以上的集中供水工程名录，全方位开展督战。五是根据省、市的脱贫攻坚挂牌督战方案，主动配合市级挂牌督战小分队，协同作战，对标对表，补齐运行管理短板。六是加强“三个责任”和“三项制度”落实，每月通报水费收缴和运行管理情况，全力推进水费收缴和运行管理工作。

正是有了监督机制的建立和落实，全市的农村供水运行管理得到建立健全，根据水利部和省水利厅的要求，在2020年年底，可以实现全市全部集中供水工程全面收费，收费率可达95%。

## 提升服务质量

在苏家院镇骡马河水厂的受益区，我们和农户孔令沙交流，他家有了洗衣机，用了太阳能，家里安装了水冲厕，他讲“原来我们也安装过算自来水管，但当时大家不交水费，也就无人管，供水时有时无，没几年就断水了，目前好了，水质好，也不用担心断水了，随时有人进行维修维护，每吨 2.5 元的水费不算什么，大家能交全交”。正是得益于加强运行管理，目前全市：一是水质提升成效明显。通过对水质是否达标进行清查，及时启用未启用的净消设施，加强对水源地保护，对欠缺必要净消设施的积极争取投入配套。加强供水工程出厂水和末梢水水质检测工作，加强储水保质实用技术宣传培训，增强农户科学储水、安全用水技能。全市水质达标率从 2014 年的 57% 提高到 72%。二是建立了供水工程管护维修机构。按照农村饮水安全管理“三个责任”和“三项制度”要求，各县（市、区）初步实行了饮水安全保障网格化管理，已建立农村饮水安全管理责任延伸至乡（镇）政府 147 个，建立乡镇和村级管水人员名单和联系方式台账乡镇 147 个，实现全市乡（镇）全覆盖。三是水费收缴顺利开展。全市所有集中供水工程已全部定价完毕，千人以上工程收费处数已占工程总处数的 100%，水费收缴率为 93.37%。千人以下工程收费处数已占工程总处数的 96.2%，水费收缴率为 93.98%。四是服务承诺全面展开。11 个县（市、区）完成服务承诺相关工作。市水利局在昭通政府网站、昭通日报等媒体公示了举报电话、举报邮箱，发放饮水安全相关手册等 1000 多份。积极做好群众来信、来电、政风行风热线、金色热线等信访办理工作，及时对群众反映问题进行核实整改。

“建”工程难，“爱”工程更难，“用”工程难上加难。农村饮水安全永远在路上。我们将以永远在路上的执着和坚守，努力为农民对美好生活的水需求发光、发热献智出力。

（作者系昭通市水利局总工程师）

# 黑石罗水润昭阳　脱贫致富有保障

万　竹

昭通市位于云南省东北部，地处云、贵、川三省结合部的乌蒙山区腹地。水利设施十分薄弱，水资源供需矛盾突出，资源性缺水和工程性缺水并存，而且水资源时空分布不均，可利用程度低，农村缺水问题较为普遍。2009年至2011年，昭通市遭遇了有气象记录以来最为严重的干旱灾害，严重旱灾已经凸显出水对全市社会经济发展的严重制约。连续干旱，更让人民群众无比期盼能够长效解决供水问题的惠民工程。民有所盼，政有所干。昭通市委、市政府审时度势，提出新建黑石罗水库，增加供水量，解决农业灌溉，农村人畜生活用水困难。

2010年11月，《冷水库流域及相关区域规划报告》经昭通市人民政府批复。为使黑石罗水库尽快立项建设，昭通市坚持高位推进，投入750万元作为黑石罗水库工程前期工作经费。2011年7月，工程项目建议书获水利部长江水利委员会批复。2012年8月，云南省发改委对黑石罗水库可研进行批复。这一重大民生工程和民心工程在多方努力之下，终于“落户”昭阳大地。

黑石罗水库工程被列为云南省2012年开工建设的“三个一百”重点建设项目之一，也是昭通市“十二五”规划建设的骨干水源工程。水库位于昭阳区苏甲乡水井村，坝址位于洒渔河左岸支流冷水河上游，距离昭阳城区

44 公里，水库总库容 4992.1 万立方米，坝高 78.7 米，坝顶长 206 米，灌溉渠道总长 53 公里。

2012 年 10 月 26 日，黑石罗水库开工建设，从流域规划到获得立项开工，仅用了 2 年时间。项目投资 6.59 亿元，其中昭通市财政投资 1.37 亿元。

工程计划工期 42 个月。2013 年 4 月导流洞工程启动建设，11 月 25 日实现成功截流。2014 年 1 月 7 日开始大坝填筑，12 月 22 日大坝填筑至封顶高程 2049 米，成功实现节点工期目标。因工程形象进度、完成投资较好，2015 年 4 月 15 日，黑石罗水库被国家水利部精神文明建设指导委员会评为“2013—2014 年度全国水利建设工程文明工地”。在参建四方的共同努力下，黑石罗水库枢纽工程于 2016 年年底如期完工。2016 年 12 月 25 日 12 时 10 分，随着导流隧洞封堵门缓缓放下，奔腾的冷水河在库区积蓄，新建成的黑石罗水库大坝，在高山峡谷间横亘在冷水河上，成为大山峡谷的一道风景。水库建成后将解决昭阳、大关和永善 3 个贫困县区 15.1 万人、18.1 万头牲畜和 5.5 万亩农田灌溉用水问题，年计划供水 4125 万立方米。

2015 年在全国范围全面打响脱贫攻坚战之际，昭通作为全国贫困人口最多，全国贫困程度最深，全国脱贫任务最重，全国攻坚压力最大的地级市，面临着巨大挑战。很多深度贫困地区穷在水上，难在水上，脱贫攻坚的出路和希望也在水上。水利作为基础设施建设扶贫工作中的重要任务，是保障深度贫困地区打赢脱贫攻坚战的重要基础和保障。为全面打赢脱贫攻坚这场硬仗，黑石罗水库被赋予新任务，寄予新期望。

为打造苹果之城提供坚实的灌溉供水保障。昭通是中国南方最大的优质苹果生产基地。近年来，按照省委、省政府提出的，全力打造世界一流的绿色能源、绿色食品、健康生活目的地“三张牌”，市委、市政府把苹果产业列为打赢脱贫攻坚战重要支撑的“6 个百亿元”高原特色产业之一，提出了打造百万亩苹果产业的战略布局。黑石罗水库建成后将为冷水河、洒渔河河谷这片优质苹果生产基地灌溉供水提供保障。可使苹果种植面积、产量、质量均大幅度得到提高。

为昭阳中心城市提供应急和备用供水。长期以来，昭阳中心城市供水主要依赖渔洞水库供应城区居民生活、工业及农田灌溉用水。供水水源单一且互补性较差。单一水源不仅存在城市供水安全的潜在风险，而且制约经济社会的发展。随着近年来昭通社会经济的发展，城市人口不断增加，渔洞水库向昭阳中心城市供水量逐年增加，昭阳城市供水已呈现出需大于供的状况，水质安全风险不断出现。国家把城市化作为推进中国经济升级的重要引擎，云南省委提出昭通市要建设成为“引领区域发展的滇川黔省际中心城市”。因此，昭阳中心城市化发展需要水源作支撑。2015 年 8 月，云南省水利厅以云水规计〔2015〕97 号文批复同意将黑石罗水库列入昭阳中心城市应急和备用供水水源。水库建成后可向城市应急供水 10.8 万 t/d，最大供水量 15.8 万 t/d，可确保昭阳中心城市应急期间的正常供水。

为靖安易地扶贫搬迁安置区供水提供双水源保障。靖安安置区跨县安置昭通市 6 县（区）40579 名群众，是全国最大的跨县易地扶贫搬迁安置区之一。按照城市供水规范要求和易地扶贫搬迁安置区供水双水源保障要求。2019 年 6 月，昭阳区靖安安置区分指挥部向市政府上报了《关于请求协调解决在黑石罗靖安分干渠官房沟段预留出水口的请示》。为确保靖安安置区稳定供水，市政府同意在黑石罗水库靖安分干渠官房沟段预留出水口，作为安置区供水双水源保障。

为昭阳区优质烤烟生产基地提供生产生活用水保障。昭通市北部、东北部区域的布嘎乡、守望乡、小龙洞乡、永丰镇、北闸镇是昭阳区优质烤烟生产基地。因所处区域处于渔洞水库自流灌溉供水高程以上，缺水较为突出。为改善烟区灌溉和解决人畜饮水困难，昭通市按高水高用、低水低用、长藤结瓜、充分利用水资源的原则，对区域水资源进行优化配置。2016 年市政府决定从位置较高，水资源丰富的黑石罗水库新建“润昭引水工程”解决烟区灌溉和人畜饮水，为灌溉昭鲁坝子东北面优质烟叶主产区提供生产生活用水保障。

将成为渔洞水库补水水源。渔洞水库作为我市唯一一座大型水利枢纽工程，自建成以来，一直承担着我市昭鲁坝子、洒渔河谷和部分丘陵地带的农业灌溉任务，以及昭阳、鲁甸等片区的人畜饮水任务，同时也是昭阳城市河流生态补水的水源之一，对昭鲁坝区经济社会发展发挥着重要作用。但随着社会经济的发展，渔洞水库供水压力不断增大。同时根据我市“十四五”水安全规划保障重点项目清单显示，未来将在渔洞水库径流区范围内新建鲁甸县猫鼻子扩容工程、闪闪桥水库、单家河坝水库、拖麻水库等一批中小型水库，累计库容将达 4286 万立方米，占渔洞水库总库容的 11.8%，来水量的进一步减少也必然加剧渔洞水库本身的供水压力。为了缓解渔洞水库供水压力，本着充分利用现有水资源的原则，我市在“十四五”水安全规划保障重点项目中规划了“冷水河——渔洞水库水系连通工程”，计划在黑石罗水库下游约 2.5 千米处新建调水隧洞，将水引入渔洞水库内，以补充渔洞水库水源。

黑石罗水库工程对助推昭通市脱贫攻坚具有重要意义。黑石罗水库工程渠经的昭阳区洒渔镇、靖安镇、青岗岭乡既是昭通市脱贫攻坚的主战场，也是昭阳区产业发展重点区域。黑石罗水库工程的建设，有效改善了贫困地区群众生活、生产条件。为加快贫困地区群众脱贫致富、推进贫困地区经济社会发展提供有力支撑，对促进昭通市经济跨越式和全面协调可持续发展，加快脱贫步伐，实现昭通富民强市的跨越发展提供坚实的水利保障。

（作者时任黑石罗水库建设管理局副局长）

# 昭通市水利水电勘测设计研究院挂包帮成效

杨胜波

”曹同志，你来了啊。”一个中年男子隔着很远的距离大声地喊着，曹总工，是我院一名高级专业技术人员，同时也是一名优秀的共产党员，叫他名字的正是他的结对帮扶对象，这位大哥告诉我们：“以前总是记不住曹同志的名字，后来他坚决要求我们叫他的名字，免得太生疏，他说扶贫工作就是结交朋友，大家都是朋友了叫名字是应该的。”通过这位大哥言语间透露的喜悦之情，我们深深感受到扶贫工作是起了作用的，挂包帮工作是有成效的。

我院自2015年9月以来，按照市委、市政府，市联席办，市扶贫办和鲁甸县委、县政府的要求，采取抽硬人、硬抽人的方式，派出优秀骨干，到挂包村鲁甸县梭山镇黑寨村开展扶贫工作；2017年10月，根据市委、市政府对扶贫工作的安排，我院除继续挂钩黑寨村外，新增密所和黑石两个贫困村的结对帮扶工作（后因上级工作安排，密所由其他单位进行结对帮扶）；2018年4月，我院积极响应市委、市政府的号召，安排了两位同志前往巧家县东坪镇威宁村驻村，帮助威宁村在2019年实现整村脱贫的目标。其实在我院刚开展扶贫工作的时候，我院结对帮扶干部去贫困户家中走访交谈，贫困户是十分拘谨的，总是摆出拒我们于千里之外、不愿过多与我们交谈的姿态，觉得我们只是走走过场，并不能真正帮助到他们。为此院领导对干部职工入户提出了严格要求，要求挂包干部需放下架子、蹲下身子，转变工作作风，注意工作方法，带着真感情和群众拉家常、和群众交朋友，必须始终做到坚持深入调查走访，规定每月必须至少走访一次。我院挂包干部通过不断地到群众家走动谈话，帮助贫困户操家理屋，打扫院坝卫生，贫困群众总算敞开心扉，愿意告诉我们自己的实际情况以及需要获得的帮助，我们的同志始终把群众的诉求放在第一位，想方设法帮助他们解决困难，结对帮扶干部与贫困群众的鱼水之情也日渐升温。

## 公路通村再通户，农民致富有出路

我们走在去贫困户家中的公路上，看到有货车拉着日用品、零食、水果等东西，此时喇叭里也传来非常大的声音“卖水果，卖洋芋，卖零食”等等，有个同事觉得口渴就买了一瓶矿泉水，才两块钱，就问老板：“老板，你们这是从哪儿拉来的啊，在街上买都是两元，你还要运那么远，油费很贵的，价格可以调高一点嘛。”老板听后摇了摇头，笑嘻嘻地对我们说：“同志啊，你别看我拉那么远还跟街上卖的价格一样就觉得我亏，可能我比街上小商店赚的还多咧。”我们很纳闷，顿时来了兴趣，这明明成本高了怎么会还多赚呢。老板也许看出我们的疑惑，就说道：“小商店要门面费吧，顾客也不见得就多吧，虽然黑寨也有几个像我这样拉东西来卖的，可是我们每个的顾客还是有很多的，现在家家户户都解决了温饱问题，我们卖东西是既赚钱又帮了他们大忙了，有些小东西不用刻意去镇上也能买到。”我们一听是这个理儿，老板又说道：“我也是土生土长的黑寨人，以前全家人就靠种地维持基本生活，有时候天干旱，日子都很苦的，现在多亏了共产党，多亏了你们不辞辛苦，公路修起来了，我就贷款买了这辆货车，现在贷款也还完了，一家人收入也起来了，再也不怕挨饿受冻了。”说着说着还递了几瓶水表示感谢，我们都委婉地拒绝了，他的一席话鼓舞了大家，使大家干劲十足，都兴高采烈地往自己的扶贫对象家中走去……

2017 年，从梭山镇到黑寨村还只有砖头路，村到社只有泥泞路，严重威胁了群众的生命财产安全。党和政府高度重视，决定将公路全部硬化，至此，硬化公路终于能够到村甚至到户。交通条件不断改善后，农民出行更加便利，生产的农副产品出售更加容易，生活质量不断提高，同时也改善了驻村队员及结对帮扶干部的工作条件，坚定了夺取脱贫攻坚全面胜利的决心。交通改善后，信息更加畅通，群众文化素质整体提升，幸福指数不断增加。

## 聚焦“两不愁、三保障”，补齐工作短板

为帮助解决黑石村村民饮保障水，我吃穿不愁，幸福指数上升。自扶贫工作开展以来，我院驻村队员及结对帮扶职工与镇村通力协作，不断教育引导贫困群众增强脱贫信心，靠辛勤劳动脱贫致富。运用群众喜闻乐见的方式开展思想教育，用美好生活愿景鼓舞人，用先进思想文化教育人，用脱贫致富典型激励人，让贫困群众心热起来、行动起来，增强脱贫信心决心，实现由“要我脱贫”向“我要脱贫”转变。不断教育引导群众转变落后观念，抵制陈规陋习，大力弘扬传统美德，推动移风易俗，树立文明新风。让子女不尽赡养义务、婚丧嫁娶大操大办、农闲时喝酒要钱、坐在家里“等靠要”等陋习在村里抬不起头、没有市场。外出务工群众逐年增加，农民收入逐年提高，生活水平逐步好转。

精准扶贫，教育先行。我院极力协助当地政府有关部门保证适龄儿童上学途径，不让任何一位适龄儿童因为贫穷而放弃读书，积极投入资金帮助黑寨、黑石两所小学添置校服、学习用具等，还为他们举办六一儿童节

汇演，2019年我院出资6万元帮助解决黑寨、黑石两所小学学生校服381套。很多帮扶干部自己出钱，为学生购买学习用品，鼓励他们好好学习；之前有许多因为各种原因不愿进行九年义务教育而辍学在家或外出务工的，结对帮扶干部不畏艰苦，多次与辍学学生及家长沟通，讲清其中利弊，努力劝返并派专车接送劝返学生，截至2020年春季学期，黑寨、黑石两村处于义务教育阶段的学生实现零辍学。

安全住房，民生所向。龙头山地震后，鲁甸县委、县政府高度重视群众安全住房问题，扶贫工作开展以来，政府更是加大资金投入力度，帮助贫困群众盖起了砖混房，使安全住房有了保障。我院职工积极帮助扶贫对象争取资金，使黑寨、黑石两村再无泥瓦房。“谢谢你们帮我拆掉了老房子。”一位贫困户对我院职工连连道谢，终于，在我院扶贫干部和当地政府的帮助下，使他搬进了新家，还为他添置了家具，他说再也不会担心下雨屋漏、刮风人冷的事情了。

基本医疗保险，健康生活有保障。以前，因病致穷、因病返贫时常发生，现在黑寨、黑石两村所有贫困群众都加入了城乡基本医疗保险，生病有政府兜底，再也不用担心付不起医疗费用。所有贫困群众都签约了家庭医生，村镇卫生院医生常到群众家中普及宣传医疗卫生知识，对有慢性病的贫困群众建立档案，密切关注其病情。我院结对帮扶干部也积极配合医生工作，保证各慢性病扶贫对象享受到关心关爱与热心服务。

发挥我院优势，补齐工作短板。结合我院专业、行业特点，为合理规划黑寨村水资源开发，全面解决黑寨村工程性缺水问题，2016年年初我院投入经费30余万元，投入技术人员20人，通过3个月时间，完成了黑寨村饮水规划报告，报告纳入了全市十三五水利建设规划，政府已经统筹下拨人饮工程资金230万元，解决了文家坪了、硝洞、瓦厂、半坡等自然村村民的人饮问题；2020年院投入经费20万元。

# 异地搬迁脱穷窝，送岗上门稳就业

在鲁甸县委、县政府指示下，我院驻村工作队队员积极进村入户向群众宣传省委、省政府易地扶贫搬迁城镇化集中安置的决策部署，耐心细致地向群众解读易地扶贫搬迁进城入镇安置点选址规划、搬迁安置方式、建房面积、资金补助标准以及耕地林地流转、产业扶持、创新就业帮扶和就学就医、社会保障等政策。为了实现异地搬迁群众“挪穷窝”“断穷根”，阻断代际传递，我院结对帮扶干部积极配合卯家湾安置区工作，聚焦“搬得出、稳得住、逐步能致富”目标，向群众介绍工作，努力帮助群众由“村民”向“市民”转变，“农民”向“产业工人”转变。“大姐，那天给你介绍的工作怎么样？还满意吗？我们还能为你做些什么呢？”，从黑寨村搬进卯家湾新家的大姐连忙点点头道：“好呀，一天能挣到 80 块钱，太感谢你们了，感谢政府，我在家照顾老人、带小孩读书，不能外出打工，以后多帮我们妇女介绍工作，去做家政服务这样的事情，我们还是能做得很好的。”2020 年年初虽受新冠疫情影响，但党和政府高度重视，坚持送岗上门，不断加强与广东、浙江等地的企业合作，点对点帮助贫困群众返岗复工，保障人民群众安全的同时，增加外出务工人员，农民收入逐年提高，生活水平逐渐好转。

（作者系助理工程师）

# 八面锦旗寄真情

崔元磊

“精准扶贫办实事、情系百姓润民心”；“修路富乡梓、建渠泽子孙”；“一泓清泉润桃李、春风化雨助教育”；“渔洞春风化真情、联合百姓感党恩”……这是挂钩帮扶村老百姓赠送给我局的八面红彤彤的锦旗上的感谢话语，饱含了我局“挂包帮”“转走访”脱贫攻坚的点点滴滴；我局扶贫工作队队员在走访挂包户龙运林家时，问：“你家今年脱贫出列给还有什么困难？”龙运林回答道：“政府给我家补助，我家的新房已建好入住了，进村的路已修好了，自来水也接到了家里，还指导我们整治环境卫生、帮助我们种植毛竹、羊肚菌，养鸡、养猪发展产业，还帮助娃娃们上学……要不是你们真心实意地帮助扶持，我家一时半会真的难得脱贫……感谢政府！感谢渔洞水库管理局！”龙运林肺腑之言，凸显了昭通渔洞水库管理局在脱贫攻坚战中“为民排忧，为民解难”，“扶贫扶智，脱贫攻坚”的挂钩帮扶实践。

在近年的扶贫工作中，通过全局干部职工、驻村扶贫工作队队员和驻村督导员的共同努力，走访群众上千人次，召开群众会数十次，培训农民17次，实施项目建设31个，投入项目建设资金400余万元，引进项目资金1500万元，为脱贫攻坚作出了应有的贡献。

# 渔洞春风化真情、联合百姓感党恩

我局挂钩帮扶的昭阳区洒渔镇联合村，有5个自然村24个村民小组，其中坝区村民小组20个，山区村民小组4个，居住着汉、彝、苗三种民族，有村民2800户9145人；距镇政府驻地7公里，距昭阳城区17公里；国土面积30.8平方公里，耕地面积6814亩，果园面积12467亩，其中苹果园面积12335亩；群众经济收入的主要来源为苹果产业和务工收入，部分群众生产生活困难，贫困程度深；按照识别贫困户原则，确定建档立卡贫困户293户1178人，我局全局干部职工，按照局领导挂钩帮扶8户贫困户，处室干部挂钩帮扶五户贫困户，一般干部职工挂钩帮扶3户贫困户，共结对“挂包帮”293户1178人；我们把回访、再回访工作作为一项重要任务来落实，建立了走访贫困户的常态化工作机制，采取了“领导带队+分管处（室）负责人+扶贫工作队队员”的回访方式，适时进行回访，确保回访覆盖全部贫困户；动态掌握联合村贫困户脱贫进展情况，确保“挂包帮”帮到点子上，扶贫扶到关键处；促进年度脱贫目标任务的实现。

为解决联合村9—14社群众的交通运输出行困难问题，我局先后投入资金8万元，组织发动群众投工投劳487个，对因多处山体滑坡、边坡坍塌，山崖陡峭的7.8公里的道路进行修复保通，受益4个村组247户1048人。投入资金12万元，维修余家大冲至居乐2公里的村组道路；硬化卯家冲350米的村组公路，改善13、14、23、24四个村民小组285户1151人的交通运输困难。争取整村推进项目资金106.516万元，其中，国家补助资金104万元，群众投工投劳折资2.516万元。新建硬化村组道路一条长1.7公里，改善群众的出行条件。投资270万元，新建公鸡冲1号、公鸡冲2号共4.7公里的排灌沟，解决涉及9、10、11、12四个村民小组647户的耕地1310亩，苹果园926亩的灌溉和排涝问题。投入资金23万元，对17.6公里的联合大堰进行清淤除障，确保洒渔四个村一万余亩农田的有效灌溉以增加群众收入。配合洒渔镇党委政府，整合项目资金，把生产生活环境相当恶劣的余家大冲自然村的 84 户 308 人，其中建档立卡贫困户 77 户 287 人，13 村民小组 43 户 158 人，14 村民小组 41 户 150 人，调整地块，异地统一迁出，统一规划，统一设计，统建与自建相结合，拆旧村，建新村。我局出资 24 万元，以合作社 + 农户 + 扶贫单位的模式，重点帮助发展生猪养殖，蜜蜂养殖，蔬菜种植产业，这些项目工程的实施，为联合村 293 户贫困户 1178 人脱贫摘帽，为实施精准扶贫带动村民奔小康，早日实现共同富裕目标作出了积极的贡献。

2017 年 1 月 23 日下午，中共中央政治局常委、国务院总理李克强沿着崎岖陡峭的山路，来到我局挂包帮扶的昭阳区洒渔镇联合村余家大冲，看望 13 村民小组建档立卡的贫困群众，与村民促膝交谈，问寒问暖，推进脱贫攻坚。余家大冲群众的贫困状况能够得到党和国家领导人的关心重视，促进他们异地搬迁，摆脱贫困；昭阳区洒渔镇联合村通过我局用真心，动真情的倾力帮扶，昔日的羊肠小道变成了宽敞的水泥公路，昔日山洪横流的水沟变成了三面光的排灌渠道；通过实施扶贫易地搬迁，一栋栋青瓦白墙的“小洋楼”拔地而起，彻底改变了此前就医难、就学难、务工不方便的历史，联合村的干部群众和学校师生先后向我局赠送了：“修路富乡梓　建渠泽子孙”；“扶贫扶智　攻坚脱贫”；“渔洞春风化真情，联合百姓感党恩”三面锦旗；诠释了昭通渔洞管理局为打赢脱贫攻坚战作出的不懈努力。

## 精准扶贫办实事　情系百姓润民心

2017 年 10 月，昭通渔洞水库管理局开始挂钩帮扶彝良县两河镇田黄村，田黄村边远贫困的窝坨村民小组，有农户 45 户 233 人，其中建档立卡贫困户 19 户 89 人；因人畜饮水困难，制约了村民的种植、养殖业发展；

为落实精准扶贫战略，助推产业发展，我局投入资金30000元，帮助购买引水管材，由村民小组长组织群众投工投劳，开挖、埋设引水管1600米，维修150立方米蓄水池一个。解决了窝坨村民小组群众的人畜饮水困难；改善了贫困群众的生产生活条件。为感谢我局的真情帮扶，群众把修建的水池称为“润民水池”。饮水工程竣工后，群众自发地向我局赠送了“精准扶贫办实事　情系百姓润民心”的锦旗表示谢意。

## 修路保春耕　扶贫重实效

去年8月24日，一场特大暴雨导致彝良县两河镇田黄村马鞍、撮箕两个村民小组的进村公路多处边坡垮塌，路面被毁，两个村民小组的运输出行又回到人背马驮的从前局面。面对群众出行受阻运输困难，影响村组经济发展的状况，驻村扶贫工作队及时向单位领导作了汇报，争取单位资金5万元，由马鞍、撮箕两个村民小组长，利用村民回家过春节的机会，组织发动带领村民投工投劳150个，对3.8公里的村组公路进行塌方清除，水毁路面回填，边坡侧沟清理开挖，过水路面硬化处理，经过半个月的紧张施工，完成了该段公路的修复保通，有效解决了两个村民小组31户114人，其中建档立卡贫困户15户69人的交通出行困难的问题。撮箕组村民罗国志高兴地对驻村扶贫工作队队员说：“要不是驻村扶贫队员的关心，渔洞水库管理局的帮扶，我们两个村民小组不知要何时才能结束人背马驮的状况。”公路维修保通后，两个村民小组的群众给我局赠送了“为民排忧，为民解难”的锦旗，对渔洞水库管理局实实在在的帮扶表示衷心的感谢！

## 一泓清泉润桃李　春风化雨助教育

受教育程度不足是群众致贫致愚的重要因素。“扶贫先扶智、治穷先治愚，经济要发展、教育要先行”，我局按照“产业兴旺、生态宜居、乡风文明、治理有效、生活富裕”的总体要求，扎实推进脱贫攻坚工作。一是对挂钩帮扶村的干部进行党性教育培训和精准扶贫知识培训2期110人，不断提高干部履职工作、扶贫工作能力。二是对挂钩帮扶村的100户家庭妇女进行文明生活方式培训，教育群众改变生活环境脏乱差状况，提升群众的文明素养。三是投入资金3万余元，组织帮扶村干部群众开展农村实用技能学习培训351人次，不断提高贫困群众的种养殖技能，促进增收；深受帮扶村干部群众喜爱。四是对挂钩帮扶村考取大学的学生实行升学奖助金制度，对联合村当年考上大学的19名学生给予一次性奖助金2000元，共计3.8万元，帮助贫困学生完成学业，回报社会，建设家乡，助推脱贫致富步伐。五是为田黄小学捐赠电脑16台，价值41600元，帮助田黄小学成立电教中心，让山里娃也能学习使用电脑；倡议单位干部职工捐资助学，共筹资16200元助学金扶助40名贫困学生，帮助解决田黄小学师生生活实际困难。六是筹集资金33038元，维修学校蓄水池、购买引水管、购买文体用品。彝良县两河镇田黄小学师生向渔洞水库管理局赠送了“一泓清泉润桃李、春风化雨助教育”锦旗，对我局给予的教育帮扶表示衷心的感谢。

## 党建引领规划先行　抓产业发展促脱贫

为科学有序推进田黄村的脱贫攻坚工作，我局帮助镇村干部以“抓党建、扶产业、重教育、强基础”为脱贫攻坚工作目标，共筑党员活动之家、共商乡村致富良策、共解群众脱贫困惑。帮助村党委深入实施党建与扶贫工作“双推进”，严格按照市委“133”工作思路，以学习贯彻党的十九大精神为契机，与田黄村共同开展了“主题党日活动”“万名党员进党校活动”“新时代讲习所讲习”“三讲三评”等活动，在“七一”建党节、党日活动中分别以不同主题给全村党员讲党课。率镇村组主要领导干部及扶贫工作队，赴昭阳区洒渔镇联合村和贵州省安顺市平坝区塘约村，就基层党建、乡村振兴、产业发展的先进经验进行学习考察，学习借鉴贵州塘约经验，帮助制定“田黄村红十条”“田黄村黑名单制度”和“田黄村村规民约”；进一步解放了思想，开阔了视野，提高了基层党组织的创造力、凝聚力、战斗力，为打赢扶贫攻坚战奠定了坚实的基础。

带领村“三委”修订田黄村脱贫发展规划，按照规划实施脱贫相关措施。围绕“两不愁、三保障”目标，对照31个村民小组577户贫困户的脱贫目标任务，开展贫困对象动态管理贫情分析研判，修订完善《田黄村脱贫发展规划项目库》和村级脱贫措施施工图。以规划为指导，参与村“三委”做好贫困对象“村村清”“户户清”、贫困户动态调整、贫困户档案管理、低保贫困户识别整治、农村土地确权登记、农村环境卫生整治、异地扶贫搬迁建设、新民风培育、非洲猪瘟防控、扫黑除恶、新冠肺炎疫情防控等工作。

根据彝良县产业发展相关奖补激励政策，在立足村情和扶贫政策的基础上，认真研究帮扶对策，针对产业奖补资金滞后，阻碍产业发展。围绕“短期能脱贫，长期能致富”的脱贫目标，为保障田黄村2018年脱贫的189户783人能按计划正常出列，按“帮大户”（彝良县琼勇养殖专业合作社）、“扶卡户”（2018脱贫的189户，783人）的目标，单位投入产业发展滚动资金16.2万元注入彝良县琼勇养殖专业合作社，为脱贫户搭建一个具有长期稳定发展的产业平台。用大户的成功养殖经验带领建档立卡贫困户以分散养殖为主，兼顾部分集中养殖，再由合作社统一回购和销售，实现贫困户增收。单位投入资金60350元，帮扶窝坨村民小组充分利用养殖合作社养猪产生的粪便，实施沼液干湿分离，引灌生态种植晚冬马铃薯和早春蔬菜，受益 49 户 233 人，其中卡户 19 户 89 人。针对田黄村实际协调争取了社会扶贫资金 35 万元，在田黄村安置点种植羊肚菌，以此带动安置点 81 户贫困户增收致富，创造条件努力实现“搬得出、稳得住、能致富”，共同脱贫致富奔小康。

（作者系昭通市渔洞水库管理局工作人员）

# 帮助贫困群众脱贫　扎根山区帮扶 12 载

崔元磊

我是昭通渔洞水库管理局的一名伤残转业军人，也是一名中国共产党党员。2007 年受组织委派，我有幸成为一名新农村建设指导员，当时我 81 岁高龄的母亲知道我要到鲁甸县水磨镇当指导员，就让弟弟为我买了提包、草帽、胶鞋、手电筒，并对我说：“儿到水磨后，要多走走亲戚。”我很纳闷，我们家在水磨没有亲戚呀！后来我才领悟母亲的用意，山区的老百姓比较淳朴，要我把他们当亲戚一样对待。就这样，我带着组织和母亲交给的“任务”，先后转战在昭阳、鲁甸、彝良三县区四乡镇的偏远贫困、条件艰苦的农村山区，一干扶贫就是 12 年。从改善驻村环境条件到智力帮扶，从公路修建到管饮工程建设，从构建和谐村组到农村产业发展，从抗震救灾现场到脱贫攻坚一线，处处都留下了我的“背影”和“足迹”。每到一处，群众都亲切地称我为“热心人”。

回想当年，我走进岩头村时，这里的贫瘠和穷困，是没有到过岩头村的人们所无法想象的，这里的自然环境恶劣，山高坡陡，路烂泥泞，从村委会到各村组仅有一条崎岖的羊肠小道。运输全靠人背马驮，粮食生产基本是靠天吃饭，在这块贫瘠的土地上只能种苞谷、洋芋，有的地方仅能种荞麦，农民辛苦一年的人均纯收入不足 500 元，绝对贫困户 323 户 1327 人。老百姓没有稳定的收入来源，13 个村民小组有 9 个不通路，6 个不通电。绝大部分村民和人畜饮水都相当困难，当年的老百姓曾这样描述岩头：“山高坡陡路不通，全部收入靠打工”“滑竿抬猪十里外，梭山、拖麻赶街卖，刨去人工饲料费，收入不过百十块。”面对这些严峻的现实，我立下誓言：一定要竭尽全力帮助他们。我秉承“日日行，可行千万里；事事做，能做万千事”的信念，从提高自身素质，掌握村情民意，宣传政策法规，完善制度机制，夯实基础设施、调整产业结构、增加农民收入等方面，为所驻村的发展出谋献策，为老百姓办实事做好事。我走村串户，足迹踏遍了全镇各村的每一个角落，无论田间地头，还是群众家中，走访了享受政策扶助和优待的老党员、复退军人、五保户、低保户等群众563人次，调处矛盾纠纷37次，还利用晚上的时间分片到村民家中召开各种座谈会69次，沟通思想、传递信息，把党的惠民政策宣传到村，传达到户。让群众不等、不靠、奋发图强，积极参与到脱贫攻坚、建设美好家园工作中来。

在走访群众，体察民情时，我及时归纳整理了群众反映的各种问题，分析原因，提出对策建议，写出专题调研文章，完善发展规划，理清发展思路，确定重点发展产业，发动和组织群众实施。

驻村期间我拍摄新农村建设资料图片1000余幅，撰写民情日记381篇，论文、稿件26篇，其中《昭通渔洞水库水资源环境保护的思考与建议》分别被市级和省级刊物选登发表。

为提高当地党员群众的综合素质，我以先进实用的农业技术、务工技能等培训为主要内容，对村民进行了核桃栽培管理、蔬菜种植、马铃薯规范种植、生猪养殖等8期360人次的科技知识培训，不断提高挂钩帮扶村群众的科学种植、科学养殖能力。配合水磨镇党委、政府，紧紧围绕鲁甸县委、县政府“一片区、三产业，一村一品一示范”的部署，着力培育粮食、蔬菜、畜牧三大产业；实施“公司+基地+协会”的发展模式，积极发展订单农业，引导农民发展各类专业合作经济组织，培育农村经纪人，并深入各村组群众的田间地头，带领村民开展“7000亩优质核桃示范样板基地建设”“2000亩爱得53号加工型马铃薯双行起垄栽培技术的推广种植”“2000

亩葵花样板种植”“200 亩青花椒的引导示范种植”，着力培育特色支柱产业，加快产业发展步伐，增强农村经济发展基础，增加农民经济收入。对驻村“一事一议”的“人畜管饮工程”“桥、涵修建”“村组路面硬化”“农村环境卫生整治”等工程项目实施进行监督指导。

我通过驻村队员与派出单位联系协调，搭建平台，和镇领导一起，积极到挂钩帮扶单位座谈，促进挂钩帮扶工作，争取项目资金，推动帮扶村的社会经济全面发展。

为解决岩头村群众交通运输出行难问题，争取渔洞管理局投入资金 20 万元，改扩建放马坪至村委，村委至谢家梁子 3 个村民小组 9.5 公里的公路建设，受益群众 156 户 700 人。争取省计生委协调资金 140 万元，进行岩头村委会至大箐、纸厂、大坨 6 个村组 12.3 公里的公路建设，受益群众 6 个村组 215 户 1015 人。

积极协调争取渔洞水资源环境保护项目资金 123 万元进行水磨镇的垃圾场和水磨生态湿地建设，改善水磨集镇和中学周边的乡镇环境卫生状况，保护渔洞水库水资源。

从解决岩头村群众人畜饮水难入手，争取市县水利部门投入资金 30 万元，新建沼气池 100 口，新建水窖 240 口及对岩头寨管饮工程进行延伸，逐步解决岩头寨等 6 个村组 395 户 1553 人的人畜饮水工程项目，让全村告别饮水难的历史。

争取市、县扶贫办投入资金 75 万元，在营地村大梨树实施易地搬迁安置 23 户 100 人，争取资金 50 万元，实施黑鲁村移民后扶安置，改善了高寒山区群众的生产生活环境。

争取市、县财政资金 275 万元进行新集镇建设、乡村公路建设、人畜管饮工程建设、马铃薯扩繁种植项目。

声声真情，道出群众心声，继续留任，无怨无悔。2010 年春节刚过，群众得知我驻村工作即将结束时，数十名群众眼含泪花聚集在村委会为我道别，从他们依依不舍的目光中，我体会到了辛勤工作的价值所在。当老党员高兆林动情地说："崔指导，我们多想请你留下再帮我们干两年！3年来，我们了解了你做人的崇高品德和务求实际的工作作风，作为一名伤残转业军人的你，在我们这深山穷村里一干就是3年，非常不容易，你舍小家顾大家，给我们岩头村带来的发展是众人皆知，有目共睹的。尽管无情的病魔相继夺去了你可敬的父亲、可爱的兄长的生命，你承受了巨大的心灵痛苦，却将这些别人无法忍受的痛苦埋藏心底。仍然竭尽全力为我们早日脱贫致富而辛勤工作，没有你的支持帮助，就没有我们今天的发展变化。"老高知根知底、饱含深情的话语，使我感悟到了什么叫理解，什么叫真情，什么叫厚意。此时的我已和驻村的干部群众融为了一体，凝聚成一股建设社会主义新农村的力量，我为能成为一名脱贫攻坚的驻村扶贫工作队队员而感到自豪。

2012年，组织把我从水磨镇调到新街坪地营村，时逢鲁甸连续干旱，我协调争取上级部门资金270万元，购买饮水管，发动群众挖沟、埋管、建水池，解决了新街中学1300名师生和坪地营2100人的饮水困难。在带领群众抗旱施工中，我不顾工伤复发，面额、颈部、双上肢脱皮红肿的痛苦，仍和分管的局领导及同事们翻山越岭，寻找水源点，实测管道线，埋设引水管，累计往返数十公里，渴了就喝一口山泉水，饿了就烧一火洋芋吃，每当群众把山里人也用上了自来水的喜讯告诉给远方的亲人时，老百姓欢天喜地的情景，使我感到无比的欣慰和快乐。

我在走访谢家梁子村时得知，高兆林是一个退伍老兵，已70岁高龄，因其老伴常年生病，家庭生活相当困难，就购买了棉被、大衣、油、米等物品帮助他渡过难关，年迈的他一个立正，一个军礼，给了我最崇高的礼仪，诠释了对指导员的无限情怀。

2014年鲁甸"8.03地震"发生时，曾当过兵的我挺身而出，带领临时组织的救援队，冒着余震、滑坡、山上滚石的危险和突如其来的暴雨，徒步前行31公里，抵达龙头山光明村重灾区。成功救出伤员12人，转移群众517人，帮助灾民搬迁物资315件。危难时刻，作为一名共产党员，带领救援队忙碌在群众最需要的地方，成为支撑受灾群众信心的脊梁。

2015年9月受组织委派，我到昭阳区洒渔镇联合村担任第一书记，这是我扎根贫困农村扶贫的第8个年头。多年的基层扶贫工作，使我深刻认识到要使群众早日脱贫，加大基础设施建设、产业扶持是关键，但光是“输血”远远不够，还要激发他们的内生动力，“扶志”和“扶智”相结合，让他们既能自己“造血”，又能自己“长肉”。我这么想的，也是这么做的。我带领扶贫工作队队员和村“两委”进一步理清思路，全面摸清贫困户基本情况，准确掌握致贫原因，精准施策，精准发力。进村入户宣讲国家扶贫政策，引导贫困群众转变观念、学习技术、发展产业，增强脱贫致富的信心和决心，变“不敢富”“不能富”为“想富”“会富”“能富”，真正把脱贫攻坚的责任记在心上，扛在肩上，撸起袖子加油干，有效促进脱贫攻坚工作扎实开展，受到了干部群众的拥护与爱戴。

我在走访中了解到，洒渔镇联合村13村民小组建档立卡贫困户施忠明，家有5口人，15岁的女儿施绍美在洒渔中学上初二，患结缔组织结核、血小板减少疾病。因为给女儿治病，家里负债累累。我当即把身上仅有的500元现金给了施忠明，立即帮助他联系医院进行救治，并帮助他争取到了7000元重大疾病救助金。还动员施忠明的大儿子施绍云到江苏无锡打工，现在施绍云每个月务工收入在4000元左右。我对他家的关心帮助，施忠明非常感动，逢人就说：“没有崔书记对我们的关心和帮助，我家很难脱贫出列。”

13、14村民小组余家大冲，是联合村5个自然村中最偏远的一个，共有84户、308人，建档立卡贫困户就有77户、284人。长期以来，交通闭塞，土地贫瘠，种植结构单一，粮食生产靠天吃饭，广种薄收；文化程度低，劳动素质差，思想观念落后，就医就学困难。极度的贫穷和落后，让我感到深深的震撼，面对严峻的现实，我暗下决心：我一定要竭尽全力帮助他们！帮助他们打破瓶颈，发展致富。我把联合村的发展现状编写成专题报告，及时向渔洞水库管理局和其他相关单位反映，积极争取资金支持。

发动群众、修复保通进村公路，改善村民的交通出行条件；争取资金268万元新建排灌沟，解决5个村民小组的耕地和林木灌溉问题；配合镇党委整合项目资金实施易地扶贫搬迁84户308人，引导群众种植经济林果，积极协调争取各方力量，邀请专业技术人员为贫困劳动力作养蜂、养猪、种植经济林木等技术培训，鼓励贫困户发展生猪、土鸡、蜜蜂养殖，走出一条符合本村发展的特色产业之路；组织妇女开展农村环境综合整治进农家、关爱留守儿童、操家理务等各项活动；动员单位干部职工积极为扶贫点的孩子们捐款捐物，帮助孩子们能更好地上学。通过多举措，确保群众搬得出、稳得住、能致富。

2017年1月23日下午，中共中央政治局常委、国务院总理李克强沿着崎岖陡峭的山路，来到联合村余家大冲，看望13村民小组的贫困群众，与村民促膝交谈，问寒问暖，关心群众疾苦。作为驻村扶贫的第一书记，我感到无比自豪，扶贫工作队队员为群众脱贫所做的一切努力，再苦再累也值了。

2017年10月，我到彝良县两河镇田黄村任扶贫第一书记，在不到一个月的时间内，我跑遍了田黄村的31个村民小组，访贫问苦，了解民意，积极争取渔洞管理局的支持，改善村里的办公条件。对村里最偏远、最贫穷的村民小组的进村公路进行修复保通，人行桥安装防护栏，对村民小组的蓄水池进行维修、饮水管道进行改造，解决了群众的饮水困难。对村里的40余名贫困大学生、420名小学生进行教学帮扶。争取资金17万元，帮助270户1061名群众发展生态猪养殖。争取资金8万余元，帮助实施易地扶贫搬迁的81家贫困户每户购买1台彩色电视机，帮助贫困群众学习相关的农业科技知识助推脱贫攻坚。

从2007年至2019年3月，我扎根贫困山区干扶贫已有12年。12年初心不改，12年风雨征程，12年苦乐相融，12年永不后悔。12年的驻村扶贫，我把人生最美好的时光奉献给了贫困山区的群众，在脱贫攻坚一线展示了自己干实事的风采，用实实在在的工作业绩赢得了群众的认可。12

年来，面对我父母和兄长的离世、岳父岳母生活不能自理、妻子致患严重的“类风湿”疾病等种种变故，36 年党龄的我，舍小家、顾大家，奋战在脱贫攻坚一线，每年驻村都在 280 天以上，从没请过一天公休假。我事必躬亲，乡亲们发自内心地跟随，引领乡亲们一步步脱贫致富，建设美好家园。

秋来便有欣然处，新种莼丝已满塘。我扎根山区 12 年，固守了一个共产党员的精神家园，用坚定的理想信念践行了“忠诚、干净、担当”，用实际行动抒写了新时代驻村扶贫工作队队员的诗篇，连续 10 年获得省市县级表彰。

（作者系昭通市渔洞水库管理局工作人员）

# 驻村找水回忆录

刘汉忠

2019年3月18日，对于我来说是一个特别的日子，因为是我第一次参加脱贫攻坚工作的第一天。按照上级要求，18日早上单位领导亲自送我到挂钩扶贫点——彝良县角奎镇花溪村。昭通市到彝良县大概有55公里，彝良县到花溪村20来公里，开车全程大概需要3个多小时。

花溪村是一个深度贫困村，共有驻村工作人员3名，昭通市农业机械化技术推广站下派驻村工作队队员2名，宋万超（第一书记兼工作队队长），我本人刘汉忠（驻村队员），昭通市农业科学院增派1名驻村队员夏应飞；花溪村村“两委”干部7人，有14个村民小组，2019年建档立卡户有204户。我们的扶贫工作任务基本上就是如何让204户建档立卡户如期脱贫出列，这便是到村后知道的第一个扶贫信息。

驻村扶贫的日子远远没预想的那么好，刚到花溪村就停了7天的电，当时工作挺多挺忙，光是因为停电到镇上通宵加班就是两个晚上。当然，最主要的还是生活饮用水的问题，花溪村是一个严重缺水的村，因为没水，村民能长达10多天洗不上澡。村上饮用水也必须到附近有水的农户家里挑，用水条件是相当的艰难。俗话说水是生命之源，这一点都不假。当你面临没水的日子才能深刻地体会没有水的日子是真的难熬。靠天吃水是花溪村的常态（雨季有水，旱季则没水），我们没水可以克服，但老百姓不能没有水啊，这样是远远不能达到脱贫的标准的，花溪村 14 个村民小组就有 9 个是严重缺水的，分别是大坪、大寨、布嘎、卢家坡、查尔、竹林、堰沟、花溪、闸塘。这是一个可怕的问题，也是一个迫切需要解决的、重中之重的问题。随即我们驻村工作队、村“两委”召开会议，把农户安全饮水问题放在接下来扶贫工作的首要位置。

如何解决？向谁求助？这是首先要明确的问题，会议后，村上不断向角奎镇党委政府申报饮水工程项目，在 2019 年 5 月初申报项目终于审批下来。但是又面临一个更重要的问题，现在饮水工程项目是有了，但是水源却是一大难题，花溪村范围内根本找不到水源，有项目也没办法实施。花溪村村“三委”、驻村工作队为水源的事忙活了三天，还是没能找到合适的水源点。支书和书记说：“这样坐着讨论不出结果，咱们还是组织人力跳出本村范围去找水源，一天找不到就两天，总之咱们要尽量压缩时间，尽快找到足够 9 个村民小组饮用的水源。”于是，我们就将目标放在了隔壁的杉林村的大山里面，秘密地开展了寻找水源的工作。

杉林村土地辽阔，山多且大，最高海拔超过 2500 米，村委会距离花溪村不远，但是想要寻找到水源，必须向高海拔的大山里发起进攻，当时我心想，只要能找到水源，即便再远，环境再恶劣也无所谓，能帮助老百姓切实的解决饮水问题才是最好的结果。

我清晰地记得那是 2019 年 5 月 4 日，我早早地就起床了，因为我是寻找水源的成员之一。天蒙蒙雨，雾特别大，我们一行六人走进了杉林村的大山，年龄最小的 22 岁，最大的 65 岁，没带雨伞，也没有配备雨衣。我们开车到山脚下，花两百块钱请了当地的一个苗族同胞帮忙带路，因为他经常进山，比较熟悉地形。

就这样我们进山了，山里雾、水、汽特别大，可见度很低，下着小雨，我们一群人带着决心和信心在大山里面艰难地行走，找到了许多水源，考虑到挖沟埋管等条件不适合，最终还是放弃了。到了中午在山里找块石头休息一下，随便吃点干粮又接着寻找。突然大家都觉得身上特别疼，掀开衣服一看，腿上爬满了蚂蟥，有的都钻到肉里去了，看着就瘆人，拍掉身上的蚂蟥，大家接着寻找水源。快接近中午了，还没找到合适的水源，在苗族同胞的带领下，我们钻进了另一片山林，带路人手持弯刀在前面开路，我们跟着在后面艰难地前行，突然听见带路人大声吆喝，我顺便问一下怎么了，他说道“前面有野猪出没，吼两声将其惊走”，我走在队伍最后，突然就感觉后背凉飕飕的，心里害怕极了。幸好直到走上公路都没遇见什么野物，提着的心总算可以放下了。公路上能见度也低，大概就三五米的样子。顺着公路一直走，大概下午两点的样子，我们终于找到了一股水源，出水挺大，是股比较理想的水源。但又担心旱季出水量减小供应不上，我们又在附近找了一股小水源合并起来，这样我们锁定了水源。水源点海拔将近 2200 米。找到水源后我们顺着公路返回花溪村，到村已经快五点了，我们一行人全都是半身湿透，裤腿上、鞋子上沾满泥泞，大有一副耕田种地回来的老乡样子。

回来后当天晚上，驻村工作队、脱贫攻坚督导员、村“两委”召开了会议，会议表明现在水源点找到了，我们需要立刻将水源点加固好并打上花溪村的标记，以免被别人给占有。第二天早上，看上去是天气温度很高，早早地就有出太阳的预兆，我们早早地买好水泥砂石，带好工具就向水源点出发，将水源点做好蓄水池并用红油漆写上“花溪村”三个字，终于“占水为王”解决了水源的问题。考虑到村民小组海拔高低、水源水压高的问题，我们决定将主水池修建在大寨村民小组，海拔在 1600 米左右。随即，我们便召集村民小组长、部分村民从我村大寨村民小组出发，一步步踩点踩路线直至水源，一是摸清楚路线距离，便于管道安装预算，二是让村民知道埋管路线，以便于以后出故障方便检修。头顶烈日，我们总算完成了路线规划。水源点到主水池埋管距离大概在 9 公里，距离比较长、挖沟埋管难度大，这是我们走下来的结论，但是这已经是最好的路线了，再辛苦也要将沟挖通，把管埋好。整个 5 月，我们都在围绕挖沟开展工作。村干部、驻村工作队全程参与，带领老百姓挖沟。但凡是涉及饮水的 9 个村民小组每家都出劳动力参与，全户外出无法参与的按照工程投入收取一定的劳力费用。持续了一个多月，总算完成了挖沟埋管这项工作。同时，大寨组的 300

立方的主水池、9个社30立方的分水池同步进行修建。花溪村9个村民小组安全饮水工程建设稳步有序地向前推进，一直持续到10月底，水源至主水池、主水池至分水池管道全部安装完毕并且通水。水质水量都超过预期。花溪村饮水安全问题总算是得到了有效地解决。与此同时，我们又面临一个的问题，水源海拔高，输送管道到主水池水压大导致水管爆裂，造成停水。经开会后研究决定修建减压池、安装减压阀，最终解决了这个问题。

饮水问题得到了解决，同时也出现了一些问题，水管坏了谁去维修？维修的钱哪里来？村民浪费水该怎么去管理？饮水是长期性的，管理得当，以水养水才能保障村民的饮水安全。考虑到这些，驻村工作队、村“三委”经开会后决定，我村必须要制定一些方案，专人管理、收取一定的饮水费用用来支付管理人的工资以及购买配件来更换坏掉的。我们制定了花溪村饮水管理办法，并且分组到每个村民小组召集村民召开会议，宣传管理办法。凡是需要饮水的9个村民小组村民，每家免费安装水表、站杆和龙头，按照每季度的用水量来收取一定费用。目的一是避免村民浪费水，促进村民之间的相互监督；二来维修管理资金有来源，使饮水工程得到长期的保障。此饮水工程建设，完全解决了花溪村缺水问题，为花溪村脱贫攻坚取得胜利画上了浓墨重彩的一笔。

9月，我到花溪村驻村扶贫一年又半载了，回想起初到村上的感觉和现在比发生了翻天覆地的变化。一年半的扶贫工作有艰难困苦，更多的是付出艰辛后的充实、满足和快乐。在花溪村，我深刻体会到老百姓的善良淳朴、村干部的关心与帮助。投身于基层让我学到了很多、成长了很多。坚持实干精神，坚持“不忘初心、牢记使命”，坚持为人民服务，切实为老百姓解决困难为宗旨，坚定信念打赢脱贫攻坚这场硬仗，终于不负使命，为花溪村脱贫攻坚交上了一份高质量的答卷。

（作者系昭通市农业机械化技术推广站派驻彝良县角奎镇花溪村驻村工作队队员）

# 第五编　网络联世界

# 通信搭建致富路　网络催开幸福花

## ——昭通信息通信行业脱贫攻坚纪实

刘贵荣

自脱贫攻坚战打响以来，昭通市工信局在市委、市政府的坚强领导下，在市扶贫开发领导小组及办公室的指导下，全面贯彻落实西部大开发 “十三五”规划工作要求和《工信部关于推进网络扶贫的实施方案（2018—2020年）》《云南省脱贫攻坚规划（2016—2020年）》，结合部门职能职责，进一步聚焦深度贫困地区，更好发挥宽带网络优势助力精准脱贫攻坚战，圆满完成行业扶贫工作任务。

## 一、提高政治站位，强化组织领导，加强统筹协调

昭通市工业和信息化局在省工信厅和省通信管理局，以及昭通市委、市政府的领导下，按照昭通市打赢脱贫攻坚战的总体部署，成立了通信行业扶贫领导小组，制定网络扶贫工作方案，明确网络扶贫年度目标，加快贫困地区宽带网络建设，开展电信资费精准扶贫行动，全面深入推进网络扶贫、信息扶贫工作，为全市打赢脱贫攻坚战贡献行业力量。从2015年开始，每年审查营运企业的基站建设计划时，重点保障脱贫攻坚需要，建设

投资向贫困村倾斜。每月召集各通信运营商研究困难，及时推进行业扶贫工作。为认真做好通信行业扶贫工作，我局提前谋划部署，印发了《昭通市通信行业扶贫3年行动实施方案》，对行业扶贫工作起到了支持支撑和指导作用。为了确保电信普遍服务试点项目的落实，按照《昭通市人民政府办公室关于有序推进电信普遍服务试点项目建设工作的通知》的要求，我局主要领导亲自带领研究电信普遍服务试点项目申报和建设工作，分管领导具体负责，从相关科室抽调人员，组成专门工作组负责行业扶贫工作。建立与运营商沟通协调的联动机制，积极争取省通信管理局和省公司的支持，加大通信基础设施建设投入，在贫困村通有线宽带的基础上，大力提升了贫困行政村无线4G网络建设的投入，加快全市边远贫困山区通信基础设施建设的步伐，改善通信状况，提升网络覆盖。

## 二、盯紧目标，加强督促检查，狠抓责任落实

昭通沟壑纵横、山高谷深，不利于通信覆盖，通信建设施工难度较大，为了确保按时按量完成任务，我局根据《国务院扶贫办关于印发〈贫困县退出专项评估检查实施办法（试行）〉的通知》（国开办发〔2017〕56号）的要求，组织人员对全市贫困村有线宽带、无线4G覆盖情况进行全面排查，建立贫困村宽带网络覆盖实时监测，动态跟踪数据库，及时掌握宽带网络运行及覆盖情况。建立通信行业扶贫工作流程和制度，明确时间节点，明确任务分解，对行业扶贫任务进行了专门安排部署。每月由分管领导召集各通信企业研究、及时解决推进中存在的困难和问题，共组织召开推进会11次，专题培训会4次，通过培训进一步提高了认识和能力水平。要求县区要深入行政村跟踪了解情况，及时协调解决问题。我局分管领导带队多次深入贫困行政村和自然村实地督促检查项目建设情况。针对群众投诉的

问题，专门组织人员进行实地监测、实地检查并形成监测报告，通过研究分析以后协调安排解决。共开展专项检查 40 余次，通过检查指导，及时排除项目建设中遇到的问题，保证通信行业扶贫任务按时完成。通过各种措施办法，及时有效解决了建设推进中的困难和问题，为顺利完成目标任务打下良好的基础。

## 三、聚焦脱贫攻坚，统筹贫困地区通信基础设施建设

在信息化蓬勃发展的时代背景下，网络成为贫困地区摆脱贫困、实现富裕生活的重要方式，也是信息通信行业脱贫攻坚的主战场。各基础电信运营企业按照全市脱贫攻坚工作部署，大力推动农村地区网络建设，实现跨越式发展。2015 年以来，昭通移动、电信、联通和铁塔公司按照市委、市政府要求，积极争取上级公司的支持，加大贫困地区通信基础设施建设，共计投资 14.2 亿元，新建 4G 基站 1971 个，光缆 4.8 万公里，实现了所有行政村的光纤接入、具备 100M 以上宽带接入能力、4G 无线网络覆盖。全市 1235 个贫困行政村村委会及其所在地学校和卫生室通宽带率 100%，4G 无线网络覆盖率 100%。通过检查和测试，符合《国务院扶贫办关于印发〈贫困县退出专项评估检查实施办法（试行）〉的通知》（国开办发〔2017〕56 号）和《中共云南省委办公厅　云南省人民政府办公厅关于进一步完善贫困退出机制的通知》（云厅字〔2019〕31 号）的相关要求，全面完成考核目标任务。

## 四、电信普遍服务试点项目扎实推进

电信普遍服务是国家为进一步缩小数字鸿沟，加快网络强国建设，促进乡村振兴和贫困地区发展的试点项目，主要支持贫困行政村通宽带网络和4G无线网络覆盖。2016年和2019年在国家工信部和省通信管理局的大力支持下，分别实施电信普遍服务项目两期，总投资2.455亿元，其中工信部、财政部补助资金7375万元，营运企业投入17175万元。第一期是解决342个贫困行政村、学校、卫生室通固定宽带网络，第二期解决364个贫困村4G无线网络覆盖，推动固定宽带网络和4G移动宽带网络向偏远贫困地区覆盖和延伸。极大改善全市边远山区人口集聚区的无线网络覆盖盲区、弱区状况，增强发展后劲。

## 五、关注民生，及时解决群众投诉问题，提升群众对通信服务的满意度

深入开展侵害群众利益问题农村网络维护专项治理工作，解决农村通信网络正常使用，让更多农民群众“用得好”。通过专项治理，充实农村地区网络维护力量，提高故障修复速度，缩短修复时限，切实增强广大农村用户的获得感、幸福感和安全感。2015年以来，共收到社会各界和群众反映信号覆盖不好、宽带不稳定等问题123起，我局专门组织人员深入现场进行调查了解，对确实存在信号覆盖不好的，立即安排通信公司进行整改，对需要新增基站补点覆盖的，及时协调，调整基站建设计划，对已经列入计划建设的基站、传输线路，督促相关公司加快推进速度。通过与群众面对面的真诚沟通，切实为群众办实事，群众对通信的服务比较满意，对通

信建设都表示理解和支持。

## 六、推进“提速降费”和“信息化应用推广”，促进农村享受城市同等信息服务

信息通信作为乡村振兴的重要支撑，如何满足乡村居民“用得起、用得好”信息化的需求，通信行业进行了积极探索。贯彻落实国家“提速降费”和省通信管理局与省扶贫办《关于持续开展网络精准扶贫工作的通知》要求，基础电信企业在现有在售套餐基础上，对建档立卡贫困户及扶贫干部实行至少 5 折优惠的基础上，电信、移动、联通积极制定和推广扶贫专属套餐，开展宽带打折促销等业务，有效降低了贫困人群的电信资费。三家通信公司都统一推出扶贫资费优惠政策 8 项，面向建档立卡贫困村群众定制专属扶贫套餐，赠送额外流量和通话时长，针对政府指定扶贫人口推出专属流量包、宽带打折等优惠政策；以及免费赠送手机、光猫、机顶盒等终端设备，为农村群众尤其是贫困群众用得起互联网提供有效保障。让贫困群众用得放心、用得安心。

## 七、利用技术测试方法，确保检查结果科学可靠

有线宽带网络以往都是由用户感知效果来认定，速率是否达到要求凭感觉，不客观，也不真实。无线覆盖凭用户的感知，既不科学，也不能反映客观真实的覆盖效果，无法准确得出结论。为了更加准确判断网络覆盖效果，全面掌握农村，特别是山区无线网络覆盖的情况，我局安排无线电监

测中心组织技术人员，首创了用频谱监测，电磁环境测试的方法，深入行政村开展测试。采用这种方法测到的数据真实可靠，能够客观反映网络覆盖的情况。从测试结果看，全市行政村4G网络覆盖，达到考核验收标准。通过测试，也发现全市的广大山区农村，通信信号普遍覆盖较好，无线电的运用有很大的发展空间。

## 八、扶贫路上绽放与陨落的青春与生命

和所有单位一样，移动、电信、联通和铁塔也承担了挂钩帮扶的任务，也派驻人员到村扶贫。全市通信行业共派人员5000余人，有的驻村，有的奋战在基站建设，铺设网络，抗灾抢险第一线。在扶贫路上，都留下了一个个鲜活的生命的足迹，一段段催人泪下的故事。

2017年10月10日，大关县寿山镇中坪村六坪基站开通，一位通信老员工写下告慰战友邓鑫荣的诗句。

**江城子·祭战友**

一年生死两茫茫，常思念，自难忘。
关阳孤坟，无处话凄凉。
脱贫攻坚英年逝，尘满面，泪盈眶。

欣闻六坪基站通，告鑫荣，心放空。
壮志未酬，惟有泪千行。
留得年年断肠处，翠屏山，五车书。

这一天，寿山镇中坪村六坪村民小组的手机用户们，第一次接到了移动信号。从这一天开始，当地居民从“打个电话要翻山越岭找信号”跨越到了4G高速网络的时代。然而，为了这一天的到来，移动人不仅付出了坚苦卓绝的努力，更付出了宝贵的生命。

通信不便，成为制约大关经济发展、脱贫的致富的一大“顽症”。为解决这一问题，2016年2月，寿山镇元坪村支部书记宋廷松等代表们在大关县第十五届人民代表大会第四次会议中提出《解决寿山镇高寒山区新建基站》的提案。为了移动信号深度覆盖更多贫困地区，通过通信基础设施逐步填平贫困地区信息化鸿沟，大关县政府于2016年3月底将该提案交予大关移动具体落实。

大关移动于4月11日、18日、25日三次召开会议就寿山镇新建基站工作做研究和部署，并于5月3日完成元坪村境内基站勘察，5月5日，员工邓鑫荣、解虹，驾驶员李昊与中坪村副主任罗昌健一起到中坪村六坪村民小组勘察选址。

途中不幸车辆翻下80余米高坡地，邓鑫荣、李昊因公殉职，解虹及罗昌健身受重伤，车辆严重损毁。

事故发生后，同事们忍住悲痛，仍没有忘记对当地老百姓的承诺，不畏艰险继续上山下乡，为了完成信息化脱贫攻坚的任务，继续六坪村基站建设，于2017年9月圆满完成基站建设。

## 绽放在群众心中的美丽莲花

清凌凌的水，蓝莹莹的天，淳朴的民风，干净平坦的水泥路面，欣欣向荣的产业……曾经边远、高寒、贫穷的凉山村，如今大变样。截至2020年7月，凉山村全村贫困户172户792人全部脱贫，贫困发生率从71%下降到0.86%。郭莲——这位云南昭通联通下派驻村扶贫的女干部，用自己的实际行动，贯彻精准扶贫政策，强化帮扶措施，帮助凉山村翻开了崭新的篇章。

2019年12月，郭莲被昭通联通选派到云南省昭通市昭阳区田坝乡凉山村担任第一书记、驻村工作队队长，投身脱贫攻坚。

来自农村的郭莲，对农村和农民始终有一种难以割舍的情愫。刚到凉山村时正值冬季，气温基本在零下，她顾不上寒冷，第一时间带领队员们对172户贫困户开展大排查大走访，对照清单，一项一项核实调查，梳理脱贫攻坚工作存在的短板。郭莲暗下决心：一定要接好棒，做好加力赛，绝不虚晃，绝不走形式，要用实际行动为村民们做点实事，带领他们走出困境。

郭莲和队员们用一个月的时间走遍全村，熟悉村情民情，融入扶贫工作，抓实抓细劳动力转移、易地搬迁、人居环境提升等工作，确保按照时间节点完成脱贫攻坚任务。

火车跑得快，全靠车头带。经过广泛调查研究，郭莲认为，要进一步改变凉山村贫困落后的面貌，必须建强党支部，筑牢堡垒，凝聚人心，进一步将村党支部在脱贫攻坚工作中的战斗堡垒作用和党员的先锋模范作用发挥出来。

为了更好地服务群众，郭莲按照“双统领”“双推进”的要求，认真落实“基层党建创新提质年”的具体安排部署，把抓基层党建作为脱贫工作的关键，提升村党支部引领发展的能力。通过完善各项规章制度、细化工作措施和强化党组织活动，郭莲加强了村“两委”、村务监督委员会及党员队伍等建设，实行村“两委”成员轮流坐班制度，确保群众办事找得到人、办得成事。同时，她还加强党员技能培训，力争把党员培养成致富带头人，用带领的威信和奉献精神带领群众脱贫致富。

这样一来，党支部在脱贫攻坚工作中的战斗堡垒作用和党员的先锋模范带头作用被充分发挥出来，有效提高了党员干部群众的认识，激发了内生动力。慢慢地，村里的陋习逐渐减少，咨询好政策、琢磨好路子的现象逐渐增多了。

“村里的党员都戴上党徽了，一眼就能认出来，可以随时找他们办事。”凉山村的老百姓跷起大拇指赞叹地说。

凉山村地处昭阳区西凉山之巅，海拔2600米，气候恶劣，土地贫瘠，部分村民墨守成规、安于现状，既没有思路，也没有干劲，更没有战斗力。

要脱贫致富，观念转变是前提。郭莲感到，凉山村思想观念上的落后，是导致贫困的重要原因，扶贫要先扶智，治贫要先治愚。

“安置点在昭通城，在城市条件好，能打工赚钱养家糊口，为什么不搬呢？”“年轻人有劳动力，不要老是待在家里，要出去闯闯”“贫困不可怕，就怕坐吃山空、等靠要”……

找准了思想根源，郭莲和村干部们一起走家串户，开院坝会、搞夜访，了解村民的想法，记录村民的问题，宣传党和政府的强农惠农政策，宣讲文明新风，传播勤劳致富新思想、新理念，树立脱贫光荣导向，激发贫困群众发展的内生动力。

郭莲还带领工作队队员、村“两委”干部、挂包人员到异地搬迁安置点，给凉山村搬迁户送碗柜表真情，帮助他们理顺锅、碗、瓢、盆等生活用具，打扫室内室外卫生，改善居住环境，引导他们改变生活习惯。郭莲从水、电、路、住房、教育、医疗等方面进行对比，让群众切身体会到村里取得的脱贫攻坚成效，让群众提振精气神，开拓思想认识，更加坚定脱贫致富的信心。

在凉山村，只要看到郭莲，群众就会感觉心里踏实，总是围在她周围问长问短。“能得到群众的认可，感觉真好！”郭莲感慨万千。脱贫工作中的酸甜苦辣让她悟出了一个道理：要实现脱贫，没有捷径可以走，只有真心实意为群众办实事、解难事，才能赢得群众的信任。

面对群众反映的出行不方便、路难走问题，郭莲带领驻村队员、村干部，以通村组道路、入户道路为重点，在做好前期调研、测量的基础上，向昭通联通公司领导汇报，争取资金35万元，完成小凉山、安家屋基、大山片区串户路硬化；争取工程承包专项资金20万元，对抬梢坝5公里串户路、1520平方米院坝进行硬化；以群众投工、政府出材料的方式，新建排水沟327米；争取资金对辖区内危险路段实施防护工程，消除道路安全隐患，保障群众出行安全。

为抓产业发展，稳收入促脱贫。郭莲带领驻村队员、村干部一起积极汇报协调，在田坝乡党委政府的领导下，争取资金92万元，在凉山村种植马铃薯920亩，覆盖164户732人。郭莲还根据农户产业贷款需求，协调争取政策支持，为贫困户提供产业贷款，并采取“龙头公司＋村集体公司＋专业合作社＋贫困户”模式，促使16户贫困户入股村集体公司，实现资产收益分红。

郭莲带领驻村队员、村干部一起组织开展房屋信息采集、等级认定、危房排查等，做好危房“清零”工作，完成农危改99户；提升人居环境，修建垃圾池3个，切实解决农村垃圾乱扔乱放的问题；帮助18户农户享受生态扶贫政策，公益林补偿资金1.64万元；修建小组活动场所2个，并安装了广播，争取145台电视机，解决贫困家庭无电视问题，丰富群众的文化生活。如今，凉山村在教育扶贫、健康扶贫、残疾人救助等方面实现了全覆盖。

一朝驻村情，一生西凉人。2020年春节，新冠肺炎疫情来势汹汹，这无疑给郭莲在凉山村的脱贫帮扶工作造成很大的影响。

疫情就是命令，防控就是责任。按照田坝乡党委政府的安排，郭莲和村“两委”工作人员、驻村工作队队员在田坝乡包村领导带领下，成立党员先锋队，顶风冒雪，分片入户对262户1161人进行排查、分类登记；对18户36人进行居家观察、监督、管控；在新营盘、安家屋基、抬梢坝、大山4个入村关键路口设立卡点，对过往车辆、人员进行排查劝返；稳定村内人员，劝导96户易迁户在易迁点居住不外出；倡导文明新风，实行“红事缓办、白事简办”。

阳春三月，春暖花开，生机盎然。贫困的西凉山区，战“疫”又战贫成了当务之急。面对新冠肺炎疫情给脱贫攻坚带来的挑战，郭莲带领村“两委”、其他帮扶单位的50名党员，自觉提高政治站位，落实“责任区”网格管控责任，依托党员设岗定责和党员帮带制度，一手抓疫情防控，一手抓扶贫产业，对全村劳动力以户以人为单位进行清查、登记，录入国家扶贫开发系统，上门开展外出务工宣传，为劳动力提供就业信息，帮助村民开具居家观察证明，联系昭阳区政府统一组织的免费专车，引导441名劳动力外出务工，确保贫困户收入不受疫情影响而返贫。

如今，凉山村的变化越来越大，村里的景象日新月异。郭莲用自己的实际行动为凉山村做实事，改变贫困面貌，帮助群众脱贫过上幸福生活，彰显了一名共产党员的初心使命，展现了一名第一书记、驻村扶贫工作队队长的政治本色和靓丽风采。

（作者时任昭通市工信局无线电监测中心主任）

# 架起连心桥　汇聚正能量

## ——昭通市广播电视局脱贫攻坚工作侧记

王　斌

2020年1月19日，临近春节的大关县悦乐镇新寨村已经有了浓浓的年味，我的挂钩扶贫户曾发荣家的电视上正播报着习近平总书记到云南视察的新闻，隔壁老郭忙跑过来摆龙门阵："广播里说习主席到云南来了，你晓得不？""电视里在放哒，"老曾说着转向我，"我们搬到安置点了，也和腾冲这些一样安逸。你说是不是嘛？王局。"老曾的话让我思绪万千。

时针拨回到5年前，那时我挂钩联系彝良县龙海乡石笋村。石笋是乌蒙山区贫困面貌的缩影，"青瓦凹地土坯墙，苞谷洋芋挂房梁"是大部分农村群众家中的真实写照，没有安全住房，没有支柱产业，一穷二白的家庭常常连电视都买不起，有电视、收音机的收听收看信号也时常不稳定。2015年1月，习近平总书记来到昭通作出重要指示，"要坚决打好扶贫开发攻坚战，加快民族地区经济社会发展"，为昭通脱贫攻坚工作定下了目标和纲领。脱贫攻坚的号角吹响，市委、市政府向各行业部门下了"死命令"，全市上下一盘棋、一股绳、一条心，不打赢脱贫攻坚战决不收兵！作为全市公共文化服务的重要基础，广播电视工作者迅速行动起来，以解决贫困地区群众听广播难、看电视难、看电影难、看书难为着力点，结合昭通市贫困地区发展现状，开展广播电视村村通、户户通后续工程建设行动，开展广播影视基础设施建设行动，开展广播影视服务体系建设行动，开展文化惠民利民工程建设行动，开展新闻宣传全面提升行动，开展挂钩点乌蒙扶贫先锋行动。,5 年来，广播电视行业虽一直在撤撤并并、分分合合中走来，但面对这些变化和不确定，全行业干部职工以不变应万变，保持定力、恪守初心，担当尽职、奋进前行，一座座发射台站在群山之巅拔地而起，广播电视覆盖率节节攀升；一个个农家书屋画出农村阅读“一公里半径”，“泥腿子”终于有了书生模样；一批批脱贫攻坚广播电视作品应运而生，王文贵、王秋婷、吴长碧等先锋楷模让昭通儿女热泪盈眶……跋涉千山万水，走进千家万户，穷尽千言万语，吃尽千辛万苦，无数个风雨无阻的日子，广电人用行动向 600 万昭通父老交上了广电答卷，向千家万户传递了脱贫攻坚的铿锵之声。

看似寻常最奇崛。广电行业扶贫的任务是保障贫困村广播电视信号覆盖率达到 99% 以上，而完成这一目标的过程是充满艰辛的。镇雄县乌峰山广播电视发射台承担着向 150 万镇雄人民转播广播电视信号的发射任务。2016 年年初，镇雄县广电局向市局递交了停止转播广播电视节目的请示。安全播出是广电的生命线，我立即带队到镇雄县调研。镇雄的凛冬，冰天雪地。我与几名同志在笔直陡峭的山路上爬行了两个多小时，一同调研的陈元奎同志因为连日来都在几个县的高山台站奔波，眼前发黑、脚底一滑，险些没站稳。我安慰道：“老陈，高山台站情况都差不多，你在原地多休息一会儿，我带几个年轻同志上去看看就可以了。”“不行，局长，不同台站也有实际情况的差异，我能坚持。”拗不过老陈，我们继续出发。到了台站一看，原来，因地质不稳定山体崩塌，让这座坐落在海拔 2100 米的高山台站岌岌可危，发射铁塔发生倾斜，随时都有倾倒的可能。发射机房开裂严重，发射台围墙倒塌，发射机受损。但即使在这么危险的情况下，发射台的值机人员仍 24 小时坚守在岗位上保障信号传输，克服着高山发射台海拔高、饮水缺、交通差、雨雪大、辐射强、睡眠难等恶劣自然环境和现实困难，一路山高风雨无阻，坚韧地履行着广播电视节目安全播出的神圣使命。调研后，一个建设“美丽广播电视发射台”的行动迅速展开。我们一边将安播设备转移到安全区域保障播出，一边会同专业技术人员对新发射台站进行选址规划。如今，经过“十三五”广播电视基础设施建设项目的实施后，我们在全市已经建成像镇雄乌峰山这样的高山骨干发射台站12座，建成中央广播电视节目无线数字发射台站22座，在全省率先建成本地广播电视无线数字全覆盖网络，广播电视综合覆盖率达到99%以上，本地广播电视覆盖率从40%提升到95%以上。

做好广电基础建设，是我们部门打赢脱贫攻坚战的第一步。如何讲好脱贫攻坚故事，做好群众的“扶志扶智”工作，则是我们宣传工作的重点。这5年，我们始终坚持将习近平总书记扶贫情怀、党的领导政治优势和中国特色社会主义制度优势在打赢打好脱贫攻坚进程中的作用、脱贫攻坚取得的决定性进展和成果、中央和省委、省政府及市委、市政府关于打好精准脱贫攻坚战的一系列新部署新要求、脱贫攻坚涌现的鲜活经验和先进典型宣传出去，切实提升脱贫攻坚新闻舆论的积极引导力。对此，我们指导电台、电视台开播《脱贫攻坚·记者走基层·精品上版面》《攻坚时刻》等栏目10余个，制作、播出脱贫攻坚类新闻4余万条次，制作《脱贫攻坚》《中国马铃薯大会》《环境保护》等专题片7部，摄制反映全市脱贫攻坚以来城市、农村、交通、经济、文化发展变化的纪录片7部，播放脱贫攻坚公益广告近万余条次，开展《扶贫故事》直播近200期，典型故事印成的《脱贫攻坚·昭通在行动》宣传册，被郭市长带入全国人民代表大会。

“富脑袋”和“富口袋”同样重要，做好群众“感党恩、听党话、跟党走”的宣传教育是一场帮助贫困户精神脱贫的宣传战役。我们首先从局里挂钩帮扶的大关县悦乐镇新寨村入手，坚持以知扶贫政策、知脱贫变化、知文明新风的“三知”，与贫困户同吃、同劳动、同学习的“三同”以及营造氛围颂党恩、广泛宣讲颂党恩、讴歌扶贫颂党恩“三颂”为宣传的主要内容，教育引导群众牢记总书记嘱托、感恩党中央关怀，理顺群众心气，实现贫困群众对扶贫工作从思想认同、工作认同到情感认同。一是与挂钩联系村党总支部联合开展“守初心、担使命、促攻坚”主题学习活动、“不忘初心、牢记使命”主题教育活动，结合挂钩村发展实际开展集中学习研讨，把思想统一到中央、省、市脱贫攻坚部署上来，首先激发干部们的工作动力。二是让驻村工作队的队员们利用村里闲置的大喇叭开办起了“小喇叭大民生”广播台，通过转播中央、省市的广播节目向村民们宣传党的政策。这一先进经验如今结合起我们在全市范围内布点建设的应急广播，已经可以实现广播覆盖到村组。此外，我们在广电系统内开展了“六进基层”活动，与结对群众开展党建共创、文体活动、科普知识、家电服务、政务咨询、产品帮销活动，顺利开展的“庆祝首届农民丰收节”、庆祝新中国成立九十周年等系列活动，不仅得到了上级领导的肯定，更收获了群众满满的好评。

为了把定点扶贫的“责任田”打造成广播电视行业精准扶贫的“示范田”，我们拿出真金白银，派出精兵强将，认真落实帮扶责任，不断完善帮扶举措，及时总结经验，在脱贫攻坚一线锤炼干部作风，选树先进典型。5年来，我们先后向基层派出督导员、驻村队员 13 人次，全局广大党员干部在脱贫攻坚主战场践行初心使命、展现担当作为。熊琴同志刚到广电局工作不久，便主动向组织递交了到一线督战的请战书，一个年近半百的女同志风里来、雨里去，督战村从大关到镇雄，每次回局里汇报工作说得最多的却是村里的乡亲，没向组织叫过一声苦；石增强同志是两个年幼孩子的父亲，妻子是毕业班的班主任。为了不给脱贫攻坚拖后腿，他干脆在村里租了间房把 3 岁的小儿子带在身边，从“驻村”变成了“住村”；陈元奎同志在基层工作了大半辈子，不缺基层经验，督战的盐津大田村、巧家大富村都是条件很艰苦的地方，有次去看他，他正下队回村，两条裤腿挽得老高，解放鞋上满脚泥，哪有人们刻板印象中处级干部的样子；潘若婵同志是我们派出的年纪最小、学历最高的“第一书记”，刚到基层我们都担心这个小同志挑不起担子，现在看来，两年多的脱贫攻坚历练，这棵“小苗”能扎根、有韧性，顾大局、有担当，分娩前一天还在走村入户，不愧是昭通最美扶贫干部。我想，他们是市广电局全体党员干部投身一线的缩影，更是千千万万个昭通扶贫干部的缩影。一个个“平凡”的他们在实践“133”工作思路、走实群众路线中锤炼了为民务实、实干求真的“昭通作风”，在闯关夺隘、攻城拔寨中淬炼形成了敢打善拼、坚韧求成、再硬的骨头也要嚼碎的脱贫攻坚“昭通精神”，在抢抓机遇、大干快上中跑出了“昭通速度”。

看得见、学得来的榜样最有说服力，也最富感染力。通过在广电系统内选树的扶贫先锋们上脱贫攻坚故事党课，全体干部职工都备受鼓舞，在挂钩扶贫的工作中也更能掌握基层工作经验，只有真真正正和老百姓坐在一条板凳上、讲一家人的话，才能干群同心战脱贫。于是，局党组决定在挂钩扶贫点租用群众闲置房建立“昭通市广播电视局扶贫工作站”，每月由局党组成员带队带领结对帮扶责任人驻站帮扶，白天农忙就帮着群众一起干，晚上闲下来再推心置腹话脱贫。在扶贫工作站住久了，在村里结下的“亲戚”对我们的信任也更多了，家里有个大事小情也想着找我们商量商量。2018 年 12 月 13 日凌晨 1 点左右，已入睡的赵庆泽同志被挂钩帮扶户胡超彪的微信吵醒，胡朝彪在朋友的介绍下到河南进厂务工，到了后，胡朝彪发现气氛不对，到哪儿都有人跟着，甚至连打电话都有人盯着，这不像普通的厂，更像电视里说的传销。但胡朝彪也不敢肯定，毕竟没有这方面的经验，老家的父母又用老人机，且也没这么多见识。思前想后，胡朝彪趁睡觉的时候悄悄发微信给挂钩帮扶人赵庆泽同志，赵庆泽立即就告诉他“这很有可能就是传销组织，要尽早脱离，并向公安机关报案处理，如果被盯着无法报警或者难以脱离，那我报警请求援助你”，胡朝彪与赵庆泽多次沟通后，终于制定了脱离方案。两天后，胡朝彪凭借自己的机智勇敢在赵庆泽同志的出谋划策下，终于脱离传销组织，并向公安部门报案处理。

筚路蓝缕，代代艰辛；初心不改，薪火相继。站在“两个一百年”奋斗目标的历史交汇点上，我们即将迎来消除绝对贫困问题的历史时刻，开启乡村振兴和高质量发展新征程。我们将始终紧密团结在以习近平同志为核心的党中央周围，“不忘初心、牢记使命”，增强“四个意识”，坚定“四个自信”，做到“两个维护”，以永不懈怠的精神状态和改革开放再出发的奋斗姿态，贯彻落实好市委、市政府的要求，继续推动全市广播电视工作不断强起来，为我市高质量跨越式发展作出新贡献。

（作者时任昭通市广播电视局党组书记、局长）

# 情系客户保通信

## ——中国移动昭通分公司脱贫攻坚网络通信保障纪实

杨文斌　张亚梅　闻春红　曾　鸣

2015 年以来，中国移动昭通分公司认真贯彻落实省、市、县关于脱贫攻坚的安排部署，以高度的政治责任感和使命感，履职尽责、砥砺奋进，积极承担央企社会责任。在脱贫攻坚工作中，为确保全市贫困村民能随时免费 WiFi、手机通话、上网等精准移动通信服务，移动昭通分公司始终坚持以客户为中心，以服务为根本，急客户之所急，帮客户所需；他们采取多种方式包括发挥行业特色优势、以打造农村信息化建设为抓手、以优化 2G、4G 网络覆盖、新建移动通信基站、光宽带等，在昭通十县一区范围内建设了一条条信息高速公路；他们搭建了全市物联网 + 互联网的无线监控体系，既满足了全市网络服务保障的要求，又为业务拓展奠定了有利基础；他们依托系统支撑和管理集约，建立了高效、透明、阳光的互联网管理模式，实现了高效运营和精细化管理；他们持续开展电力、塔房、动力配套等隐患整治，为全市网络健康运营奠定了坚实基础，为助力全市脱贫攻坚提供了强有力的移动通信保障。

# 基站建设成绩斐然

几年来、昭通移动以“发展才是硬道理”为指导、以增强网络实力为龙头，以优化设备维护为基础，以提高通信质量为目的，在脱贫攻坚的基站、光缆建设中，始终保持网络覆盖广、通话质量高的业务技术领先优势，广大干部员工抓住机遇、不等不靠，克服种种困难，从“十三五”开始，昭通移动共计投资 35 亿元，新建基站 12000 余个，已于 2017 年完成全市所有行政村的 4G 网络覆盖。

截至 2020 年 10 月，昭通移动在全市范围内开通了 2G 基站 4225 个、4G 基站数量达到 12736 个、5G 基站数量达到 437 个。目前已完成城区及县城 4G 高容量、深覆盖的建设需求，新建设传输光缆 40 皮长公里，全市 4G 网络行政村覆盖率 100%，自然村 4G 网络覆盖率达到 88%，为昭通十县一区的挂钩扶贫提供了强有力的移动通信服务保障，多次受到市委、市政府领导的充分肯定。

从 2015 年开展脱贫攻坚战移动通信建设以来，昭通移动在全市各贫困区域内共投资约 40 亿元，完成脱贫攻坚 2G 基站建设 613 个、4G 基站建设 9213 个，新增传输 9568 公里，行政村覆盖率达到 100%，自然村覆盖率达到 88%。完成了全市所有脱贫出列村的村公所区域的 4G 网络覆盖，为昭通市 90 余万贫困人口带来了通信便利。

昭通移动拟将在 2021 年期间，为全市贫困农村区域再新增 4G 基站 1000 余个，进一步增加昭通市自然村 4G 网络覆盖率，争取在 2021 年年底，昭通各自然村移动网络覆盖率达到 95%。

## 宽带建设迅猛发展

在脱贫攻坚工作中，昭通移动在努力为客户提供高品质网络服务的同时，高度重视宽带网络建设发展，通信网络产品的质量、服务水平不断提高，资费标准持续下降。

截至今年10月，昭通移动在宽带扶贫项目上累计投入建设资金4.158亿元、成功建设宽带接入端口一共76.97万个，覆盖了全市100%行政村，其中自然村光纤宽带网络覆盖率达到71%，可为144.99万户人家提供宽带接入服务。确保了全市11个区县，146个乡镇、1336个行政村社区宽带网络全覆盖，扎实推进了网络扶贫工作。另外，昭通移动围绕客户满意度提升，多项措施并举，努力提高全市移动用户无线网及宽带的使用感知，从退服管理、投诉管理、高负荷整治、协同优化、网络挑刺、用户安抚及网络优势宣传六步提升客户4G网络感知，并组织开展装维和驻地网人员培训和技能比武大赛，提升响应及时性和装维服务技能方面，提升家宽服务水平。

## 易地搬迁安置区通信建设助力脱贫攻坚

易地扶贫搬迁是解决“一方水土养不好一方人”、实现贫困群众跨越式发展的根本途径，也是打赢脱贫攻坚战的重要途径。为了让搬迁住进新房的群众能够使用移动通信，2019年以来，昭通移动克服工期紧、任务重、材料短缺等重重困难，多方协调人力、物力，加强安置区配套公共服务设施基础网络建设，助推脱贫攻坚工作的快速向前发展。

今年1月至3月，昭通移动分公司发挥行业优势，为卯家湾安置区搬迁户提供精准通信服务，每天组织设计，监理，及湖南通建、铁通公司等施工单位40多人披星戴月地施工，为1000多户来自巧家，永善、彝良、鲁甸的搬迁户开通了及免费Wi-Fi、手机通话、上网等精准移动通信服务。

鲁甸卯家湾安置区是昭通第二大的扶贫攻坚搬迁安置点，6个地段建设区域全部完工后共有8000多户安置户入住，由于安置区内各项施工和部分安置户先后陆续入住同步进行，各级政府部门限时完成通信畅通的要求与移动通信施工面临诸多棘手困难的矛盾日益突出。面对重重困难，昭通移动牵头鲁甸县分公司，讲政治、顾大局、勇于承担社会责任。按市分公司的部署，鲁甸分公司李绍玲总经理、童卫书、刘小伟副总经理经常前往安置区内协调沟通，检查指导；网络总监肖勇贤、全业务网络技术支撑姜南乾，每天沉在施工现场率队苦干。渴了，喝几口矿泉水。饿了，泡盒方便面。节假日也很少休息，每天加班成了家常便饭。大家不忘初心、任劳任怨，披披星戴月地日益奋战在施工一线。在管道施工尚未完成的情况下，为了确保部分先入住的安置户能使用家宽带看电视，用手机上网，施工人员在四个地段多处18层楼高的房顶上采用“飞线”方式临时架通光纤。

截至2020年3月25日，市县移动分公司带领网络建设团队，以高质量、快节奏的建设效率，攻克了一个个施工项目难关，共投入人员2600多人（次），出动车辆900多辆（次），先后已为卯家湾安置区提供了1000多个宽带安装端口，开通了1个灯杆基站、6个拉远基站，确保了脱贫攻坚中通信设施的配套建设工作顺利完成。并根据实际入住情况为300多户入住的安置户开通了家庭宽带、手机上网及通话等移动通信服务。使异地迁入鲁甸卯家湾安置区的贫困群众在入住新房之后，即可正常使用手机通话及宽带等移动通信服务与家人朋友正常联系。

2019年以来，昭通移动面向建档立卡贫困户和驻村扶贫干部陆续推出了系列扶贫资费优惠活动，如惠农网全村电话免费打、平安乡村监控免费领或信用半价购、免费赠送流量和语音、个人套餐五折享等优惠活动。

截至2020年10月，昭通移动在靖安、卯家湾、发界、红光等20个安置区，共投资7783.9万元，建设站点108个，并已在12个安置内新建了室内分布系统，完成了安置区内的信号100%覆盖。解决了14余万贫困人口的通信问题。为易地搬迁户开通了宽带及免费WiFi，手机通话及上网等精准移动通信服务。

## 在脱贫攻坚网络建设中从严把好安全关

多年来，昭通分公司在脱贫攻坚网络建设中，坚持“安全第一、预防为主”的方针，认真贯彻落实安全生产责任制，逢会必讲安全生产，切实做到警钟长鸣。并要求每个员工都应以“不发生安事故就是最大的经济效率”为指导思想，切实把安全生产列入脱贫攻坚网络建设工作中的重要议事日程。

在脱贫攻坚网络建设中，昭通移动分公司加强与各施工单位合作，并由市分公司综合部牵头，采取不定期的方式对三家合作维护公司进行安全生产的明查暗访。联合组成安全生产工作检查组到各施工现场开展安全检查。抽调人员按季度全面排查在建工程项目。仅2020年11月以来，就在例行安全生产工作中检查出安全隐患63条；下发了《维护安全隐患整改通知书》35份、整改完成隐患63条，安全隐患整改达到100%。

常态化地履行安全生产工作职责。进一步加强对全体干部、员工进行安全生产教育，提升全员安全综合素质和安全自律意识，营造了良好的“安全生产”活动氛围。并按市分公司的相关要求，加强对安全生产工作中存在的不足之处认真梳理、剖析原因、查明源头，及时进行整改。强化风险防范措施，促进安全生产工作再上新台阶，从而确保了几年来在脱贫攻坚网络建设中人员、设备、车辆、机房的安全。

（作者杨文斌系中国移动公司副总经理，张亚梅系中国移动公司综合部主管，闻春红、曾鸣系中国移动公司工作人员）

# 脱贫攻坚谱新篇

## ——中国移动昭通分公司挂钩扶贫纪实

杨文斌　张亚梅　闻春红　曾　鸣　虎春艳

2015 年以来，中国移动昭通分公司坚持以习近平新时代中国特色社会主义思想为指导，提高政治站位、增强大局意识，秉承“践行党的宗旨、履行央企责任、融入云南战略、服务跨越发展”的理念，围绕 2020 年全面建成小康社会的总体目标，结合扶贫点的实际，充分发挥移动通信优势和网络客户规模优势精准帮扶，扎实推进“输血式”扶贫向“造血式”扶贫观念转变，5 年来共帮助 3206 户贫困户脱贫出列、较好地完成了奉命帮扶巧家县背风村和镇雄县亨地村的挂钩扶贫任务。

### 不辱使命抓扶贫

几年来，中国移动昭通分公司切实把脱贫攻坚列入公司党委的重要议事日程，与单位的各项重点生产经营工作同抓共管。并在原来成立的全市扶贫攻坚领导组的基础上，调整成立了以昭通分公司党委书记、总经理韩骥为组长、肖丙贤、高清、普琨、杨文斌副总经理为副组长、各职能部门主要领导任组员的中国移动昭通分公司“脱贫攻坚领导小组”，采取由市分公司综合部牵头，驻村扶贫工作队和各区县分公司负责抓落实的内部协同机制，建立了与当地党委、政府协同配合的工作渠道，确保脱贫攻坚各项目标、任务逐项落实。公司先后挑选政治表现好、综合素质高，具有一定农村工作经验的33名优秀员工驻村扶贫。公司党委每个季度都要召开精准扶贫的专题工作会议，韩骥总经理多次要求：要以“抓铁有印，踏石留痕”决心，尽职尽责、不辱使命，全面完成脱贫攻坚的各项工作任务。

## 以行业优势助力脱贫攻坚

2017年以来，昭通分公司总经理韩骥，副总经理肖丙贤、高清，普琨、杨文斌和市分公司各部门领导先后分别率队，多次到背风村、亨地村开展“挂包帮、走转访”。在以行业优势精准帮扶工作中。一是从2015年开展脱贫攻坚战移动通信建设以来，昭通移动在全市各贫困区域内共投资约40亿元，完成脱贫攻坚2G基站建设613个、4G基站建设9213个，新增传输9568公里，行政村覆盖率达到100%，自然村覆盖率达到88%。完成了全市所有脱贫出列村的村公所区域的4G网络覆盖，为昭通市90余万贫困人口带来通信便利。二是在宽带扶贫项目上累计投入建设资金4.158亿元、成功建设宽带接入端口一共76.97万个，覆盖了全市100%行政村，其中自然村光纤宽带网络覆盖率达到71%，可为144.99万户人家提供宽带接入服务。确保了全市11个区县，146个乡镇、1336个行政村社区宽带网络全覆盖。三是截至2020年10月，昭通移动在靖安、卯家湾、发界、红光等20个安置区，共投资7783.9万元，建设站点108个，并已在12个安置内新建了室内分布系统，完成了安置区内的信号100%覆盖。解决了14余万贫困人口的通信问题。为易地搬迁户开通了宽带及免费WiFi，手机通话及上网等精准移动通信服务。并帮助村民办理惠农网全村电话免费打、平安乡村监控免费领或信用半价购、免费赠送流量和语音、个人套餐五折优惠活动。四是以扶贫同扶志、扶智相结合，倡导贫困村民树立“自强、诚信、感恩”的理念，消除畏难心里和“等、靠、要”

思想，勤劳致富。五是依托庞大的客户基数及优秀的线上线下推广，在全市推广“彩云优品”电商 APP 应用，打造了为扶贫点的特色农产品“走出去”的信息通道。截至目前，共引入本地商户近 60 家，上架农特产品超 100 种。

2018 年年初，昭通分公司推出“彩云优品年货街”活动，移动客户交话费得活动券。活动券可在“彩云优品”平台购买脐橙，活动上线 7 天内，永善县脐橙共计销售 2100 余件，销售金额超 16 万元，有效解决了贫困户产品销售问题；在 2019 年中秋节之际，利用公司员工福利在彩云优品平台购买了扶贫点特色农产品，完成扶贫金额消费达 187700 元，2020 年已完成消费扶贫任务 338500 元。

## “编外村民”受好评

昭通分公司的 33 名驻村扶贫工作队队员都非常敬业、综合素质较高。几年来他们把挂钩扶贫村当作家乡，视帮扶的贫困村民为亲人。经常“晴天一身汗、雨天一身泥”地走村入户，不论是田间地头，还是村民家中，随时都能看到他们忙碌的身影。白天，他们挨家挨户了解村情、民情、向群众宣传扶贫政策，广泛征求意见，实事求是帮助群众最亟待解决的困难和问题；晚上，他们根据市、县扶贫办的相关要求。不辞辛劳地整理所有贫困户的相关资料、信息，并把录入信息数据系统中，经常在熬红双眼的情况下任劳任怨地挑灯夜战。笔者将耳闻目睹的几个驻村扶贫队员开展扶贫工作的花絮信手采来，以飨读者。

镇雄县移动分公司村驻村第一书记（工作队队长）孙伦俐，无论是泼机镇、亨地村的领导，还是挂钩帮扶的贫困村民，大都都称他为“孙队”。村上的扶贫任务，村委会的领导总是率先考虑交给“孙队”，很多村民从需要联系就医、开个证明、有意见诉求反映，无论是家里油盐柴米、邻里纠纷等烦琐事。他们经常不分白天黑夜的也是打个电话给“孙队”。由于成绩突出，孙伦俐被镇雄县委、政府评为2018年度“优秀驻村工作队队员”、同年评为中国移动云南公司“优秀驻村工作队队员”。

镇雄分公司党支部委员、政企总监李义菊（2020年被中国移动集团公司评为“最美移动人”），2016年10月到亨地村担任第一书记和驻村扶贫工作队队长，后来被调整到鱼洞乡青杠村驻村扶贫，巾帼不让须眉的她在扶贫工作中精益求精。哪家有老人生病、孩子辍学、哪家可享受4万元的农危改资金补助、哪家的学生每年可以申请5000元的雨露计划资金等事关贫困村民利益之事，她都了如指掌。

2019年，她公公先后在昆明和成都做心脏支架安装手术，每次都可能是生离死别，她因扶贫工作忙没去陪护老人；她90岁高龄的母亲多次捎信要她去看望，但她也因工作繁重而未能满足老人心愿；今年疫情期间，她儿子因不能返校上学，又不会做饭，长时间靠点外卖或自己煮面条吃，她也无法尽到一个做母亲的责任。

镇雄县分公司驻村扶贫工作队队员尹信佑，2017年从四川攀枝花仁和移动分公司辞职到镇雄分公司工作，2019年4月至今在镇雄县亨地村挂钩扶贫。6月23日，笔者在随他去村民家中发现，聪颖睿智、朝气蓬勃的他对“两不愁、三保障”（不愁吃不愁穿，住房、医疗、教育有保障）。“一收入，两提升，三上墙，四保障”（人均纯收入；人居环境和满意度提升；建档立卡户明白卡、饮水安全明白卡、住房安全鉴定牌上墙；住房、医疗、教育、饮水有保障）等相关规定烂熟于心，被很多村民誉为扶贫政策的“百事通”。

## 办实事、献爱心，踏石留痕帮“穷亲”

一是邀请了云南省农业科学院园艺作物研究所研究员胡忠荣到绥江县黄坪村举办了三期“半边红”李子丰产栽培技能培训，为180名贫困群众切实提高了科学种植果树技能。

二是在2017年8月，昭通移动公司争取合作伙伴——南京贝龙通信科技有限公司、云南卓诚科技有限公司、昭通市鑫经纬商贸有限公司总投资30万元，为巧家县背风村苞谷山修建的苞谷山“抗旱饮水灌溉”管网工程竣工后，一举改变了当地村民祖祖辈辈“老天下雨才有饭吃”的现状，为当地农户有效解决了浇灌花椒200亩、核桃700亩、农田200亩的燃眉之急，促进当地群众种植蔬菜、果树、烤烟等经济效益高的农作物，为脱贫致富增加了收入来源。

三是牵头绥江分公司不定期组织“挂钩扶贫志愿服务队”到挂钩帮扶黄坪村3个社区的村民家中，按照干净、清爽、整洁的总体要求，着力抓好村庄环境和家居环境整治，做好拆危房、清垃圾、扫公路、净河道、堆柴草“五件事”，落实个人、庭院、卧室、厨房、厕所“五整洁”。并选出卫生环境好的村民家为示范点，倡导其他村民效仿学习。每到一户村民家中，大家分成几个组，分别打扫堂屋、卧室、厨房、院坝、厕所等处的卫生，帮助其清理杂物，有序整理、放置物品，个个忙得不亦乐乎。经过不懈努力，使挂钩帮扶的方家、茶林、庙子3个村民小组的环境卫生面貌大有改善，得到了县、乡、村政府相关部门和广大村民的一致好评。

目前，昭通分公司要求各驻村扶贫工作队以多种方式把“扶贫先扶志”的观念让贫困村民入脑入心。帮助有的贫困户转变“靠人来救济”“等着送小康”的错误想法，引导村民树立“我能脱贫、我要脱贫、脱贫光荣”的信心。并以耐得住寂寞、吃得了苦累、受得起委屈的心态一如既往地扎实做好挂钩扶贫工作。

（作者杨文斌系中国移动公司副总经理，张亚梅系中国移动公司综合部主管，闻春红、曾鸣、虎春艳系中国移动公司工作人员）

# 大美瓦石村　千年僰人魂

## ——瓦石村脱贫攻坚实录

杜义洪

瓦石村地处昭通市威信县长安镇，距长安镇6公里，距县城43公里，下辖31个村民小组，农业人口1720户7776人，国土面积19.91平方公里，其中林地面积16000亩，耕地面积4821亩，人均耕地面积仅为0.6亩。境内平均海拔926米，属高原立体亚热带季风气候区，阴雨天气多，空气湿度大。土壤偏弱酸性，主要农作物有玉米、洋芋、辣椒、红苕等。但这里"地无三尺平，天无三日晴"，土地贫瘠、人口众多、地貌复杂且高寒边远、深度贫困，脱贫攻坚之初，全村贫困户312户1248人，贫困发生率为16.05%。

这里拥有国家级重点保护文物——千年僰人悬棺，拥有奇特的喀斯特地貌地下洞穴——白云洞，人文景观、自然资源丰富。但囿于地理条件限制，这些神秘而美丽的资源都"养在深闺人未识"，极少被外界所知。

2016年5月10日，我作为市交通运输局派驻长安镇瓦石村任工作队队长兼第一书记，开始了4年多的驻村扶贫工作。刚到瓦石村，第一感觉就是交通的老大难，全村运输大多还靠人背马驮，非常艰辛。基础设施建设极为贫乏，连村办事处也没一间像样的房子，没个像样院坝，破笼倒壁，死气沉沉。

摸底调查时，问起老百姓的生活生产情况，他们都说："我们都是种苞谷、种洋芋，一季赶一季，糊口还是有点困难。然后喂个猪，过年还是有肉吃的”。耕种方式落后，养殖技能缺乏，缺乏支柱产业，老百姓没有增收渠道，贫困自然如影随形。而老百姓普遍思想落后，不愿改变产业模式，都觉得除了挖苞谷桩桩，其他啥子产业都不靠谱。种种难题叫我心急如焚。我经过细致的摸底后，汇报市交通局领导，联系公路设计修建专家，联系有关农业产业专家，继续实地调研，组织起村、社、镇的干部和当地群众，反复论证，共同制定脱贫攻坚的策略，然后一步一步抓落实。

## 党建引领村振兴

作为第一书记，我深知党的领导在脱贫攻坚中的伟大力量，我决定与中共昭通市交通建设工程质量安全监督局支部委员会实现基层党组织共建，秉持“党建带扶贫，扶贫促党建”原则开展脱贫攻坚工作。瓦石村有 8 个支部，党员 135 名，但党员作用发挥和党员管理方面存在着很大的短板，很少有党员能够起到带头致富、带头发展产业作用。我带领瓦石村党总支认真学习，积极争取资金建立党支部党员活动室，严格监督村总支及其下属支部严格落实“三会一课”制度，严肃党内生活，长期坚持党建提升工作，成立了 7 个议事委员会，通过坚持不懈努力，党员在脱贫攻坚宣传、环境卫生整治和产业发展方面发挥了巨大的引领作用，提供了强大的思想保证。

7 个议事委员会的成立，为成功地转变群众的产业思维模式，打造瓦石村万亩连片方竹种植基地及其他特色农业产业的落地，劳务输出，劳动技能培训等奠定了组织保障，提供了思想指导，为产业的管护带来了更为便捷的途径。

## 公路修到家门口

2018年以前，瓦石村还处于“下乡靠走、通讯靠吼”的状态，仅有1个村民小组通硬化路，有5个村民小组还没通村组路。交通设施的滞后给群众的生产生活造成了很大困难，为脱贫攻坚的推进带来了巨大阻力。由于公路不通，劳作不但增加劳动成本，而且劳动强度加大，劳动效率相当低。比如半坡村民小组的建档立卡贫困户王良宣，2016年建房时，一块砖的二次搬运费就将近10元，搬运费就几乎花光了所有的补助资金，让原本困难的家庭雪上加霜。修通公路，是瓦石村所有群众在心中10年的渴求。

为了帮助瓦石村解决行路难、出行难问题。市交通局硬化了全长8.6公里的重要县乡道——瓦白公路，并作为“四好农村公路”示范项目打造；新建了半坡、马路、苏麻村民小组公路5.3公里，硬化村组道路28.8公里；新建猕猴桃基地产业路0.6公里。全村除白云、苏麻小组以外，所有小组已全面完成村组公路硬化。现在走进瓦石，只见一条条“白丝带”环绕山间，深入当地群众的家中、地里，纵横交错，连通了民心，助推了产业发展，点燃了群众致富的希望，为全村打赢脱贫攻坚战，实施乡村振兴战略提供了良好保障。

## 安居工程挪穷窝

刚到瓦石村工作的时候，放眼望去，基本都是老瓦房，连村公所都是一栋危房，每逢雨季房屋就漏水。

4年多来，瓦石村实施了500余户房屋改造，一幢幢崭新的砖房取代了以前破旧的瓦房。实施易地搬迁64户，把居住在“一方水土养不起一方人”地方的贫困群众搬迁到条件较好的地方居住，按规划、分年度、有计划组织实施，实现迁入地在交通、医疗、文化教育等生产生活条件有明显改善，迁出区生态环境有效恢复，有利于贫困群众创业、就业，逐步提高收入水平和生活质量，确保搬得出、稳得住、有事做、能致富。实施4040平方米的院坝硬化工程，让之前的泥土坝子变动干净整洁了，下雨天也不怕走出去鞋上都是泥土了。

经多方争取和协调，村公所也得到了拆除重建，原先破旧漏雨的危房也变成了一栋宽敞牢固的办公大楼，办公条件得到了极大改善。

## 主抓产业带发展

培育支柱产业，是一项从根本上斩断穷根，帮助瓦石村可持续发展的最核心的工作，是我面临的一个巨大难题。经过实地调研，仔细探索，我采取长短结合的方竹＋辣椒的产业发展模式帮助群众增收。2017年全村发展了381亩的辣椒种植产业，每亩能实现3000元以上的收益。在尝到产业发展的甜头后，村民开始转变思想，认为种植传统产业收入不多，要想增收致富，只有解放思想、大胆探索，于是瓦石村万亩方竹种植示范基地应运而生。在瓦石村集体公司的带领下，成立了方竹、桃子、猕猴桃、魔芋种植基地。

现如今，瓦石村已是春来桃花灿烂，秋分辣椒飘香，冬至方竹森森，产业发展的基础已经牢固打好。通过产业扶持，现在群众的增收渠道得到了极大地拓宽。

## 转移就业促增收

房子有住了，产业发展了，公路畅通了，但收入怎么办？为拓展就业渠道，引导建档立卡贫困户劳动力转移就业是解决贫困家庭经济收入最直接、最快捷、最有效的途径，还能开阔贫困群众的视野、转变观念、学会一技之长；同时激发内生动力，推动贫困群众通过自己的辛勤劳动脱贫致富，是助力脱贫攻坚的重要举措。

我和驻村工作队以及村“两委”详细了解各村民小组劳动力就业状况，特别是建档立卡贫困户的劳动力状况、就业状况、生产状况、就业意向、培训需求等基本情况，及时摸清建档立卡贫困户劳动力今年的就业打算，收集贫困群众就业意见和真实想法，通过专业的统计和有针对性的分析，进一步为建档立卡贫困劳动力提供就业援助服务，帮助贫困群众实现就业。4年多来，共动员建档立卡贫困户动员外出务工1620人。

全村开展就业培训283人（家禽养殖、种养殖培训、驾驶证培训、挖机培训等），落实公益岗位135人。通过“交通基础设施建设＋扶贫”“技能＋扶贫”“施工队伍＋扶贫”“公路管养＋扶贫”“电子商务＋扶贫”等措施因户施策，达到“授人以鱼不如授人以渔”的目的。

经过几年驻村工作队和村“两委”的不懈奋斗，如今的瓦石村，入目而来的是葱郁清新，勃勃生机；一条条公路通达四方，一栋栋新居闪耀山间，映照出瓦石群众幸福、安康的生活。4年辛苦不同寻常，但我身后是市交通局机关的坚强后盾，我面前是淳朴勤劳的的瓦石父老，我心里是一团人生要有所作为的热情的火，我相信这个时代大有可为，我将在市交通局局党委的领导下，继续撸起袖子加油干！

（作者系昭通市交通运输局派驻瓦石村工作队队长、第一书记）

# 不辱使命抓扶贫

## ——昭通移动驻村扶贫队员纪实

中国移动昭通分公司

2015年以来，中国移动昭通分公司在主动请缨驻村扶贫的人员中挑选政治表现好、综合素质高，具有一定农村工作经验的30多名优秀员工，分批组成驻村扶贫工作队，先后到巧家县背风村、镇雄县亨地村开展驻村挂钩扶贫工作。在驻村扶贫中，他们把背风村、黄坪村当故乡，视帮扶贫困村民为亲人，经常“晴天一身汗、雨天一身泥”地跋山涉水、走村入户，不论是田间地头，还是村民家中，随时都能看到他们忙碌的身影。白天，他们挨家挨户了解村情、民情、向群众宣传扶贫政策，广泛征求群众的意见，实事求是地摸清贫困户的数量和贫困程度，了解群众最亟待解决的困难和问题；晚上，他们根据县扶贫办的相关要求，不辞辛劳地整理所有贫困户的资料、信息，并把贫困户的各类信息录入系统中，经常在熬红双眼的情况下仍挑灯夜战。

他们按照国家扶贫政策，先后酌情为村民办理了“兜底保”，把“两不愁、三保障”，娃娃读书全部免费等帮扶措施精准落实到位。笔者根据几年来耳闻目睹的一些扶贫情景和采访中了解到的一些情况，将几名扶贫工作队队员的工作概况梳理成文，以飨读者。

2016年至2017年，昭通移动驻巧家县崇溪镇背风村第一书记、工作队队长、昭通分公司党群部资深副总经理唐永贵，在背风村当地群众中名气很大，稍谓较多。有人称他“唐总”、有人喊他老唐、有人叫他“唐老者”，还有不少人喊他“唐老表”（“老表”是背风村当地群众直系亲属或非血缘关系的同辈人之间常用的亲切称谓）。记不清有多少天晚上，一些村民专程去到他住背风村的寝室中找他“摆龙门阵”，其中还有要走个把小时的山路才能到达的村民，有时人多板凳不够，大家就无拘无束地相互紧挨着坐在他的床上。在喝着一杯杯清茶、抽着一支支香烟、伴随着一阵阵欢声笑语的氛围中，唐永贵凭借他的丰富的人生经历、敏锐的超前意识、独到的新颖思路、较强的沟通能力、把脱贫攻坚的国家大事以“房屋修建、养鸡喂猪、改变落后的生活、卫生习惯”等众多寻常百姓关注的话题以聊天、拉家常的方式让不少村民中入脑入心。在一次下乡途中，患有低血糖的唐永贵因病晕倒在地，一个家在附近的村民急忙拿来两个红苕给他吃。随后，他谢绝了同事和村民送他回村公所休息的善意相劝，毅然继续前往其他村民小组，直到第二天下午才返回驻地。

## 陈正荣因公负伤

2017 年 10 月，按昭通市政府统一部署，陈正荣被调整到大关县益珠村担任扶贫工作队队长，由于当时脱贫攻坚工作时间紧、任务重，扶贫工作队队员每天从早工作到晚，有时甚至加班到深夜。在益珠村两个多月的时间里，陈正荣通过认真走访调研、梳理，精准识别建档立卡贫困户 282 户，与村三委干部共同拟定了《益珠村 2018 年产业发展规划》，他埋头苦干，兢兢业业地工作在扶贫岗位上，受到当地镇政府、村“三委”、村民的高度认可和好评。

2018 年 1 月 10 日晚 10 时许，连续工作了 14 小时的大关县移动分公司驻益珠村扶贫队长陈正荣在大关县寿山镇益珠村开“2018 年产业项目研究会”途中，因夜间路灯熄灭，路面结冰湿滑，意外摔倒在路边3米左右的沟内，导致双脚严重骨折、头部受伤。陈正荣因公受伤后、大关分公司、益珠村“三委”、扶贫工作队迅速将其送往大关县人民医院检查治疗，由于县医院技术和设备条件有限，大关分公司于当晚4时连夜将陈正荣送到四川省宜宾市第一人民医院医治，近3年的医治，如今他小腿里的钢板还未取出，走路还要依靠拐杖，才能一瘸一拐地负重前行。

## 情系村民办实事

村民被“困”隔离点、移动鼎力来相助。一想起今年2月从四川宜宾农村返回绥江家中的情况，绥江分公司挂钩帮扶的黄坪村29组村民小组60多岁的方××老人至今心有余悸。他多次心存感激地对亲友们说：“在我最绝望的时候，县移动公司的同志对我有救命之恩啊。”

今年2月，新冠肺炎疫情防控形势十分严峻，过完春节从四川宜宾返回老家的方某因无相关证明等不符合国家疫情防控的相关规定，到水富县疫情检查卡点后不予放行。本来就患有高血压、脑梗等疾病的他又气又急，不但不服从疫情防控点的管理，还扬言要以极端行为了却人生。

经绥江分公司总经理钟健多次与乡、村政府部门沟通协调后，联系了120救护车专程到水富县境内，将方某接到了绥江县城指定的新冠肺炎疫情防控隔离点观察14天。

在隔离期间，绥江分公司总经理钟健、驻村扶贫队员李顺飞、莉莉等人买了500多元的物品转交给方某，隔离期满后又给了200元钱，并安排单位的车将他送回家中。

为跨省搬迁村民送温暖。今年3月23日，在绥江分公司县、乡、村相关单位的共同努力下，黄坪村茶林村民小组的三户村民和方家村民小组的一户村民启程异地搬迁到新疆，由于新冠肺炎疫情防控交通管制的相关规定，搬迁村民从老家到宜宾乘火车之间的交通成了很大的问题。绥江分公司在“战疫情、保通信”工作任务十分繁重的情况下，钟健、黄正波等领导分别率队买了食品、矿泉水、口罩等物品，并提前到村民家中帮助打包行李、搬运，并安排了两辆车，当天两次从绥江往返宜宾火车站，把村民们送上火车后，晚上 12 点过才回到县城，移动员工对异地搬迁到新疆的村民送温暖、献爱心的举措，既使异地搬迁的 4 户村民全家十分感动，又得到了县、乡、村政府部门的好评。

## 真心帮扶献爱心

2017 年 3 月 9 日，笔者在巧家县崇溪镇和采访时，镇党委、政府领导对昭通市、县移动通信分公司挂钩扶贫工作心存感激、充分肯定。崇溪镇镇长龙云富说：去年 8 月，市移动公司争取到他们的合作伙伴——南京贝龙通信科技有限公司、云南卓诚科技有限公司、昭通市鑫经纬商贸有限公司总投资 30 万元，为我们背风村苞谷山修建的苞谷山“抗旱饮水灌溉”管网工程竣工后，一举改变了当地村民祖祖辈辈“老天下雨才有吃饭”的现状，为当地农户有效地解决了浇灌花椒 200 亩、核桃 700 亩、农田 200 亩的燃眉之急，促进当地群众种植蔬菜、果树、烤烟等经济效益高的农作物，为脱贫致富增加了收入来源。崇溪镇党委书记陈诚说：巧家分公司总经理钟健。凭借他在县城各单位中有较好的人脉资源，为我们镇的脱贫攻坚工作解决了一个又一个困难。特别是在协调新建风村公所到羊棚村民小组之间总投资 150 多万元、2.2 公里的硬化乡村公路项目中，钟健更是“跑软了腿、说累了嘴”；巧家移动公司还多次前往背风村与“村三委”领导共商扶贫工作事宜，帮助驻村工作队解决了不少日常生活中的困难，并投资 1 万多元对村委会的院坝、食堂、公厕、照明用电、办公场所进行改造，为确保背风村 2017 年实现出列贫困村的目标作出了较大贡献。

“疫情无情、移动有爱”。今年 2 月，由于新冠肺炎疫情防控需要，绥江县内部分公路实行管制，黄坪村种植“半边红”李子的村民们急需的化肥、农药既买不到，更运不进村。村民们因为时令不等人而心急如焚，无奈之际打电话到县移动公司求助。绥江分公司总经理钟健从讲政治、顾大局，致力脱贫攻坚的高度，立即安排专人帮他们在县城买好化肥、农药等物资，办好通行证并租车将物资送到各村民小组，一举解决了村民们的燃眉之急。

帮助村民网上销售土特产。2019 年春节期间，为鼓励挂钩帮扶的茶陵片区村民赵锡贵将自家养蜂收获的蜂蜜在网上销售，绥江分公司员工赖光艳自费几百元钱，买了 100 个瓶子，另花了 300 多元邮寄费，帮助赵锡贵蜂蜜销售到省内外。

助力黄坪村开展新冠肺炎疫情防控。

今年 2 月，黄坪村卫生所传统测量进出人员体温的方式不能满足疫情防控需要。绥江分公司扶贫工作队队员龙万敏等人闻讯后，立即购买了医用体温测量枪和部分口罩送到现场，使黄坪村开展新冠肺炎疫情防控的工作效率大大提升。

（中国移动昭通分公司供稿）

# 连接美好　无处不在

## ——中国邮政集团有限公司昭通市分公司助力脱贫攻坚大决战

蒋　衡

中国邮政集团有限公司昭通市分公司（以下简称“昭通市分公司”）管理运营昭通市遍布城乡的邮政综合网点163个，邮政金融网点70个，建制村通邮点1089个，提供函件、包裹、汇兑、集邮、报刊发行、投递、金融、电子商务等服务。截至2020年6月底，全市邮政11个单位（市分公司本部和10个县分公司）共26名驻村工作队队员，挂钩帮扶13个行政村2012户贫困户10190人。

## 建强网络　夯实基础　打通寄递“最后一公里”

建制村通邮是指邮件直接投递到行政村，是助力脱贫攻坚，解决投递“最后一公里”的问题，也是昭通邮政建强网络、夯实基础发展战略。为认真做好此项工作，昭通市分公司多次到各县、乡镇、村开展调研工作，经过3年多的努力，在省、市邮政管理部门和省邮政分公司的大力支持下，昭通市1089个行政村实现了通邮，建制村通邮达到了全覆盖，投递服务“最后一公里”得到有效解决，群众用邮更加方便快捷。为解决群众邮寄包裹“最后一公里”问题，昭通市分公司发挥邮政网络优势，深入苹果种植户、苹果交易市场，开展苹果收寄，为昭通苹果销售做好寄递、物流服务，助力昭通苹果走出昭通。

## 普惠金融　服务城乡　金融服务“最后一公里”

邮政金融拥有“全国联网、遍布城乡、通存通兑”的优势。面对互联网、大数据、人工智能和实体经济深度融合的新形势，邮政大力推广云闪付、手机银行等现代支付工具，助力脱贫攻坚，服务乡村振兴。2020 年 8 月，永善大兴邮政储蓄营业所、镇雄牛场邮政储蓄营业所正式开业，全市遍布城乡的邮政金融网点增至 70 个，不断拓展了邮政金融服务农村的能力。截至 2020 年 10 月，全市运营的各类金融自助机具（ITM、CRS、ATM）283 台，自助服务区 60 个，方便快捷的服务，践行邮政立足农村、服务“三农”的普惠理念。

## 利用优势　布局农村　全方位助力打赢脱贫攻坚战

为助力全市打赢脱贫攻坚战，昭通市分公司利用邮政实物流、资金流、信息流“三流合一”的优势，积极探索解决农特产品销售中存在的突出问题，利用互联网+，通过邮乐网、优帮帮等邮政电商平台，在镇雄、威信、水富建成邮乐购农村电子商务服务站 270 个，该服务站开办邮政包裹寄递、代办代收代缴代购、便民金融等业务，村民不出村即可使用便捷的邮政服务，同时能帮助村民销售农特产品，镇雄的板栗、竹笋、玉米面等农特产实现了线上销售，增加农特产品附加值。邮政通过“农产品进城，工业品下乡”的流通机制，群众的获得感、幸福感、安全感得到了有力提升。另外，邮乐购农村电子商务服务站点均能实现月收入 1000 元，好的站点收入达 3000 元以上，切实解决了村民收入难的问题。

## 税邮合作　任警邮合作　任服务群众无处不在

为方便人民群众办理税务和交管业务，昭通市分公司利用遍布城乡的网点优势和投递网络优势，推进解决人民群众办事“最后一公里”的问题。截至 2020 年 10 月，全市 79 个邮政网点能为人民群众代开税票，52 个网点能办理交管业务，开办换领驾驶证等四大类 20 种交管业务，邮政网点已成为群众身边的“税务所”“车管所”，多维度服务人民群众。

连接美好，无处不在。这是新时期邮政的使命和担当，昭通邮政将一如既往地发挥好自己网络优势，以更好地邮政服务，为全市人民提供普遍、寄递、金融、农村电商业务，助力人民美好生活的需要。

（作者时任中国邮政集团有限公司昭通市分公司综合办公室经理）

# 打通求医问诊“最后一公里”

杨文斌　张亚梅　闻春红　虎春艳

《世说新语》有云“生老病死，时至则行”，讲的是受制于医疗条件，百姓面对生老病死只能选择被动承受。而在医疗卫生建设日益完善的今天，贫困地区仍面临着类似的困境，疾病成为贫困地区脱贫致富的“拦路虎”，医疗卫生事业发展不充分、城乡医疗资源配置不均衡等问题又让这只“拦路虎”格外难缠。

为加强基层医疗卫生服务能力，中国移动云南公司昭通分公司在省卫计委、省公司的统筹领导下，于 2017 年 7 月在昭通市彝良县开展远程医疗“乡乡通”试点工程。该平台多角度、全方位覆盖了医疗行为的参与主体，构筑了上下联动、互联互通的医疗服务格局，为化解优质医疗资源紧缺和就诊需求大之间的矛盾提供了更多可能。

昭通市彝良县地处云、贵、川三省结合部的乌蒙山区腹地，高山耸立，峡谷纵横，村民看病山高路远，出门一趟要颠簸几个小时，再加上文化水平不高，往往难以弄清楚各项政策的费用计算、报销方法和程序。“乡乡通”平台充分运用大数据技术，上线一站式结算系统，整合人社、卫计、民政等部门的数据、资金和经办资源，村民就诊结束就能到结算窗口快速报销结算，享受便捷的医疗保险服务。数字多跑路，腿脚少奔忙，“乡乡通”让贫困人口切实共享了数字技术发展的成果。

基层医疗机构是县域卫生健康服务体系的网底细胞，承担着建档立卡贫困人口健康档案、慢性病管理等大量亟待信息化支撑的公共卫生职能，却长期面临设备老旧、系统过时等窘境，因此产生了贫困地区的医疗信息无法共享、医疗机构服务效率低下等问题。“乡乡通”平台上线的“云 HIS”系统瞄准这一痛点，基于云计算、大数据等新兴技术，为贫困地区基层医疗机构提供数据收集、存储、传递的业务和技术平台，方便医生准确记录和随时调取医嘱信息，及时全面地掌握患者情况。彝良县洛泽河镇卫生院医生王洪飞对此颇有感触，“借助‘乡乡通’一体化系统建设，实现了患者数据在县、乡、村三级医疗机构平台互联共享，也降低了患者重复检查的概率。”

作为发展贫困地区医疗卫生事业、保障贫困人口健康的主力军，村医肩上担负着提高基层群众健康获得感的重要使命。为契合医疗服务水平提升的需求，中国移动云南公司昭通分公司采用成熟的移动 4G 无线通信技术，依托“乡乡通”平台，搭建村医系统，借助信息直达、内容丰富、操作便捷、服务便民的四大产品优势，为村医提供医疗专业知识学习、家庭医生签约、重点人群随访、信息上传下达、快速诊疗等功能。该系统有力克服了地域、经济等固有因素影响，正成为基层村医们得力的业务助手。

目前，昭通市彝良县“乡乡通”试点工程已接入县级医院 3 家、乡镇卫生院或分院 24 个、村卫生室 134 个，含县卫计局在内共计 161 家单位。平台包含的云 HIS 系统、一站式结算系统、村医系统等 13 个业务系统共计服务 184 万余人，支撑门诊 175 万人次，住院 7.8 万人次；产生电子处方约 170 万张、电子病历 25 万份，支撑 DR 拍片 22400 人次、检验 11 万人次。“乡乡通”的推广使用大幅度降低了贫困人口就医的直接成本和间接成本，让彝良县真正实现了“大病不出县、小病留基层、基层得发展、群众得实惠”的目标。

（作者系作者杨文斌系中国移动公司副总经理，张亚梅系中国移动公司综合部主管，闻春红、虎春艳系中国移动公司工作人员）

# 深化网络扶贫体系　助力脱贫攻坚决战

高　云

党的十九大把精准脱贫作为决胜全面建成小康社会的三大攻坚战之一。中国移动昭阳分公司始终把做好脱贫攻坚工作作为一项重要的政治任务，深入贯彻习近平总书记扶贫工作重要论述，积极响应集团公司、省公司关于脱贫攻坚系列决策部署，充分发挥自身优势，走出了一条“网络＋扶贫”之路，即以网络扶贫为主线，强化组织、资金和人才保障，将网络与教育、健康、消费、民生、产业、就业等扶贫领域深度结合，以网络信息之力助力脱贫攻坚。

## 一、发挥技术优势深化网络扶贫

通信网络新型基础设施建设是贫困地区致富道路上的关键，为深入落实电信普遍服务项目，实现网络覆盖、信息覆盖、服务覆盖，打通贫困地区经济社会发展的信息网络“大动脉”，中国移动昭阳分公司全身心投入基站的建设与优化。许多基站建在车辆难以到达的山巅，移动人只能用最原始的方式——肩挑手抬，将物资运抵现场，建设的难度可想而知。移动人跋山涉水、风餐露宿，奔走于崇山峻岭，将信息服务送到村民家中。

目前，昭阳区公司已经实现全区 20 个乡镇街道所有行政村的光纤宽带和 4G 移动宽带网络的百兆以上接入服务能力，信息网络的高速传送和接入能力得到极大提升，为昭阳区种养殖场等涉农客户提供质优价廉的企业宽带，解决了贫困村用网难、资费贵等问题。随着网络基础设施逐渐完善，一大批农村人、农村合作社开始利用农村电商平台开展农产品网上购销、直播带货等线上营销，“直播带货”成了消费扶贫的首选，村民尝到了互联网助力脱贫的甜头，村里百姓的钱包也鼓了。

在靖安新区搬迁安置点、北闸红路安置点、永丰安置点从县内县外搬迁至安置点的贫困户已经入住，安置点附近，中国移动信号发射塔高耸入云。易地扶贫大搬迁是脱贫攻坚战“五个一批”中的重要举措之一，是关系农村稳定繁荣的安居工程。为确保移民群众进新屋、能通信、有宽带，昭阳区公司在主动摸底易地扶贫搬迁项目现状的基础上，同步进行网络覆盖，为当地群众提供“百兆起步，千兆引领”的家庭宽带接入能力。“人民群众的需求在哪，我们的网络就通达到哪，我们的信息服务就延伸到哪。”这句承诺，掷地有声。

2015—2020 年，昭阳区公司累计投入基站主设备 1.8 亿元，全面完成了涵盖的 20 乡镇街道所辖的 144 个行政村的 4G 网络覆盖和光纤宽带工程，为昭阳区群众率先打通了“信息高速公路”。2020 年昭阳区公司继续加大投资建设，共计投入 0.8 亿元，建成 400 多个 5G 基站。

为让贫困村百姓享受到“用得上、用得起、用得好”的信息服务，我公司还发起“新 136 信息惠农乡村振兴工程”，覆盖全区所有贫困群众，不断推出让利优惠活动，为建档立卡贫困户提供专属话费优惠，持续加大扶贫资费优惠力度。截至目前，全区已有 1.29 万建档立卡贫困户享受了专属扶贫资费优惠，累计让利金额超 864.81 万元，累计惠及贫困户占比为 62.56%，其中，0.24 万客户享受过套餐五折及以下优惠，累计惠及贫困户占比超过 37.6%。在“提速降费”的基础上，开展手机优惠购机活动，向贫困群众发放 4G 致富机 0.76 万台，真正让贫困群众共享信息化发展的红利。已完成昭阳区所有行政村卫生室、义务教育学校等区域光宽带覆盖。

近几年，昭阳区公司加快落实省委省政府“宽带乡村”“电信普遍服务试点”“易地搬迁网络覆盖”等重点工作。中国移动的信息网络让一座座“孤岛”连接起来，为贫困群众带去了脱贫的曙光和致富的希望。

## 二、人财物三大保障倾斜深度贫困村

昭阳区公司定点帮扶贫困户村为昭阳区大山包镇老林村，位于大山包镇东南方向 12.5 公里处，全村 27 个村民小组，共有村民 923 户，自 2014 年至今建档立卡贫困共有 651 户，是昭阳区贫困户数最多的贫困户村，也是昭阳区深度贫困村之一，昭阳区移动公司共挂包 19—25 村民小组的 202 户贫困户，贫困人口 689 人，33 位挂包干部与贫困户结对。自 2015 年建档立卡至今进村入户走访 689 人 4872 次。截至目前已脱贫 202 户 689 人。

2015 年 10 月至今昭阳区公司已经派出三批驻村工作队队员进驻老林村开展驻村帮扶工作，每批驻村队员都秉承精益求精、臻于至善的理念，扎实开展各项工作。从建档立卡到“一户一策”精准帮扶，田间地头、房前屋后，随时都能看队员们忙碌的身影。“晴天一身汗，雨天一身泥”是驻村工作的真实写照，早出晚归、加班加点是驻村工作的“家常便饭”。不辞辛苦坚持走村入户访民意，不畏艰难跋山涉水察实情，不怕麻烦事事用心解难题。

## 三、“网络扶贫”加法作出乘法效应

建好网络是基础，用好网络是信息化实现便民惠民的关键所在。宽带网络通达之后，随之而来的信息流和技术流让农业生产方式、农民生活方式发生了很大改变，“互联网＋”正推动着扶贫不断深入，在助力脱贫攻坚的道路上发挥着生力军的作用。

昭阳区农村地区学校教学资源长期紧缺，如今，学生的素质课教学、义务教育普及等问题被“互联网＋”应用轻易化解。一根网线、一方屏幕，异地同步互动课堂让孩子们体悟到美术、音乐等艺术的灵动奥妙……这正是我公司以“网络＋教育”模式创新教育扶贫方式、提高教育扶贫成效的生动体现。从全力落实宽带网络校校通、优质教育资源班班通、个人学习空间人人通，到推进教育管理公共服务平台、教育资源公共服务平台建设，补齐教育网络、平台、内容的短板，通过“云＋端”一体化打造“智慧教学”新模式，让优质教育资源冲破空间界限，改变了贫困村学校整体面貌，为孩子们跨越知识鸿沟提供了可能。如今昭阳区所有义务教育学校都接通了移动宽带网络。

何止于“互联网＋教育”，在昭阳这片热土上，信息之“花”正开遍山野——直播带货，为昭通苹果销往全国铺设快车道；打开手机应用，直播卖昭通苹果的还真不在少数，乡里人足不出户就能将昭通苹果推销售出去。

2020 年是我国全面建成小康社会目标实现之年，是全面打赢脱贫攻坚战收官之年。现行标准下的农村贫困人口全部脱贫，是党中央向全国人民作出的郑重承诺，必须如期实现。中国移动昭阳区公司将始终坚持精准扶贫、精准脱贫基本方略，全力以赴、尽锐出战，真抓实干、务求实效，确保圆满完成各项扶贫任务，为全面打赢脱贫攻坚战、决胜全面建成小康社会作出新的更大贡献。

（作者系中国移动昭通分公司工作人员）

# 第六编　旧貌换新颜

# 昔日一方水土养不活一方人
# 如今靓丽山乡景色秀美赛如画

刘凤慧

## 泥土房　灰蒙蒙　杂草苫　脏乱差

2015年二三月间的周末，受朋友邀约到炎山乡下做客。从昭通城出发不久便是坑坑洼洼的泥土路，一路颠簸，风尘仆仆。光秃秃的山坡没有一点绿意，沿途看不到一处砖瓦房，厚厚的云层遮住了阳光，细蒙蒙的雨丝夹着一星半点的雪花正纷纷扬扬地向车窗飘洒，时至中午，雪往往还没等落地，就已经消失得无影无踪。在这样雨雪交加的日子里，如果没有什么紧要事，人们宁愿一整天不出门。

我们开了整整4个小时的车才到炎山街上。冬天残留的积雪和冰溜子正在雨点的敲击下慢慢融化，街上到处都漫流着肮脏的污水，风依然是寒冷的，空荡荡的街面上一片萧条，有时会偶尔走过来一个人，破毡帽护着脑门，挑着一筐土豆或萝卜，有气无力地呼唤着。远处的村子灰蒙蒙的一片，大多数是泥土舂的土房，杂草苫的房顶有多少年了也说不清，风吹雨淋，黑黢黢的，家家门口那堆作燃料的东西，像堆牛屎一样戳眼睛。

刚过炎山街，随意找了一家农户歇歇脚、喝口水、顺便了解啥情况。我们的车停在了半山腰的院墙边，一老汉出来忙着招呼大家坐，那屋里有什么可坐的呢？没有凳子和椅子，几个草墩，歪歪斜斜地放不稳屁股，那是什么样的屋啊，土舂的墙裂了许多口子，从墙根裂到墙头，摇摇欲坠。终年的烟熏火燎，屋里漆黑一片。楼很低，老张高大的身躯往屋里一站，就顶天立地了。那楼其实是用树枝搭成的，七弯八翘。屋里只有一个缺了一扇柜门的柜子，靠墙角挖了一个火塘，火塘边用土舂了个台台，就是座的了。屋不大却很空旷，丢个石头也打不到啥东西。我们这里瞅瞅、那里摸摸，大家神色凝重，眼里增添了几许忧伤。火上吊着一个黑漆漆的锅，吊锅里冒出一股难闻的味道。揭开锅，见里面是些黑乎乎的稀泥样的东西，间杂着几个洋芋。小李问是什么东西？老汉不好意思地说，晌午饭嘛，我们这高寒山区，一年不是霜冻就是冰雹，地里种啥没啥……小张问：有什么粮食呢？老汉指了指，那边有一堆拇指大的洋芋，还有一堆新鲜的荞叶尖，再就是半瓮没碾过的荞子。再往上一看，七翘八凸的树枝搭的楼上，铺了一层乱七八糟的杂草。墙角是一堆用了多年的烂被褥，一团一团油渣似的。我们的眼睛都湿润了，泪水悄然流下脸颊，我连忙掏出 200 元钱交给老汉。老汉惶恐不安，怎么能平白无故地要别人的钱呢。木讷呆板的眼里有了惊慌，有了恼怒：“不，不，我不要钱！我不要钱！”老高看出他的意思，说：“你把钱收下，这是这位同志的一片心意，帮助你解决一点生活困难。”随后我们就离开了，连老汉叫什么名字也没有问。

这就是我初见昭通高寒边远山乡炎山时贫困户家的景象，像这样的贫困户在当时的昭通还有很多，整个昭通的边远乡镇大同小异都是一个样，交通全靠走，通信全靠吼，水、电、路、房、教育、医疗等样样落后，活脱脱的就是“一方水土养不活一方人”。

这一次的炎山所见所闻，到今天都还历历在目，以致在我这些年的工作中都特别关注贫困劳动人民的生活疾苦。

# 砖瓦房　亮堂堂　新农村　美如画

2015 年以来，精准扶贫全国一盘棋，全面开展。那一年我还在盐津县政府任常务副县长，召开精准扶贫会议的时候我都会向同志们谈起我曾看到的昭阳区炎山，比起盐津的乡镇，我觉得炎山的贫困程度更深，贫困面更广，一说起炎山的贫困面貌时，我的心中都会激起一丝涟漪，有时会陷入久久的沉思。2017 年，根据工作安排，我挂钩炎山乡精准扶贫工作。这次炎山扶贫的任务除了让自己挂包的贫困户脱贫以外，最关键的是带领同志们一起努力，让全乡同全区、全市一起如期脱贫，摘掉贫困的帽子。我日思夜想，甚至在睡梦中都在念叨——吃透“上情”、摸清“下情”、重在“精准”。

我还清楚地记得，那是在一次动态管理推进会上，我这样讲道，只有精准吃透“上情”、摸清“下情”，才能厘清思路，更好地精准施策、精准发力。吃透“上情”，就是要深入学习贯彻习近平总书记关于扶贫开发工作的重要论述，深入学习贯彻党中央关于决战决胜脱贫攻坚的重大决策部署，深入学习领会党中央和云南省委、省政府以及市委、市政府关于决战决胜脱贫攻坚的一系列政策文件，把好方向导向，吃透上级精神，练好脱贫攻坚基本功。摸清“下情”，就是要大兴调查研究之风，深入实际、深入基层、深入群众，察实情、出实招、办实事、求实效。在扎实的调查研究基础上，切实改进脱贫攻坚动员和帮扶方式，把扶持谁、谁来扶、怎么扶、如何退、如何巩固提升、如何考评的全过程都搞精准，精准制定帮扶措施，算清楚资金账、任务账、时间账、目标账，进一步优化村级“施工图”、乡级“线路图”、县级项目库，真正把进村入户、因贫施治、一户一策等工作做深做细做扎实，聚焦查找问题、补齐短板、检查督导，使帮扶措施、帮扶政策在每一户、每一个人身上得到落实和体现。

年清明节前后，这时我已经从区政府到商务局 10 个多月了，我带领几位同志回访贫困户。这时的炎山，一路的景象已然改变。随处可见盎然的春意，燕子已经先一步从南方赶来，正双双对对在老地方筑新巢；而大雁的队列约莫在10天之后就掠过高原的上空，向大山包湿地飞去……炎山、中寨、庙湾、大沟、小田、松乐、屋角、大沱的山山洼洼上，一幢幢钢筋混凝土房在高原的山乡拔地而起，家家门前轿车排排，屋后果树飘香……孩子们再也不会因贫辍学，老人们领着养老金再也不怕没钱治病，天天吃肉成为常态，出门就是水泥路，鞋子都不会沾泥巴，昔日的穷乡僻壤，如今已变成靓丽山乡。这个春天，这里的人们不像往常那样特别留意大自然的变化。人们怀着愉快的心情，集中关注着2020年将要完成的大事件——“精准脱贫”。

我们一行三人，来到了我的贫困户邓怀成家中，他们家六口人，其他人都不在，正在读小学的邓亚磊在写作业，他一眼就认出了我们，很热情地招呼我们在客厅里坐下，还帮我们泡了茶，我说：你别管我们，孩子，快写你的作业。小王问他：孩子，你在写什么作业呀？语文还是数学？孩子说：我在写作文呢，题目叫家乡的变化。我说：你写完了没有？孩子说：写好了，我读给你们听：家乡的变化很多，窄小而泥泞的土路被宽敞、干净的水泥路面所取代；补丁打着补丁的“朴素”衣服变成了现如今的时尚服饰了；以前的草房、泥坯房被现在红砖大瓦的新农村所代替，家家户户门前、院落的花花草草使房屋显得更清新大方了；原来以自行车、摩托车为主的代步工具逐渐变成了私家车……如今，家乡的春季鸟语花香；夏季绿林成荫；秋季黄叶铺地；冬季洁白似玉。家乡的经济，突飞猛进；人民生活质量真是芝麻开花——节节高。起航吧！生我、养我的家乡。加油吧！蓬勃发展的家乡！腾飞吧！有我们新一代为您保驾护航的家乡。孩子读着自己的作文，朗朗上口，非常自豪！我们和孩子挥手告别，我再一次嘱咐孩子一定要好好读书，将来一定要成为社会的栋梁之材，你一定行！几位同志都竖起了大拇指。

我们怀着激动不已的心情离开了，回城途中，我跟两位同志说：党恩浩荡如阳光普照大地，脱贫攻坚似甘泉滋润着乌蒙山乡，曾经的“泥土房，灰蒙蒙，杂草苦，脏乱差”已然不复存在，那已成为历史的印记，如今“砖瓦房，亮堂堂，新农村，美如画”的靓丽乡村正熠熠生辉！

（作者时任昭通市商务局党组书记、局长）

# 海子变形记

董晓光

“这条路祖祖辈辈走了多少年了，我家老四还是在这条路上出生的呢……当时彭宗洪用板车拉着我下山，下过雨的山路坑坑洼洼，走到半路上，我就不行了，只能半路接生……”提起这段心酸事，海子村民小组长文云还是没忍住，跟驻村第一书记董晓光诉起了苦水。“说实在的，我和孩子算是命大的，娘俩的命真是捡回来的……”边说着，边看看三女儿彭登棉，擦擦眼角的眼泪……

文云所在的海子村民小组是盐津县庙坝镇黄草社区 4 个高寒偏远村民小组之一，她口中提到的这条上山下山的路，就是从乡村二级公路到海子村民小组的一条乡村土路。要致富先修路，这是土路，也是生路。从 2015 年到 2020 年，东华大学先后选派了四任第一书记，接续开展驻村扶贫，在这条山路上一走就是六年……六年间，山路变乡村公路，大山深处的海子村民也搬进了新房。

# 走过你走过的山路

海子村民小组属于高寒偏远地区，山高坡陡、沟壑纵横，唯一的一条上山下山的乡村土公路，步行到村公所要 2 个小时。一旦遇到下雨天，不仅路面湿滑，路两边还极容易发生滑坡，没有要紧的事情老百姓一般都是不敢下雨天走下山的。老百姓到村公所看病取药、孩子们上学放学、到乡镇或者县城购买生活用品，都是极其辛苦的，上山下山的路成为老百姓心中最大的结。

2015 年 7 月，陶康乐成为东华大学派驻黄草社区的首任第一书记。走村入户，了解民情贫情是他到村后做的第一件事情。带个笔记本，穿上雨鞋，和村上的干部就出发了。走在泥泞的路上，他在笔记本上记录着路上经过的村民小组、贫困户信息。这条山路集中了 7 个村民小组，占到整个社区的 1/4 还多。再走进农户破旧的串架房，还有几十年的土坯房，阴暗潮湿的房子一户一户散落在山里，串个门都要跑破过坎……“根据农村危房改造的要求，这里的农户多数要实施拆除重建”，他在笔记本上记录下这句话。

回到村上，他马上召开办公会，并向上级政府和东华大学提出了援建村民安置点的工作请求。学校在接到工作请求后，由基建后勤处主要对接并实地调研考察，从原本十分紧张的基建经费中，调拨一部分作为捐赠，专款专用于支持黄草社区海子村民小组建房。得到这个信息，社区干部大伙儿心里十分高兴。然而，新的问题又来了。到海子不通汽车，建房的砖瓦和物料怎么运输上去？经过很长时间的研究讨论，最终决定从建房资金中盘活一部分先把乡村二级路到海子村民小组这条山路拓宽培育。说干就干，社区干部白天组织施工，晚上还要赶到临近的农户做工作，处理占地出工的纠纷等等问题。

一年的时间很快，这条公路于 2016 年 6 月完工通过验收。陶康乐也结束挂职。黄草社区同期迎来了新的“陶书记”——陶俊清。陶俊清一上岗就面临着一个十分棘手的问题。刚刚修建好的公路，用了没有多久就被“7·5”山洪冲垮了！虽然社区三次组织群众修复道路，但是高山上雨水较多，又恰逢居民集中建房，道路无法长期承载重型建材的运输，加重了损坏程度。

## 一路上的问题连着问题

不仅如此，建房款到账了，一系列的问题也就提上了日程。在哪里建房？如何规划选址、涉及占用老百姓的地块如何赔偿？建房的标准怎么确定？老百姓建新房“背账”怎么解决……这些问题都成为接棒者陶俊清和挂职副县长卢洪伟要共同去面对的现实问题。“多和老百姓在一起，问题或许就能找到答案”，这是他们开展定点扶贫的工作信念，“群众的眼睛是雪亮的”，老百姓的问题要从老百姓身上着手。

和陶康乐一样，陶俊清也是带着个笔记本，深一脚、浅一脚的，在这条山路上一走就是一年多。老百姓建房不积极，他就一户一户地谈未来搬迁后的生活憧憬；老百姓建房“借钱难”，挂职副县长卢洪伟和陶俊清就跑前跑后和乡镇联系协助贷款……就这样，一年多的时间，他们在这条山路上来来回回走了几十趟。他们陪伴着海子村民老百姓攻坚克难，逐户制定建房进度和方案，帮着他们解决建房中遇到的实际困难。看着一户户地基打起来，他也跟着笑了起来……

2017 年 7 月，陶俊清结束挂职，把接力棒交到了第三任第一书记张强的手中。也是从张强开始，东华大学选派挂职副县长和驻村第一书记服务期改为 2 年。他们所在的这两年，也是非常“坚钢”的两年，盐津县面临着脱贫迎检的大考。“两不愁、三保障”对标对表的检查任务指标繁重，所有精准扶贫精准脱贫措施都是倒排工期，要求按时保质保量实现既定目标。

住房安全有保障是其中的硬指标，也是极其难啃的“硬骨头”。海子村小组的地基打起来了，但是由于道路状况糟糕，对于地处高山区的海子社，不少司机都不愿意行驶到这边的道路上，挂职副县长卢洪伟、驻村第一书记张强一到岗就和支书罗登雄一起想办法联系运输车辆，部分建材的运输费甚至高于建材成本，他们还主动找到司机师傅们做工作，帮着老百姓“砍价”……

看着一间间新房平地而起，海子老百姓之间却闹起了“不愉快”。海子村民小组14户41人，最初得到建房补助的是12户。其中2户，一户是常年外出务工的彭登平，申请易地扶贫搬迁；一户是房屋鉴定时候刚好建房的彭宗礼，房屋安全不符合农危改政策。俗话说，“不患寡患不均”。看着邻居们建新房，两户心里面多少有些意见，易地搬迁户的因为房间小又想调整回来修房，现在有安全住房的，对农村危房改造政策心生“埋怨”。

这一切都被他们看在眼里，利用下乡察看督促建房进度的契机，他们总是往这两户家里走，嘘寒问暖，了解家庭情况。看到彭宗礼年迈体衰的老父亲彭兴忠，就问起来有没有及时办理残疾证，看病就医有没有申请临时救助。看到他一个劳动力养育一个学生、一个常年卧病在床的老人，也深入了解是否符合低保政策。与村“两委”一同想办法帮助解决其生活困难问题；彭登平常年外出打工，张强想方设法联系到其本人，同时通过其兄弟彭登林和姐姐彭登容，及时掌握和了解他和孩子务工情况，工资待遇情况，也想力所能及地把扶贫政策用足用好，尽力提供帮助……

经过近两年的共同努力，海子村民小组14户的住房安全问题终于得到解决，实现了“住有所居”。海子村民小组14户的住房安全问题形成了确定的解决方案。既有自建房屋，也有实施农村危房改造，还有易地扶贫搬迁。“麻雀虽小五脏俱全”，一个村民小组就是一个村子、一个乡镇乃至一个县脱贫攻坚的缩影。两年驻村工作中，张强与以罗登雄为总支书记的村“两委”班子、驻村工作队和帮扶干部聚焦“两不愁、三保障”突出问题，全力攻克贫困堡垒。在这场“战役”中，还有一位“战友”与他们如影随形，那就是被群众经常挂在嘴边的“黄草战狼”，黄草总支书记罗登雄的扶贫私家车。它载着扶贫干部们常年奔波于黄草社区的沟沟坎坎、角角落落，全村21.7平方公里的土地都留下了它的印记。白天下乡走访，逐户排查和解决群众住房安全、义务教育、医疗养老、饮水安全等“两不愁、三保障”问题，晚上在村民组召开院坝会，“一月三会”“三讲三评”，摆问题、讲政策、叙帮扶、找对策，真正将群众的安危冷暖挂在嘴边，放在心上，付诸行动中，全力打通精准扶贫的“最后一公里”。给鳏寡孤独残等困难群众送慰问物资，遇到暴雨极端天气响起大喇叭走村串户提醒群众“注意安全”，组织群众一同进行村组道路大维修，改善道路出行条件……慢慢地，“黄草战狼”代表着黄草的扶贫战队，他们凝结了一种精神，“特别能吃苦、特别能战斗、特别能付出，积极组织群众、善于凝聚群众、全心服务群众”的“黄草战狼”精神。

“只有把工作真正做到群众心坎里，群众心里才会有你。老百姓对许多政策不理解不支持并不是对政策本身，许多时候是来自对干部的不信任、不支持。当我们的心和他们走得近了，你讲的话他就觉得在理，你口中的政策及实施条件等细节在他心里也就更容易理解和落地……”这是新任驻村书记董晓光在工作一年以后，和张强深夜电话聊天时候的共识……

张强于2019年7月挂职结束，我接过接力棒，成为黄草社区脱贫攻坚与乡村振兴有效衔接过程中的第四任第一书记。

## 一直幸福着你的幸福

我的服务期也是两年。这两年既是脱贫攻坚与乡村振兴有效衔接的两年，也是盐津县决战决胜脱贫攻坚的两年。这两年，有省际交叉考核、脱贫攻坚国家第三方评估验收、全国脱贫攻坚普查、全国脱贫攻坚督查巡查……脱贫攻坚到现阶段，是“难中之难”“坚中之坚”，所有“难啃”“啃不动”

的硬骨头都要扫尾、清零。

“第一任第一书记是我读研究生时期的同学，第二任是我读研时期所在学院的辅导员，第三任是我在人文学院担任团委书记时候的研究生会主席，前面选派的挂职副县长还是我高中母校的学长……”，我迅速找到和前任第一书记们的“联结点”，建立起了两个工作微信群“盐津合伙人”“黄草合伙人”。“合伙人”微信群体现的是学校定点扶贫的一种信念，不仅仅将学校自 2015 年开始陆续派驻的挂职副县长、驻村第一书记“网罗”到一起，随时咨询联络，更是在传达“一次盐津行，一生盐津情”接续扶贫的理念。全体东华人以“盐津所需，东华所能”的态度都是盐津县脱贫攻坚路上的一份力量，也在不断壮大定点扶贫工作的“朋友圈”。当然，这一切都是为了打好脱贫攻坚战的收官之战。

在最后阶段，住房安全有保障要求“搬新拆旧”。摆在我面前的第一个难题就是海子村民小组新建组内安置点公共生活区域是一潭潭“泥塘塘”，老百姓“前脚掌带泥，后脚掌带水”，进进出出非常不方便，不愿意搬进新房生活。正当一筹莫展的时候，学校师生募捐的十多万元到账了！

随后，我和挂职副县长范金辉马上到海子村民小组入户调研，召开院坝会，听取群众意见。回来，又先后四五次召开集体办公会，制定完善公共生活区域硬化方案。在学校和乡镇党委政府指导下，落实开展硬化。十一假期也没有休工，赶在假期结束前正式完工，让老百姓房前屋后变得“亮堂堂”，很多老乡不知道的是，院坝硬化的费用里还有我来挂职之前在学校捐助的 500 元，他说，每次到海子都像是看着一个愿望的实现一样满足……

解决了入住新房的“拦路虎”，更大的问题摆在了面前——“建新拆旧”。一听说要拆掉老房子，很多老百姓，尤其是老年人都掉下了伤心的泪水。几十年的老房子，承载了太多珍贵的记忆。有些还是夫妻两人伐木、搬运，一起努力建设幸福家庭的缩影和见证……

在挂职副县长范金辉老师的带领下，我、罗登雄先后 10 余次到海子入户做群众工作、开院坝会，因为要等老百姓收工回家，有几次开完会都接近晚上十点了，他们不仅仅是“耍嘴皮子”，更是“动真功夫”——修建蓄水池、化粪池，铺设排污管道……解决因为修建配套设施的占地及赔偿纠纷等……一次次院坝会上，看着群众会上老百姓高高举起的“同意”的手，他们也是满心的欢喜……在2019年11月，所有12户农户终于顺利搬迁入住，也同步拆迁了危旧房屋。

搬迁后，我又召集大家一起座谈，听听“东家长、李家短”，把海子村民小组各户之间历年来的隔阂、矛盾摆到了桌面上，逐一商量解决。他说，“以后的日子像是门前平坦的院坝，希望搬迁到新的地点，大家都能打通彼此的心结，展开新的未来！”小伙子彭登彬在搬了新家后双喜临门，于2020年元旦迎娶了美丽的新娘子，范金辉和我也赶了一次本地的“人亲”……

走过老百姓上山下山的路，他们深感老百姓生产生活的不易。为了让海子老百姓更好地脱贫致富，他们邀请中草药种植龙头企业多次深入山林调研考察签订订单销售协议；撰写《药食同源天麻产业扶贫创新体系建设项目》积极申报中央引导地方科技发展专项资金扶贫项目；召集产业发展座谈会，指导三户积极争取扶贫小额信贷支持，发展竹笋、肉牛养殖，引导当地猕猴桃种植企业绑定贫困户适度发展……

随着驻村帮扶时间愈来愈长，愈是深刻体会到《共产党宣言》附录“共产主义信条草案”中所说的道理——“群众的发展是不能命令的。这种发展受到群众生活条件发展的制约，因而是逐步前进的。”

今年，海子也终于迎来了“黄草社区二级公路至海子村民小组乡村公路硬化项目”的入库准备施工的通知。这也是文章开头提到的好消息——一个老百姓“生生世世”都心怀感恩的好消息……听到这个消息，我和挂职副县长范金辉第一时间想到的就是要分享给海子和沿路的老百姓，因为他们一直都是“幸福着你的幸福”。

6年前的海子，深藏大山，屋内串架房发潮发霉、散架腐朽；如今的海子，院落联排整齐，院坝平坦。无论是发展肉牛养殖、竹笋种植、天麻种植、中草药种植，还是外出务工，都有着各自奋斗的“活路”……东华大学陆续选派的挂职副县长和驻村第一书记们，已经成为海子村民小组的“幸福合伙人”，那些有关的奋斗故事，这片群山和群山的主人们会记得……

起名“合伙”，是想传递一种态度，要比“合作”更紧密。因为“梦着你的梦”，所以“悲伤着你的悲伤”，“幸福着你的幸福”。一首老歌《牵手》，唱出了驻村帮扶的心声。“走过你走过的山路”，就知道“前路不好走”“一路上的问题连着问题”，就明确驻村帮扶所要努力的方向；“幸福着你的幸福”，是奔波忙碌的同时能看着老乡们笑着、走着，走向我们共同向往的美好生活……

其实，海子村民小组仅仅是一个东华大学驻村第一书记帮扶生活的一个缩影。6年的接续扶贫路上，我们还在党建扶贫、教育扶贫、消费扶贫、电商扶贫、产业扶贫等方面为黄草社区脱贫攻坚作出了许多卓有成效的贡献……

（作者时任上海东华大学团委宣传部长，派驻盐津县庙坝镇黄草社区第一书记、工作队队长）

# 医　贫

侯　祎

我叫侯祎，是云南省中西医结合医院一名医生。在救死扶伤的岗位上工作了16个年头的我，于2018年3月和其他4名队员一起被组织选派到昭阳区苏甲乡布兴村开展驻村扶贫工作。由于长期患有胆囊息肉、慢性胆囊炎及肝囊肿，为了不让疾病耽误工作，我在报名参加驻村工作的第二天就到医院做了胆囊切除手术。躺在病床上，作为医生的我，完全知道手术后要做长期的恢复调理，妻子也劝我打消去扶贫的念头，安心休养。但是，作为一名党员，当组织需要，我必须第一时间冲锋在前。术后第十五天，在手术切口都还没有完全拆线的情况下，我及时奔赴到苏甲乡布兴村开始了驻村扶贫工作，并担任工作队队长兼驻村第一书记。

初到布兴村，第一感觉：这里的山长得秀气，连绵起伏，大片大片的绿色中透露着一股灵气；这里的水很清甜，天然的矿泉水，大自然的结晶，青山绿水，好不惬意。正当我们窃喜来到了一个世外桃源时，却发现，整个村子户外的垃圾、粪便随处可见，粪堆、煤堆、柴堆随意码放，明沟暗渠污水横流、脏乱不堪；村民家中，锅碗瓢盆、换洗衣物一片狼藉，人畜混居比比皆是，甚至在河沟里还填满了破铜烂铁、牲畜尸体及白色垃圾，苍蝇蚊子到处飞，股股恶臭扑鼻而来。作为一名医生，我很难想象村民们是如何在这样的环境里“健康生活”的。我百思不得其解，便问村民为什么要把垃圾扔在水沟里，村民们却振振有词：“把垃圾扔在水沟里，每到夏季，暴雨冲刷，河水就会把这些垃圾带走了！”当得知河沟的水最终是要流到渔洞水库时，我急了，渔洞水库的水可是供应着大半个昭通城的居民饮用啊！，于是，我们率先带领村民打响了治理河道的攻坚战。听说要清理河道，村民们不乐意了：“地里的活都干不完，谁有闲工夫去干这种事。”我们白天与村干部挨家挨户地去做思想工作，晚上就和村干部们商量着治理方案：怎么打捞？需要什么工具？打捞出来的垃圾如何处置等？有几户村民是出名的老古板，怎么劝都不愿意。我就问他们：“家里孩子在做什么？”他们回答：“有的在城里读书，有的在城里打工。”“你们的孩子在城里要不要喝水？你们是想让他们喝干净的水呢？还是喝泡过这些垃圾的水？”我反问他们。见他们不言语，我就知道他们的心灵受到了触动。我们趁热打铁，立即组织村民认认真真干了半个月，终于把 3 公里多的河道彻底清理干净了。紧接着，我们又带领村民向人居环境脏乱差发起进攻。村委会工作经费紧张，工作队就从自己的工作经费中先后拿出 5 万元，为布兴村购买了环卫设施、修建了垃圾堆放点。组织村民先后开展了 40 余次环境综合整治行动，并通过公益性岗位聘请了保洁员，进行常态化清洁保洁，整治后的布兴村面貌焕然一新。

布兴村有两个“最”，一个是环境“最”脏，另一个则是个别村民“最”懒。家住布兴村 5 组的雷发明，45 岁，结过婚，因为好吃懒做，媳妇早在 12 年前就带着女儿离家出走了。雷发明也懒得去找媳妇和女儿，整天在村里游手好闲，混吃混喝。在农危改中，政策扶持帮雷发明建起了房子，可是他不务正业，什么也不想做，这可急坏了我们，天天都到雷发明家去做思想工作，动员雷发明出去打工，可雷发明以自己没文化为由多番拒绝我们的提议。我们请他到村里的合作社参加养鸡，每月给他发工资。可是不到一个星期，雷发明就不干了，理由是：养鸡场不仅鸡屎臭，而且鸡跳蚤会咬他。当时，真的是什么办法都想过用过了，雷发明依然是没有半点改变。最后，我们想到了生态护林员的工作，经过和苏甲乡政府相关领导协商，为他谋取了一个护林员的工作，每年 8000 元工资，够他的生活费了！但是，我们还是不放心，怕他“三天打鱼两天晒网”，于是就隔三岔五地去抽查，还算可以，至少在岗没有缺席！

另一个是家住 8 组的路向发，47 岁，因为懒，至今单身，2019 年之前，没有住房，一直借住在亲戚的土房子中。他曾经在昆明干过保安工作，不仅人懒，而且还是个无赖。平时就在家门口晒太阳，见着有领导来村里视察，就跑到领导面前哭穷，逢年过节就到村委会来要米要油。村民们都躲着他，远离他。2019 年，经工作队做工作，说通了他的侄儿与他利用农危改资金合建房子。安全住房有了，可经济收入不达标，脱不了贫。我们三番五次到他家动员他去当保洁员，最后他竟然跑到乡里去上访。这彻底激怒了我，就这样，我第一次在村里骂人，骂过他后我就回来了。村里的保洁员一共就 10 个名额，别人争着抢着要，可路向发，送他都不要。没想到的是，没过几天，他主动来找到我，拉着我去看他打扫卫生！扫得很认真、很干净。村民们都有些不敢相信，个个都来看！

驻村一段时间后，我们工作队对村情、民情及脱贫攻坚工作都有了许多的认识和了解。同时，对于具体的工作也有了明确的思路。特别是产业发展方面，我们认为，要想带领群众脱贫致富，就必须要打破“看天吃饭、靠天吃饭”传统种植的瓶颈。经过多方联系，我们邀请了多名养殖专家到布兴村实地查看，专家们一致认为：布兴村有发展养殖土鸡的潜能。就这样，一个“抱团取暖共同发展”“以种植促养殖，以养殖促发展”的产业发展思路在我们的脑海中孕育而生。听说盐津的乌骨鸡特别出名，我们就带着贫困户代表、镇上和村上的干部多次到盐津实地考察学习。经过考察后发现：从乌骨鸡的生长情况来看，布兴村的气候条件和海拔高度都比较适合养殖乌骨鸡。就这样，盐津乌骨鸡引进到了布兴村。

经过工作队的努力协调和争取，两年来，布兴村先后获得了云南省计划生育协会项目资金 20 万元。项目为 14 户计划生育贫困户户均增收 2000 元，为 25 户留守老人户均增收 3500 元，同时每年还为村集体经济增收 4 万元。这样的产业帮扶既解决了村集体经济空缺的短板，又助力了贫困户增收致富，实现“输血式”扶贫向“造血式”扶贫的转变。通过2年发展，全村产业已经初具雏形。

经过驻村工作队和乡村干部几年来的共同努力，布兴村于2020年5月顺利通过了州市审核、省级核查和第三方实地评估检查，如期退出了深度贫困村序列。退出了深度贫困村序列的布兴村，还存在基层干部老化、干部人才“青黄不接”、文化素质低、创新意识不强、产业发展规模小等问题，但仔细研究发现，布兴村也有自己的优势所在，比如林草地面积广阔，马铃薯、苦荞、肉牛、生猪、羊等高原特色产品品质优良等。为解决好人才和产业发展等问题，我们和支村“两委”共同研究探讨，对未来作出规划：驻村工作队要继续深化基层党组织建设，优化组织设置，理顺组织关系，建强一线“指挥所”，切实发挥党组织在乡村振兴、基层治理、劳务输出中的战斗堡垒作用，在乡村治理中打造一支带不走的工作队；尽力帮助村“两委”培养和使用好优秀的年轻后备干部，争取尽快提升农村治理能力；加强与企业、种养殖大户的合作，转变布兴村产业发展模式，通过订单农业、入股分红等方式，将小农户融入农业产业链，向标准化、规模化、产业化发展，做大做强全村高原特色产业。

（作者时任云南省中西医结合医院外科副主任）

# 老吴建房记

王励启

直到傍晚，清晨就下起的雨还在继续。

永善县莲峰镇扶贫业务培训暨月工作调度会刚刚结束。我和税务局孔副局长、驻村工作队袁队长急急走出镇政府五楼会场，来到院镇政府坝内，登上等候我们多时的小车，匆匆赶往 30 公里外的万和村下坪四组老吴家。

万和村有建档立卡贫困户 545 户。老吴家是其中之一。也是全组唯一的没有安全房但迟迟不动工的人家。一家 6 口人：他和老伴、两个儿子、大儿媳、孙儿。儿子、儿媳和孙儿在广东省务工或就学。常年仅有老两口在家务农。

今天，老吴家的新房“上梁”。农村上梁就是房屋盖到屋脊，庆贺一番。这已经是过去修建土木结构房屋的老传统仪式。现在使用水泥、钢筋等新型建筑材料后，“上梁”这一种传统说法和热闹庆贺活动正在逐步消失。不过，修房造屋乃居家百年大计。现时人家在盖水泥钢筋楼房时，上些年纪的老年人还是习惯把打板（打混凝土）称呼为“上梁”。借此机会，邀请亲朋好友庆祝一番，讨个彩头，图个吉利。

车到老吴家屋后的公路坎上，天已经黑了。我们一行一溜一滑，穿过一片花椒林，来到老吴家老房子的院坝大门口。在他家狗儿的欢叫声中，他拉开院坝柴门，引我们一行走进因长年烧柴四周墙壁黑漆漆的既是堂屋又是灶房的房屋里。“上菜、拿碗、递筷……”老吴喜笑颜开地大声呼唤着。热情地把我和老孔硬拉坐在背靠“香火”面对堂门的上八位上。堂屋里已酒足饭饱的一群人饮着茶笑谈正欢。看着眼前的幸福景象，动员老吴家修建安居房的一幕幕不禁涌现在眼前。

“一看房，二看粮……”，按照“两不愁，三保障”，户脱贫5项标准，拆除危房修建新的安全住房是贫困户脱贫出列的首要标准和硬性指标。老吴家是全村迟迟没有进行农危改的两户之一。2017年开始，村“两委”、驻村工作队就上门动员老吴家修建安居房，包保挂钩干部县税务局老舒及时跟进上门与他家共商修房方案。但若干次的动员，反反复复的工作，一直无果。老吴家的安全房建设成了村“两委”、驻村工作队、挂包干部一直的牵挂和心结。老吴家的安居房建设，牵动着许许多多同志的心。县委、县政府的领导来了，县税务局、住建局的领导来了，镇党委政府的领导也来了，村“两委”的、驻村工作队的同志不厌其烦地反反复复上门劝导，结果让关爱的人伤透了心。两年多来，各级各部门的同志到老吴家走访逾百余次。但是，老吴家总是以自筹资金不到位、待收完花椒后、影响周边邻里的生产等等借口软磨硬拖着不开展农危改。

2018年，包保干部老舒争取到相关单位的支持，提供帐篷保障老吴家修房时的临时居住问题，答应收购包销他家的花椒。并无偿提供一定数额资金帮助修建。可是，老吴家依然稳坐钓鱼台，我行我素，谈到修房一事无动于衷，岿然不动。那老吴家迟迟不进行危房改造，原因究竟是什么呢？

2019年4月下旬，我作为市委下派到万和村的扶贫工作督导员到了村上，在工作交流后，我带着这一个问题同一线挂联的同志多次到了老吴家走访。

临金沙江边的万和村，夏季烈日当空，空气就像被火烧过一样，让人有些窒息。这天到老吴家时，庭院柴门紧锁。打通电话联系，老吴家老两口满头大汗地从后院的地头匆匆走来，“早早地下地干活去了，不知道你们要来，大热天的让你们等够喽！”已经是老熟人的老吴微笑着一边向我们解释说，一边打开院门请我们进屋。一阵寒暄后，我就直接切入修建安居房的主题，听听他们的打算。“周围邻里都修好了安全漂亮的钢筋水泥房，我们也打算修的。”正在烧火煨开水的老吴向我们娓娓道来。“这事让老王你们操够心了。树大分丫，儿大分家，两个儿子大了，是该帮助他们建造一个栖身之地，唉！”老吴叹息道。“现在的老房子地基太小，周围的土地是其他人家的，协商调换或有偿流转都谈不成。”可怜天下父母心！他们为了已成家和即将娶妻的两个儿子分别有个安全体面的房屋操心劳碌。在旁边洗茶杯的老吴老伴插话说：“现在修房首先要满足一家6口人的居住，同时，备块地给今后小儿子修栋房成家。公路边上我们看好的一块地，上门谈过，土地的主人提的条件更苛刻。”她一边说，一边抬头看向大门外蔚蓝天空。脸上写满无奈和期盼。“另外的一块地就在我家现在房子的后面路口旁，喊价10万元，我们没有细谈。”面对勤劳、木讷的吴家老两口，听他们的叙述。我认为他家修房的意愿迫切，不愿落人后面的思想明显。牵牛要牵牛鼻子，找到主要矛盾，帮助他家协调选择吉地是修房的关键。我当场答应，修房的地基由我们帮助协调，时机成熟，邀请双方面对面谈判商定。“不过只是要麻烦你们喽！”老吴喜滋滋地给我递上一杯热气腾腾的茶水说。

想群众之所想，急群众之所急。沿着老吴提供的线索，我和村“两委”、一线挂联的同志抓紧时间与上述两块地的户主进行接触协商。远亲不如近邻，通过晓之以理，动之以情的商量，要一次性有偿转让的地块户主表示可以适当让价，支持老吴家的安居房修建。经组织两户面对面的谈判，土地最终已7.68万元成功流转。修房的土地确定了，老吴家安居房建设进入了议事日程。聘请工程队、购置建材、保证建设安全，我和村“两委”、驻村扶贫工作队、县税务局的同志都积极投入其中，帮助老吴出主意、想办法、时时提醒。并约定工程竣工“上梁”打板时，齐欢聚共庆贺。

“来、来，吃菜”。老吴热情地招呼着，把我拉回到现实，打断了我的回忆。我邀老孔端起酒杯，祝贺老吴家安居房基础工程圆满成功！“房屋装修请我的弟弟干，灯具网上购买、瓷砖儿子从广东直接发过来，大门是非标门已经订购，其他门窗在当地定好了。撤除箱模架板后就开始装修，一个多月后可以入住。”在淡淡的苞谷酒香中，老吴满脸得意地一一向我们道来。“感谢你们，谢谢各位，我家的房建让你们操碎了心！多年没有回家的儿子、媳孙今年的春节好要回来过年了！”平常不沾白酒的老吴欣然端起酒杯，向在场的宾朋敬上了一杯酒。脸上挂满了幸福满足的笑容。

不久时日，老吴家就要乔迁新居。我到万和村依赖的第一个心结终于解开了。

雨不知什么时候停了。走出老吴家时天空繁星点点，一轮皓月挂在天空向着我微笑。

我坚信，今夜无梦，未来可期。

（作者时任昭通市工业和信息化局四级调研员、昭通市委驻永善县莲峰镇脱贫攻坚督导员）

# 农村危旧房拆除更需做好群众工作

邓成江

2020年3月1日，还未洗去防疫工作的疲惫，根据市委安排，我离开了奋战1年的彝良县龙街乡恒底村，来到了镇雄县坡头镇花果村进行脱贫攻坚督战工作，我与花果村的缘分就此开始。

## 一、情况摸底知民情

2020年6月7日上午9点，花果村6月工作会议及时召开，坡头镇挂片干部、村干部、驻村队员、作战队员参会，镇人大主席沙光阳主持。会议就6月工作进行安排，重点是抓人居环境提升工作，尤其是拆危拆旧必须应报尽报，强力推进拆除工作。而河沟社周家老屋的拆除，则成为推进花果村拆危拆旧工作的关键，拆除势在必行。

周家老屋占地150多平方米，木瓦结构，本是刘姓地主建造，土改时期分给周姓平民居住，已逾百年。由于年久失修，至今已成危房，且在村委隔壁，紧邻公路，对村容影响很大，但这一危旧房就是拆除不了。村上同志说起拆除也是顾忌重重，说是周家老房产权复杂，共涉及4户人，现仍有 1 户两位老人居住，其中 1 户虽然长年在外，但在外也没有住房，拆除了他回来怎么办？当然最核心的一点是周家是当地大户，不好拆这房屋，会得罪人。全村的拆危拆旧工作焦点就是“花果看河沟，河沟看周家”，只要这里能拆除，在别的地方就轻松了。

扶贫工作要得到群众的支持，就必须让群众熟悉政策，增加群众对干部的信任度。我和沙光洋对周家老屋的情况进行走访。通过交谈了解，我们掌握了周家老屋的实际情况：房主周继光，粮食局退休职工，已修有新房，老房没居住；房主周丙富，夫妻仍然居住在老房里面，但几个儿子已有新房在外，且有一个儿子是公职人员；房主周必荣，已享受农危改建有新房；房主周必书，长年在外务工，老房已没居住，在 3 月叫他实施农危改时明确表示无意愿建房。根据这些情况，我和沙光阳、刘波（驻村队长）通过分析，觉得按政策要求，周家老屋的拆除没问题，主要是做好群众工作，拆除要稳妥安全。

## 二、加大宣传营气氛

2020 年 6 月 8 日开始，镇村干部全面核实全村危旧房数量。我和大家一起，实地查看危旧房情况。对应予以拆除房，一方面量出面积并标注“拆”字，另一方面向涉及村民进行拆危拆旧和操家理务政策宣传，同时发放限期拆除通知书，鼓励村民自拆。一个星期的核实宣传走访，给全村村民传递了政府拆危拆旧的决心，一时之间拆房成了全村的热点。河沟周家老屋、包包广场周围危旧房、陈家四合天井、简家破旧公房等几处关键房屋均进行标注“拆”字并发放拆危通知书。对一些危旧房户主在外务工的，包片干部电话联系户主进行宣传和口头通知后，还将通知书进行张贴拍照并发给户主，将有关政策时限进行告知，要求按时限进行拆除，为危房拆除做好宣传。

## 三、危房拆除动真格

2020年6月16日，按时限要求，周家老屋拆除时间已经过去2日，周家老屋没有任何要自愿拆除的迹象，形势不容乐观。我们决定今天组织镇村干部予以强行拆除。

上午8点，我们带领从其他村请过来的4名施工工人，带上电锯到周家老屋，向还住在里面的周丙富再次讲清政策后，组织人员帮助他们从旧房里把生活用品搬到儿子新房，老两口虽然还有怨言，但也很配合进行搬家。上午10点搬完家具后，由工人先上房去将瓦片揭下来，将房顶各横梁予以断开，以便于挖机操作。这时候周继光来到房前，开始吵闹，说这是他的私人物品，不同意拆除，我和沙主席把他拉离房前，好好对他进行政策解释，他仍然不听解释，说谁拆房子他就找谁。当挖机启动施工后，周继光呆住了，他没想到他的话起不到威胁作用。突然，周继光趁挖机停顿时，一步冲了出去，爬上了挖机履带，阻止挖机继续施工，并大喊大叫要与房屋共存亡，引起了周围观看群众的议论，一些对拆危拆旧不满的群众更是大声发泄不满，场面几近混乱，参与的镇村干部一下陷入不知所从。

我和沙光阳立即采取措施，叫镇干部维护好现场秩序，要求群众退离警戒线。我走到挖机前叫周继光下来，严肃告诉他这是政策的要求，他作为一名退休干部更应该支持配合，有什么要求可以向我们反映，但不能阻止施工，如果继续阻挠，我们将采取强硬措施。周继光立刻拿出电话拨打出去，说我们强拆他的房子，并说是市上的邓同志带头的，问对方怎么办？对方是谁我们不知道，怎么说我们也没听见，但明显看到周继光的神态变了，眼神开始迷离，嚣张气焰减弱。我立即伸手上去把他搀扶了下来，扶着他走到公路边，一边安慰一边拉着，防止他冲进警戒线。看着老屋迅速化为碎屑，他的身躯在颤抖，我知道这是一份对旧房的感情，我挺尊重这一份执着的乡愁，但美丽乡村建设需要我们拆除旧房。

## 四、有序拆除危旧房

从2020年6月17日开始，花果村拆危拆旧全面推进。特别是河沟周家老屋的拆除在全村已经引起轰动，表明了政府拆危工作的态度和决心。山边社、岩背社（尤其是简家破旧公房）的危旧房拆除，也仍然遭到群众的抵触和阻扰，但更多是谩骂牢骚等语言上的不满，没有强拦挖机事件的发生。面对群众的不满，我们认真进行政策解释，向大家讲清楚为什么要进行拆危拆旧，讲清人居环境提升的必要性。对于还有人居住危旧房的，组织人员帮助搬家。通过政策讲解和搬家行动，不涉及拆危拆旧的群众积极表示支持，被拆危拆旧的群众也在慢慢接受，拆危拆旧工作进行顺利，花果村危旧房拆除有序展开。

花果村拆危拆旧工作，既是美丽乡村建设的起步，更是向农村人居环境旧俗的一次强力挑战。有的危旧房凝聚了农民固有的家居情怀、生长情怀，也有的危旧房确实是农民生活的生产房，拆除后给农民带来生产生活的不便。拆除危旧房工作要得到群众的理解和支持，除了政策的宣传，还需要更多注入资金，完善配套设施。当前尤其需要抓好厕所革命和农村危旧房改造项目，实施院坝硬化和打通连户路，解决群众面临的一些实际困难，而不是一味强行拆除。有了资金项目的扶持，在此基础上做好群众思想工作，更能让群众自觉主动融入拆危拆旧工作中，自觉提升和改造自己的生活环境，为乡村振兴打下坚实基础。

（作者时任昭通市人社局派驻花果村督战队队长）

# 真心换真情　扶贫路同行

陶照睿

时光飞逝，转眼已到了脱贫攻坚收官之年，我以中储粮云南分公司驻村工作队队员的身份来昭通市盐津县滩头乡北甲村已 4 年有余。这 4 年，北甲村有了翻天覆地的变化——破旧塌陷的危房被逐一改造拆除，村民有了崭新温暖的家；曾经遍布农田的白色垃圾不见了踪影，垃圾焚烧站的建立让田园村庄回归绿色；中蜂、小龙虾养殖丰富了产业元素，劳动的汗水换来了增收的喜悦；电商超市落地开业以来，改变了村民传统的消费和商贸往来方式；公路硬化项目的完成，便利了村庄生产运输和居民日常出行……北甲村从无人问津的偏远村落，逐渐发展成了兴旺宜居的活力乡村。

驻村之前，曾有人跟我说，北甲村是基础条件恶劣的贫困村，要做好充分的心理准备，初生牛犊不怕虎，我怀着些许忐忑和十足信心，开始了驻村之路。即使满怀斗志，回望驻村伊始，我与乡村生活还是产生了不少“摩擦”。

## 山路难

第一次走山路下村组的时候，我像一个蹩脚的“走路新手”，在湿滑泥泞的土路面前毫无经验，反复连滚带爬失去平衡，看着村干部和驻村前辈灵活自如，我又疼又急。第一周，我“光荣”收获了两条泥裤子，在最为崎岖的上沟、下沟村组山路上，留下了我多次摔跤的身影。所幸世间万事不过熟能生巧，带着攻坚克难的严肃心情，我主动申请多走访、多下地，一来便于熟悉地形，掌握走山路的技巧；二来能与村民沟通交流，熟悉村情民意。如今，我对去每条村组的近路了然于心，即使雨天出行，也能灵活稳当。山路之难，总算是成功攻破。

## 吃饭难

带着融入乡村的热情，我开启了下村入户点差之旅，不管是日常走访收集信息，还是下队给农户宣传政策，我和驻村队友时常出去就是一整天，村民每次都邀请我们在家里吃饭，但为了不给他们增添负担，也为了尽快完成任务，只能谢绝村民的好意。饿着肚子持续工作，十多个小时下来，一旦回村时错过饭点，就得撑着疲惫的身体自己找点干粮，饥饿和劳累冲击着生理和心理，有时等不及吃东西就沉沉睡去，醒来又是忙碌的一天。随着下村次数增多，我积累了经验，再忙也不能饿肚子，身体是干好扶贫工作的本钱，每次下村，我和队友便会自己备些干粮，不管是泡面还是饼干，在僻静的山间，也是一顿难得的美餐。

## 工作难

驻村之初，扶贫工作涉及的范围之广、内容之繁杂，远超我的想象，在大排查、清错漏的工作中，单是建立详细的台账，就让我反复学习和研究了许久，排查过程中，部分村民对于国家的惠农政策不甚了解，甚至会产生抵触情绪，如何沟通和说服他们，也让我十分犯难。乡政府和村委会派出了村“两委”成员搭配驻村队员开展工作，以便尽快掌握更详尽的情况，在入户过程中，我发现村干部们并不急于立刻讲政策、说道理，而是与村民聊家常，通过分享村间趣事、倾听农户烦恼，打破干群交流的隔阂，在促膝长谈中逐步讲解政策、分享工作进度，将心比心增进了解。

我逐渐意识到，驻村工作不是冰冷的数字和强硬的方针，是真心换真情的过程，这不仅是我的工作，更是我的生活。在走访排查的过程中，我不再只关注农户的贫困程度，更关注他们为什么贫困，了解他们的烦恼和快乐，倾听家庭的琐碎，畅聊共同的希望。他们既是帮扶对象，更是我的朋友。近年来，在提升人居环境工程中，驻村工作队积极配合村委会推进工作，从完成任务、帮助朋友的角度，力所能及提供支持。在工程开展过程中，下沟小组贫困户王世彬家的厨卫条件很差，我便拿出自己的私车为该户拖运砂石材料，帮助改厨改厕，在此期间，也与王世彬户建立了深厚的友谊，看到农户的居住环境改善，我的心里也有着难言的喜悦。

4年来，作为扶贫参与者，我见证了北甲村的美好改变。产业发展方面，自2016年起，不少建档立卡贫困户参与中蜂养殖后实现增收，尝到了生活的“甜头”，此后，小龙虾试养殖和牛草种植陆续展开，村“两委”和驻村工作队还联合本乡集体经济公司、合作社、养殖大户，采取“集体经济公司+合作社+农户”的发展模式，大力发展生态肉牛养殖，经过4年多的努力，北甲村产业发展格局实现多元化，增加了就业活力，提高了收入水平。

教育助学方面。近年来，中储粮云南分公司将特色活动——“青穗”志愿服务与教育扶贫工作相结合，通过爱心书屋、学具捐赠、设立奖学金等形式开展助学活动，切实把资源精准投放到需求群体中，助力教育扶贫，教育助学工作的持续开展，诠释了云南中储粮人对北甲小学学生们的关怀和期望，践行了企业助力脱贫攻坚的责任。

基础建设方面。2018 年末，中储粮云南分公司 80 万元援建北甲村九盘、油厂片区 4.2 公里李子、竹子产业发展公路硬化。2020 年 3 月 10 日，公路硬化项目全面竣工，九盘、油厂产业路的贯通，不仅解决了北甲村两个小组 84 户 942 名群众的出行问题，也为 500 亩李子、1000 多亩竹子产业的运输发展提供了便利。

人居环境整治方面。2015 年至 2019 年，北甲村全村共实施农危改 78 户（其中建档立卡户 70 户），住在 C、D 级危房的住房全部改造完成并得到政府补助资金达 205 万元。易地搬迁 7 户，其中 1 户搬迁至铜鼓寺安置点，6 户搬迁至水田坝安置点，共拆除危旧房屋 30 栋，既保障农户的住房安全，又美化了村庄环境，房屋修建或拆除的过程中，帮扶干部既当“指挥官”又当“战斗员”，不仅负责安全监管，也参与劳动工作，帮助农户递砖送瓦，与群众一同流汗、一同建设。

作为基层学习者，北甲村给予了我克服困难、提升自我的机会，驻村生活中的锻炼与成长是宝贵的收获。2020 年，因在驻村工作中表现优秀、扎实肯干，我由中储粮云南分公司劳务派遣员工正式转入企业在编员工，即使身处一线脱贫战场，社会各界、公司上下、扶贫相关联络部门都密切关注着驻村工作的进展，第一时间响应着我们的诉求，给予关心和帮助，从个人职业发展到工作队任务，我和战友们获得了公司、政府、村“两委”和群众的鼓励和肯定。时间磨炼了我的意志，让我有充足的耐心和信心，为驻村工作持续注入热情和责任。在各方协作脱贫的奋斗历程中，我欣喜地感受到，北甲村振兴之路越走越顺，迸发出前所未有的活力，年复一年，日新月异……

（作者系中储粮云南分公司派驻昭通市盐津县滩头乡北甲村驻村工作队队员）

# 一言一行聚动能　一山一水尽欢颜

## ——昭通市住建局助力脱贫攻坚纪实

昭通市住建局

2015年以来，一场轰轰烈烈的脱贫攻坚战在全国打响。作为云南乃至全国贫困人口最多的地级市和脱贫攻坚的主战场，昭通市的这场“战斗”规模空前、力度空前、影响空前，成为当前当地最大的政治任务、民生工程、发展机遇和历史挑战，“战火”遍及乌蒙高原的大山、大水、大峡谷。

在这场攻坚战中，昭通市住建局亮剑出招、担当奉献，决战脱贫、决胜小康，派出强有力的驻村扶贫工作队、脱贫攻坚督导员、挂包帮扶干部，深入昭阳区炎山镇炎山村和镇雄县以勒镇的瓜果村、以堡村，用心、用力又用情地助力脱贫攻坚，发生了一个个感人至深的扶贫故事，助推着一次次美丽动人的山乡巨变，谱写着一首首光彩照人的脱贫壮歌！

## 建起两座“连心桥”，穿越时空得民心

2020年12月8日，镇雄县以勒镇以堡村河边组山风料峭，一座水泥平桥屹立在哗哗流淌的筒车河上，连通了沿河两岸及山高谷深的周边，桥上车辆穿梭，笑声盈耳，热闹非凡。

说起这座桥的前世今生，过往群众感恩戴德，以堡村河边组 83 岁老人黄家贵更是老泪纵横，不堪回首的修桥往事纷纷涌上心头……

在 2018 年之前，河边组村民摒弃了以往在河水上设立小石墩来作为过河“跳板”（当地人称为“石头桥”）的做法，改为在河面上用石头做桥墩，再在石头上铺排木板，搭建一座简易木桥，过桥场面步步惊心，溺水事故和险情时有发生。

黄家贵老人依稀记得，从他记事时起，共有 62 人先后在石头桥或木桥上过河时不幸溺水遇难。

2016 年，河边组村民自发筹资 2 万元，在筒车河上建了一座简易铁索桥。尽管人走在上面晃悠悠，却已有惊无险，但当地村民迫切希望能够早日建成一座真正牢固的水泥大桥。

2017 年年底，昭通市住建局驻村扶贫工作队队长李新武和驻村扶贫队员郑润环、王建星、杨仁权，走访得知当地村民的建桥夙愿后立即汇报，昭通市住建局迅速派人实地踏勘，多渠道筹资 162 万元，镇雄县政府配套 100 万元，一下子解决了资金难题。

2018 年 1 月 10 日，在阵阵欢呼声和挖机轰鸣声中，这座连接镇雄以勒镇以堡村、坡头镇新场村的水泥桥正式破土动工。

2018 年 8 月底，这座桥墩高 7 米、桥面宽 5 米、桥长 60 米的水泥平桥建成通车，村民们做了几代人的修桥梦终于实现，纷纷由衷地把这座大桥称为“救命桥”、平安桥、连心桥、希望桥、民生桥、幸福桥。

如今，这座大桥让沿河两岸 10 个村民小组 4000 余人出行平安、无须绕道，让以勒镇以堡村和坡头镇的新场村、堰塘村上万人从中受益，助力脱贫攻坚，助推经济发展。

从石头桥、小木桥、铁索桥到水泥桥，见证了以堡村过河桥的“蝶变”，凝聚了昭通住建局让天堑变通途的心血。

无独有偶的是，2018 年，昭通市住建局派驻以勒镇瓜果村驻村扶贫工作队多方协调、筹集资金，将瓜果村大堰河上的一座人行索道桥实行索改桥，建起了一座水泥平桥，让镇雄县以勒镇瓜果村及毗邻的大湾镇玉田村、花朗乡发地村、坡头镇龙洞村的2000多户农户从此平安过河，社会好评如潮。

## 打通两条“断头路”，点燃希望惠民生

以勒镇瓜果村，群山绵延，山高谷深，阻隔了当地人的出行路和发展梦。

截至2019年年底，瓜果村共有1709户7131人，已脱贫419户2101人，未脱贫293户1332人，贫困发生率高达18.67%，是脱贫攻坚中的一块“硬骨头”。

要脱贫要致富，必须要先修路！2018年起，黄佑金担任昭通住建局派驻瓜果村的驻村扶贫工作队队长、驻村第一书记，带领驻村队员跑项目、筹资金、抢工期，相继对瓜果村两条“断头路”进行开工兴建。

2018年年底，瓜果村的大堰组、纸槽组村民自行集资近20万元，昭通住建局驻村扶贫工作队和瓜果村三委、以勒镇工作组协力支持，以勒镇致富带头人陈剑只收修路材料费，再借助炸药挖机和群众劳投工投劳，硬是在上槽组只有羊肠小道、岩石高耸的大山上“炸”出了一条土石路。2020年10月，黄佑金筹资5万余元，将这条土石路扩宽并硬化为沥青路，真正打通这两个村民组交通出行的“最后一公里”。

2020年，昭通住建局驻村扶贫工作队筹资15万余元，在先前将瓜果村至以勒镇团树村的断头路上开凿出2.4公里土石路，又将原来的10多公里土石路全部扩宽并硬化为宽4.5米的沥青路，惠及上槽、韩家沟、坳上、湾头、青杠、团树子六个村民小组400余户1200余人。

实际上，这些只是昭通市住建局在驻村扶贫、挂包帮扶和基础设施建设扶贫中的“冰山一角”：协调争取到488万元财政资金，在瓜果村修建了12.2万平方米串户路；协调交通部门资金162万元，建起1.63公里长的

“交通 + 特色产业”公路，助推当地生态鹅产业发展；多渠道筹集 1010 万余元资金，建设了瓜果村委会至陈家湾的 12 条村组公路，总里程 16 公里；借助社会扶贫，协调云南交投集团云岭建设公司、后勤服务公司投资 88.5 万元，实施瓜果村委会至瓜果小学的道路提升改造工程（将在 2020 年 12 月 12 日铺沥青）、党员活动室等项目；协调对口帮扶昭通的广东东莞市 80 余万元东西部协作扶贫扶持资金，购买了一台洒水车、一辆垃圾车，安装了 280 颗太阳能路灯；协调争取到 40 万元资金，帮助建成瓜果村文明服务站、瓜果村文明实践超市……

让人欣喜的是，在昭通市住建局各驻村扶贫工作队不懈努力下，截至 2020 年 11 月，以堡村已累计硬化通村公路 10.75 公里、村组公路 21.4 公里，炎山村顺利筹资 160 万元，用于当地村组公路硬化和兴建，结束了当地人背马驮的日子。

## 建起一个养鹅场，培育产业助脱贫

时下，走进瓜果村大房子组的生态鹅养殖基地，只见数千只白鹅在觅食、嬉戏或戏水，旁边建起了 100 多亩用于给鹅提供“口粮”的神州草种植基地，还建起了种鹅孵化室、育雏舍、脱温室、饲料厂、病畜隔离区、办公区，俨然一个“白鹅王国”。

2019 年年初，在昭通市住建局城市管理综合执法支队支队长、现任瓜果村脱贫督战小分队队王磊引荐下，瓜果村生态鹅养殖产业项目正式实施，引进龙头企业，成立专业合作社，修建产业发展路，整合了当地 303 户建档立卡贫困户 1257 人的产业扶持资金 154 万元，顺利流转了 290 亩土地，建起生态鹅养殖基地和神州草种植基地，还在相邻的以堡村建起商品鹅养殖基地。

生态鹅适应性强，全身都是宝，经济价值高，鹅肉、鹅蛋、鹅毛、鹅肝、鹅掌、鹅头历来深受消费者欢迎。正是如此，该基地重在育种扩繁、扩大规模，以堡村商品鹅基地出栏的近2000只肉鹅每公斤肉鹅卖价40元，根本不愁卖。

截至2020年5月，该基地共引种扩繁生态鹅59720羽，其中上市销售脱温苗21247羽、转商品鹅3000羽、转合作社15000羽、转种鹅3000羽，实现毛销售收入66.25万元。

瓜果村大房子组贫困户张昌菊欣喜地说，这个建在她家门口的养鹅场，是她家的“发财树”：修通1.6公里长的产业发展路，联通大房子组和邻近村民组，不用再像以前那样绕道而行了；她流转了2.6亩土地，流转后每年可旱涝保收地有比以前种苞谷洋芋要划算得多的流转金收入；她还到该养鹅场打工，上班一天有100元工资，一个月下来可挣个两三千元劳务收入，还可以在家照顾老人和小孩，一家人也在2020年脱贫。

跟张昌菊一样，瓜果村大房子65岁组贫困户申庆先也是该养鹅场发展生态鹅产业中的直接受益者，有土地流转金收益、务工工资收，在改养殖基地上班拿工资。

脱贫攻坚，离不开产业支撑。除了花果村生态鹅产业和以堡村原有的烤烟产业（年产量1100余吨），在昭通住建局及其下派驻村扶贫工作队、脱贫督导小分队不懈努力下，所挂钩帮扶的上述3个行政村的产业扶贫项目也是遍地开花结果：在昭阳区炎山村，实施马铃薯规范化种植640余亩、带动300多户贫困户1000余人增产增收，对295亩花椒进行提质增效、惠及128户572人，还建立1个生猪养殖专业合作社、1个村级集体经济。

## 全面落实“农危改”，圆了群众安居梦

住上安全房，对于炎山村、瓜果村、以堡村等边缘高寒山区的老百姓来说并非易事。

在实际工作中，昭通市住建局挂包干部、驻村扶贫工作队、脱贫督导员同心协力，紧紧围绕“两不愁、三保障”户脱贫目标，落实政策，盯住重点，为民解忧，为民谋利。

其间，扶贫干部们也是历经坎坷，久经考验，故事多多。

余显江，56 岁，四级肢体残疾，41 岁妻子汪宗琴视力一级残疾，两个儿女均在读大学，是以堡村田坝组建档立卡贫困户，一家 4 口挤住在 45 平方米的砖木结构危房里。

2017 年来，当地镇村干部、挂钩帮扶干部、驻村扶贫工作队做了很多劝导建房工作，尝试了拆除重建、修缮加固、组织帮建、易地搬迁、农危改等法子，非常恋旧和固执的余显江夫妇俩就是坚决不同意建房或搬迁，但劝导工作仍在继续。

2020 年 4 月中旬，昭通市住建局党组书记、局长何枢走访了余显江这个“钉子户”，一番苦口婆心地劝说和引导后，对方稍有松动，答复是“先考虑一下后再说”。

同年 5 月 2 日，昭通市住建局派驻以堡村驻村扶贫工作队队长、村党委第一书记吴传东带着驻村扶贫工作队队员，再次来到余显江家进行走访调研和动员劝导，耐心地以情感人、以理服人、以政策引导人，终于说服余显江夫妇同意实施农危改。

随后，吴传东一行立即为余显江申请补助、规划选址、联系建材，让农危改项目迅速开工建设，并在土方开挖、打桩、浇灌、砌墙、房屋装修等方面提供技术指导服务，主动当起免费建房的“小工”。

2020 年 8 月 8 日，余显江一家乔迁到安全宜居的新居，对农危改政策由衷赞叹，对帮助他圆了安居梦的扶贫干部们连声感激。

实际上，让余显江一家告别过去低矮破旧、漏风漏雨的危房，建起安全稳固、美观实用的新房，仅仅是昭通市住建局及其驻村扶贫工作队在真扶贫、扶真贫中苦干、实干、巧干的一个“印记”，也是精准落实农危改政策、改善农户居住条件、激发脱贫内生动力中的一个缩影。

据统计，2017年至2020年，瓜果村共计协调下达并实施落实农村“农危改”指标406户（包括312户卡户和94户卡户），总投资1336.5587万元，当地所有危房“清零”；从2016年昭通市住建局挂钩帮扶以堡村以来，在该村组织实施农村“农危改”403户1596人；2016年至2019年，炎山村实施农村“农危改”220户。

## 教育扶贫常态化，助推孩子读书梦

扶贫先扶智。昭通市住建局党组历来重视农村教育扶贫：“一个孩子读书成才，就能有效带动一个家庭的脱贫致富和后续发展，长久阻断贫困代际传递，扎实推进今后的乡村振兴。”

实际工作中，昭通市住建局的挂包帮扶干部、驻村扶贫队、脱贫督导员在实际扶贫工作中非常重视农村教育扶贫，通过自发捐款、社会扶贫等渠道筹集资金，通过设立贫困学生助学金、优秀学生奖学金进行科学引导，抓好控辍保学、寒门学子资助、山区学校帮扶、学生励志教育等工作，助推广大学生读书成才梦，发生了一个个爱心传递的动人场景。

在瓜果村，2016年来，昭通市住建局自筹用于奖励瓜果村优秀学生的奖学金11万余元，受助学生共计216人次，帮助刘薇、罗帅等优秀学子圆梦。还积极牵线搭桥爱心企业、组织开展社会扶贫，2018年11月协调上海中润国盈集团向瓜果小学、石丫口小学、大堰小学捐赠价值5万余元的校园广播、打印机、篮球架各一套；2019年6月，邀请昆明元朔建设发展有限公司党支部、中国建筑公司昆明罗衙立交项目党支部，向瓜果小学捐赠价值3万余元的3台净水机以及一批图书，让该校师生从此告别大肠杆菌超标的水井直饮水；2020年协调云南建投，向瓜果小学捐赠238套校服……

在以堡村，昭通市住建局及派驻该村的驻村扶贫工作队筹集12.885万元爱心助学金，帮助赵潇等当地优秀寒门学子喜圆读书梦。

## 各方抱团聚动能，帮助群众摘穷帽

尽管精准扶贫任务重、时间紧、要求高、难度大，昭通市住建局及派驻的各个驻村扶贫工作队、脱贫摘帽督导小分队在脱贫攻坚战中一直不忘初心、履职尽责，始终宵衣旰食地真扶贫、扶真贫、抓脱贫，不断攻坚克难、攻城拔寨、捷报频传，所挂钩帮扶的炎山村、瓜果村、以堡村在2020年全部如期脱贫出列，交上了一份经得起历史、政治和人民检验的高质量脱贫攻坚答卷。

在这场如火如荼的脱贫攻坚战中，广大建档立卡贫困户如期如愿地摘了“穷帽子”、圆了小康梦，成为最直接最根本的受助者、获益者。据统计，2020年年底，炎山村341户贫困户12341人全部脱贫，瓜果村711户贫困户3466人全部脱贫，以堡村700户贫困户3715人全部脱贫。

可期的是，如今，昭通市住建局激流勇进，正在不遗余力地对已全部脱贫出列的上述3个挂钩帮扶村进行精准脱贫成效巩固提升，只争朝夕地为当地今后的乡村振兴蓄力和赋能……

（昭通市住建局供稿）

# 挂钩帮扶村的变化

龚太军

## 基　础

2015年9月，经大关县委、县政府决定，我们大关县财政局的挂钩帮扶村由木杆镇向阳村调到寿山镇中坪村。10月18日，我带领局机关办公室、综合股和农村综合改革领导小组办公室的3名同志首次来到了寿山镇中坪村，开启了新一轮的脱贫攻坚战斗。踏进村子里的那一刻起，我脑海了就浮现了六个字："要想富，先修路！"从村支书宋启洪那里了解到，中坪村共15个村民小组，除了村委会所在驻地的新云小组通了硬化路以外，其余14个小组车辆都无法到达，全村硬化路就是益珠村到中坪村委会这条进村道路，这样的交通条件，也难怪中坪村会成为大关县的5个特困村之一。

十月的中坪村正是秋雨时节，中坪村又处于高山深谷之间，从早到晚都是白蒙蒙的云雾笼罩着，小雨就这样淅淅沥沥地不知疲倦地从天而降。踏出村委会，我想随便走访一两户群众了解情况，却发现到处都是稀泥烂塘，离开大路就无处落脚，只得去村里的小卖部买了几双水鞋，在买鞋的时候和老板闲聊了几句，我问老板："老板，生意怎么样啊？"

"混日子了，哪里有什么生意，勉强混点吃的了。"老板回答我。

"我看村里没几家商店嘛，你这差不多是垄断生意都还不好啊？"

“再怎么垄断嘛也要有人有钱来买，这个村的人大部分都太穷了，哪里有闲钱经常来我这里买东西？”老板原来是外地的，想着这个村没啥人开店才来做生意的。

出了小店，回到村委上，换上水鞋，村支书宋启洪带着我们在村委会周边四处逛逛，顺便了解中坪村的基础地形和民情。通过与村支书的交谈，我的脑海里慢慢就有了一个形象：雾茫茫的天空下，毛毛细雨中，家中的劳动力从茅草屋中带着农作工具来到山间斜坡上，开始一天的劳作，然而却因为耕地处在陡坡上且贫瘠，虽然辛辛苦苦在地里干了一年，收成却不尽如人意，只能勉强果腹……

为了更全面地对中坪村这个脱贫攻坚战场进行了解，我又来到了全村仅有的两个苗族村社之一的陆坪村民小组，陆坪村民小组是中坪村海拔最高的村民小组之一，从村委会到这需要步行 3 个小时，生活在这个地方的群众都是苗族同胞，我到陆坪村民小组的时候正值傍晚时分，视野里云雾缭绕的山腰中一座座黄土墙的茅草屋正向外吐出燃烧柴禾的缕缕青烟，那是苗族同胞们正在家里准备着晚饭，一群土鸡在房前的园里翻找着虫子，几条黄狗沿着小路追逐打闹，如此画面让我感到诗情万分的同时也让我感受到了村子里的苗族同胞们的生活条件的困难……

从中坪村回来后，面临着中坪村的恶劣的基础条件，我陷入了深深的沉思，心里思考着一定要为村里做些什么，就这样开始了中坪村基础建设战斗。

一年后的一天傍晚，在中坪村委会坝子里，我和驻村工作队正在组织一场群众会，是关于中坪村新云小组村组道路硬化的群众会，这条村组道路硬化完毕后就意味着全村非易迁区域“最后一公里”村组道路硬化实施完毕。中坪村是典型的高海拔地区，气候条件恶劣，基础设施落后，道路通行率极低，群众出行相当困难。面对这一现实问题，通过多方努力，协调组织项目改变中坪的基础条件。2015 年至 2019 年年底，协调资金 1300 余万硬化路村民小组共 9 个，提质改造 6 个村民小组道路；协调资金 120 余万硬化全村户间作业路、院坝；协调资金265万修建防洪堤坝，协调资金200余万建设村级文化活动场所1个，文化活动场所5个，其中陆坪、长坪为少数民族聚居地活动场所，极大地丰富了群众的业余生活；人畜饮水已全部完成，全村农户饮水均已达到国家标准；全村均已覆盖移动网络；生产生活用电均已全村贯通。

## 易　迁

常言道："树挪死，人挪活"，面对中坪村六类地区一方水土养不起一方人的情况，我和单位帮扶干部们开始动员易迁区域群众搬迁。然而意外的是，搬迁政策在群众眼中不能理解，易迁动员工作的开展并不顺利。于是我们开始了一轮又一轮的入户宣讲、动员和释疑，组织群众代表实地参观易迁地点和建设情况，面对我们的宣传和政策解释，群众也开始慢慢主动地试着去了解和理解易地搬迁的政策和易迁以后医疗、教育、交通等各方面的好处。第一次到王兴荣家说到易地搬迁的时候，两夫妻都对我说政策好得很，但是不愿意易迁，我问他们："为什么不愿意搬家呢？陆坪这儿生活生产条件都这么差。""我们知道现在国家政策好，让我们搬去靖安也是为我们好，但是龚局长，说句实话，我们在陆坪这里生活了这么多年，你让我们搬去靖安我们一点也不习惯，虽然这里条件差，但是不管我们种庄稼还是上山去弄山货，终归是饿不到自己的。"王兴荣夫妇和我们聊着，通过对话，我了解到虽说故土难离，但他们最担心的还是易迁到靖安安置点之后生活没有着落，上有耄耋老人，下有在读学生，这个贫困的苗族家庭心中的担忧不是毫无道理。既然了解了群众真正担心的地方，那我想也可以对这次易迁动员工作下剂猛药了。2019年6月底，我同单位驻村工作队组织群众代表驱车前往靖安安置点实地参观易迁安置点规划和建设，并带领群众到安置点的蔬菜大棚、种植基地进行参观，向群众介绍了靖安安置点周边的工作岗位、医疗设施和教育情况，参观完毕的回程途中，王兴荣终于说道：“还是要搬，房子比我们的茅草房好多了，娃儿读书也近，老人看病也更方便，我刚刚都问了团转的人，活路也好找来做，回去就和媳妇说准备搬家！”现在，王兴荣户两夫妇在靖安本地务工，大儿子外出务工，小儿子就在家门口的中学读书，老人在家安享晚年，吃完晚饭了乘坐电梯下楼在小区园子里散散步，日子过得一天比一天红火。

目前，中坪村共易迁群众153户772人，其中村内安置点45户232人，镇内安置点14户60人，靖安安置点94户480人。

## 人 居

通过脱贫攻坚的努力战斗，路通了，水通了，电通了，网也通了，中坪村的群众生活变好了，腰包也开始慢慢鼓起来了，但多年形成的老旧生活习惯却没有改变。入户开展工作，总会发现十户有九户屋里都是脏乱差，硬化好的作业路、院坝也是遍布杂物泥土和动物粪便。为改变群众这种落后的生活思想，进一步改善挂钩扶贫村人居环境，我同局党组成员、行政班子和驻村扶贫工作队开始研究要怎么样才能改变这一情形呢，通过调研，基本思路形成了。

加强宣传。每月入户，组织结对帮扶干部利用入户机会，着重向帮扶群众宣传人居环境意识，同时要求驻村工作队结合爱国卫生运动，利用刷写标语、“三讲三评＋”等群众会议重点宣传，切实提高农户的人居环境意识。

加强培训。每月到村开展工作，对全村护路员、护林员和保洁员进行培训，针对性提高公益性岗位的责任意识和人居意识，在村委会利用集体经济租用铲车清理路面大型障碍后，护路员、护林员对路面垃圾进行清理，同时对沿路农户进行人居环境宣传。

引领带头。工作中要求驻村工作队、村“两委”和学校有机结合，多核发力，通过支部活动、学生教育活动等多种形式引领党员、学生和村干部起到带头作用，潜移默化提升村民人居意识。

购置工具。为进一步培养群众卫生意识，组织局党组会议研究决定购买扫把、垃圾撮等工具，发放到全村常住农户家中，结对帮扶干部叮嘱其搞好人居环境，提升群众文明卫生意识。

卫生评比。工作队要每季度开展一次全村卫生文明户评比活动，从全村 15 个村民小组中评选出 3 个卫生文明小组，根据门前屋后卫生、家中生活用具摆放整齐度和精神面貌等一系列条件，每个村民小组中评选出 1—2 户卫生文明户，针对评选出来的卫生文明小组和卫生文明户给予一定的物质奖励，提高农户搞好人户环境的积极性。

现在的中坪村，村组道路上干净了，户间道路和院坝也清爽了，大部分群众家中也整洁干净，群众的卫生意识也有了较大提升。

变化太多太多，从 2015 年来我到这个特困的中坪村到现在，陪伴着她一步步迈向脱贫出列，我的内心有感慨，有激动，也有欣慰，朦胧中，我又看见了蔚蓝天空下的灯杆安置点，静坐的老人，嬉戏的小孩。

（作者时任大关县财政局党组书记、局长；现任县政协副主席，财政局党组书记、局长）

# 真帮实扶促发展　山区村社换新颜

陈　晖　雷建冲

下寨村是云南省昭通市巧家县中寨乡的深度贫困村之一。辖 8 个自然村 14 个村民小组，全村共 463 户 1816 人，其中建档立卡贫困户 198 户 843 人。长期以来，受区位因素、自然条件等限制，下寨村贫困面大、贫困人口多、产业薄弱，贫困发生率在脱贫攻坚起始时就在全乡排前两位。

今年是脱贫攻坚收官之年，当我们在下寨村入户遍访时，沿着干净平整的水泥路，看着道路两边不断建起的砖房，由衷地感觉到脱贫攻坚以来这里发生了翻天复地的变化。在一次村党总支组织的谈心谈话会上，村里 73 岁的老党员陈发开同志激动地说："现在的下寨村砖房林立、硬化道路到村入户、人居环境显著改善、人民群众安居乐业，我们要感谢党和国家的英明决策，感谢省统计局的关心帮助！"自我们挂钩帮扶下寨村以来，贫困人口从最多时的 843 人，到如今仅剩 29 人，贫困发生率也从 46.4% 降至 1.6%，下寨村也摆脱了贫困村的帽子，于 2019 年随巧家县、中寨乡脱贫出列，顺利地通过了省第三方评估、国家级抽查。预计在 2020 年年底贫困人口和贫困发生率全部清零，确保全村人口同步达到"两不愁、三保障"的脱贫标准。

# 基础建设促发展

我们在村里入户走访，大部分时间都是走在干净整洁的水泥路上，走累了可以到宽阔的村民活动广场歇息一下，和村民闲话家常，对比很多深度贫困村，这样的条件实属优越。

“现在的下寨村，硬化路已经覆盖了所有村民小组，接到了很多家门口，周边的村都羡慕我们条件这么好。”下寨村主任李绍安与来调研的领导干部都会这么自豪地说。2016 年我们协调 450 万元，用于 25 公里的下寨村组道路建设项目；2019 年协调 1000 万元的美丽乡村公路建设项目资金，用于巧家县中寨乡和金塘镇的道路建设。2020 年年初，下寨村用协调的项目资金完成了 3.1 公里村组道路硬化，打通了剩余 6 个村民小组“最后 1 公里”的进组道路，实现了 14 个村民小组全部通硬化路的目标。

为及时掌握下寨村村情、贫情，找出存在的问题和短板，我们成立了“挂包帮、转走访”工作领导小组，做到扶贫攻坚任务有人承担、责任有人落实、措施有人跟进。领导班子定期召开专题会议研究挂钩帮扶工作，局领导多次到下寨村实地调研、走访，与驻村扶贫工作队、乡挂村领导、村“两委”干部和村里的党员代表通过召开座谈会、入户调查等方式，摸清了下寨村的基本情况，厘清了扶贫工作思路，找出了基础设施建设中的短板弱项，制定了精准扶贫实施方案，抓住难点重点，扶真贫、真扶贫。5 年来，协调解决了下寨村饮水管网、下寨小学建设、村组道路、活动广场、垃圾房等基础设施建设项目及整乡推进产业帮扶项目资金达 4300 万，让村民们喝上了放心的水，走上了干净的路，过上了幸福的生活。

产业帮扶助脱贫。

## 党建引领固成效

党建引领扶贫是头号民生工程，村脱贫出列后更需要强化党建巩固好脱贫成效。挂钩帮扶以来，我们坚持结对共建支部促进基层组织建设，积极开展“双一双”活动，省局机关党支部与下寨村 1 个党总支、5 个党支部结成共建对子，定期开展走访调研，组织主题党日活动，强化对村“两委”班子建设的指导；坚持抓基层组织建设助力脱贫攻坚，协调帮助新建300平方米的村级党组织活动场所，下派的第一书记协助村党支部书记做好“两手抓”，顺利推进基层党组织规范化建设工作；坚持抓培育党员模范带头人，巩固脱贫攻坚成效，驻村工作队配合村党总支发展 10 名预备党员，培养了一批政治立场坚定、群众基础雄厚、年龄梯次改善、知识结构优化的党员为村里的致富带头人。

## 干部驻村展风采

截至2020年，我们向中寨乡累计下派驻村扶贫干部28人，其中下寨村 5 批 19 人，中寨社区 2 批 9 人。“脱贫攻坚任务能否完成，关键在人”，我们做到精准派人、尽锐出战，局领导多次到脱贫攻坚一线慰问驻村队员，鼓舞士气，也提出了工作要求：“把大家派到村里，不是意味着让大家放松专业方面的学习，而是给大家定下了更高的目标，在做好脱贫攻坚工作的同时，我们还要发挥专业特长，当好村里的数据管理员、信息分析员和决策参谋员，起好连接单位和挂钩点之间的桥梁纽带作用，把各项工作抓牢、抓实，作出成效。”

每个下派的驻村工作队队员都是业务骨干、专家能手，他们充分发挥特长、专长，努力做好“传帮带”工作，为下寨村打造出一支永远“不走”的扶贫工作队。村副主任张和树长期配合工作队完善村级数据库和档案资料，受到的耳濡目染最多，她经常感慨：“以前找数据这些都是要一本台账一本台账的翻，找不到就只能问乡里或者问农户本人，现在只要在电脑上输入名字，就能跳出全户的数据资料来，比以前快捷方便多了。”现在她在计算机操作、数据处理中已经能独当一面，村里的档案、数据台账由她保存管理，大家都十分放心。

如今的下寨村，山更绿了，水更清了，道路更通畅了，村庄更整洁了。“贫困帽子摘了，攻坚精神不能放松”，云南统计人将继续以“脱贫攻坚越到最后时刻越要响鼓重锤”“不获全胜、决不收兵”的决心迎难而上，真抓实干，确保脱贫攻坚任务如期完成，带领下寨村民走向更加富裕的美好生活，用心用情谱写脱贫攻坚的新时代篇章。

（作者陈晖系云南省统计局一级主任科员，雷建冲系云南省统计局二级主任科员）

# 雪金村的新画卷

李红光

在65岁原昭通市永善县码口镇雪金村主任刘朝凯和现任村支书罗仕开的记忆中，5年前雪金村农户有3个不可逾越的难题。一是吃水难。雪金村唯一的水源点位于距离村庄2公里的半山腰处，且地形陡峭、坡陡弯急、水量小，排队两天两夜去取水是雪金村群众的家常便饭，为取水甚至出现过人员伤亡，红白喜事随份子随一桶水更受欢迎。二是出行难。村内道路全部是坑坑洼洼的土路，雨季只要雨水大一些，村内道路、房与房之间的空隙都会变成小溪流，牛羊粪随着水流的到处都是，“晴天一身灰，雨天一身泥”曾是这里的真实写照。三是种地难。雪金村全村有590户共2578人，人均耕地不足1.2亩，因长年缺水，庄稼收成基本“靠天吃饭”，2014年建档立卡贫困户273户共1098人，贫困发生率高达45%。

灾害频发、交通不便、可耕地稀少、土质贫瘠、农田基础设施薄弱等诸多不良因素，让雪金村村民世代背负着贫困的包袱。2015年以来，在云南省自然资源厅的大力支持下，厅驻村工作队和当地干部群众共同努力，利用短短的5年时间，使这个地处乌蒙山深处贫穷落后的小山村发生了翻天覆地的变化，并且于2018年提前脱贫出列。

# 开对“药方子”，拔掉“穷根子”

“派出单位是坚强后盾！驻村帮扶工作必须充分调动和凝聚各方面帮扶力量”。驻村以来，驻村工作队积极向厅党组、厅机关各处室汇报雪金村的基本情况，详细介绍因村因户制定的具体帮扶举措，争取单位支持。几年来共协调资金 3046 万元，落实雪金村土地整治项目，将雪金村 90% 以上的土地都纳入项目实施的范围。完成各类沟渠建设 36.1 千米，田间道路 11.2 千米，道路挡墙 1.6 千米，饮水管道 20.15 千米，村间道整治 12 千米；建成蓄水池 12 座，输水管 9.2 千米，取水坝 2 座，自来水到家到户，一次性解决长久以来困扰雪金村广大群众的人畜饮水问题；村庄整治道路覆盖雪金村 90% 以上村社和居民点，解决群众出行难问题；田间道路和灌排沟渠系统全面提升农田基础设施等级，种植玉米、土豆等传统农作物，每亩可增收 300 多元，建档立卡贫困户人均年增收 270 多元，适合种植品种增加了魔芋、果树、药材等经济农作物，一举拔掉制约雪金村产业发展的“穷根”。新建村委会办公楼、文化活动场所 3 个、党建活动室 6 个，改善了党组织服务群众的办公条件。雪金村小学教室修缮一新，教学器具、体育器材、座椅板凳等硬件设施全部更新完善配套，硅胶场地全部覆盖整个校园，雪金村里的山里娃享受到媲美城市的教学设施。

“感谢党和政府，派来了驻村工作队，让我们终于告别了吃望天水，种雷响地，住破瓦房，出行靠走，运输靠背的穷苦生活，做梦也没有想到能过上现在的好日子。”聊到脱贫攻坚以来的变化，建档立卡户罗仕兵总是难掩心中的喜悦。

# 找准“产业路”，甩掉“穷帽子”

脱贫还是要靠产业！村里有了致富产业，就算以后我们回去了，村民的生活也会有保障。发展产业是驻村工作队驻村帮扶工作的重中之重，通过项目到户、任务到人，实现项目跟着规划走，资金跟着项目走，大力发展种养殖业，实现集体经济从无到有，带动贫困户稳定脱贫。

雪金村海拔在1000 ~ 1900米，种植花椒有着得天独厚的自然条件，为调动群众种植花椒积极性，驻村工作队通过邀请中国科学院云南分院、云南农业大学专家培训指导，协调资金40万元作为启动资金，帮助雪金村成立了花椒合作社。目前全村花椒种植面积达到1500多亩，建档立卡贫困户全员参与合作社，并拥有相应股份配额。驻村工作队积极拓展销售渠道，帮助雪金村在“中国特产·深圳扶贫馆”“扶贫832”电商销售平台，以及在淘宝、拼多多、微信商城等电商销售平台上开设线上雪金村扶贫产品销售店铺，搭建了贫困户特色农产品与消费者之间的供需桥梁。积极实施机关销售扶贫，营造“人人参与消费扶贫、人人支持消费扶贫”的良好氛围，采取“以购代捐”“以买代帮”等方式，变“输血式”扶贫为“造血式”扶贫，构筑稳定脱贫的长效机制。每年，建档立卡贫困户销售花椒收入人均增收1500元左右。

雪金村种植烟叶历史悠久，但种植上存在散、弱、利润薄等特点，群众种植意愿不高。驻村工作队采取种植大户+农户模式，将烟叶种植大户和农户形成利益共同体，举办烟叶种植培训班，加强劳动力培训，并投入资金5万元，为农户购置微耕机、农药喷雾器等烟叶种植设备，降低人工成本。目前，全村烟叶种植共计600亩，烟叶种植户17户，其中建档立卡户12户，同时，吸收54名劳动力打短工（包括9名残疾人），每人每年可收入4500元，带动了32户建档立卡户稳定脱贫。

雪金村地处偏远，属于二半山区，发展养殖业有着广阔的前景。驻村工作队积极牵线搭桥，云南鲁云禽业有限公司和雪金村返乡创业的村民成立了永利养殖农民专业合作社，建成一个肉鸡养殖基地，采取“党总支＋永利合作社＋养殖大户＋贫困户”的运营模式，进行合作。工作队协调投入资金25万元作为村集体经济，和5户建档立卡户合资建成5个养鸡大棚，每个养鸡大棚承担永利合作社年代养鸡2.4万只，每年纯利润可达12万左右。同时养殖户与党总支签订协议，1户养殖户挂联2户贫困边缘户并为其提供用工岗位。5户建档立卡养殖户两年内分两批归还本金25万元，党总支利用归还的本金，再挑选有养殖意愿的卡户进行扶持，形成扶持资金的良性循环，每年养殖大棚能带动15户建档立卡户稳定脱贫

“驻村工作队扶持5万元，我们贷款6万元，我和弟弟两家建了一个800平方米的养鸡大棚，为永利合作社代养肉鸡，年纯收入有12万元。这样我们两家人就能稳定脱贫了。”建档立卡户姜明望说，因父母年迈，需兄弟二人就近照顾，无法外出务工，驻村工作队为他们量身定制了产业扶贫项目，助他们脱贫致富。

## 增强“软实力”，护航“好日子”

“火车跑得快，全靠车头带。”建强基层组织，是驻村工作队的重要职责。驻村工作队多次与“村三委”及党员农民代表进行交心谈心，使班子成员都认识到“众人拾柴火焰高，人心齐泰山移”的道理。人们渐渐从消极抵触到积极支持开展党支部书记述职、承诺践诺、落实好“三会一课”“党费日”等各项基本制度；驻村工作队队员和村委会一道通过走访了解、面谈把关等方式发现和培养讲政治、年纪轻、有文化、肯干事、能带动的同志充实到后备党员干部队伍中，改善党员结构，同时培养雪金村创业致富带头人。厅机关党支部扎实开展“双联系一共建双推进”等一系列措施，

尽力打造一个能打硬仗的基层战斗堡垒，留下一支永不走的工作队。

走在雪金村村内道路上，掩映在青山绿树间的是一幢幢新房，农用车在硬化的村间道路上往来穿梭，昔日贫瘠的土地变成了“田成方，路相连，渠相通，旱能灌，涝能排”的高等级农田。环境优美、生态宜居，一幅美丽幸福乡村新画卷跃然眼前，村民们纷纷发自内心感慨：是党和政府，派来的驻村工作队“帮到底了、扶到位了”。

世上无难事，只怕有心人。驻村 5 年来，驻村工作队扶出了雪金村新时代的新风貌、新气象。谈到下一步的打算，驻村第一书记李红光信心满怀地说：“我们一定根据省委省政府的统一部署，按照省自然资源厅党组的指示和领导要求，真正做到不忘初心，牢记使命，撸起袖子加油干，助推雪金村在乡村振兴大道上阔步前行，雪金村更好地日子还在前头。”

（作者时任云南省自然资源厅三级调研员，驻永善县码口镇雪金村工作队队长、第一书记）

# 贫困山村换新天　漆树人民笑开颜

仇武松

位于彝良县县城所在地角奎镇的东边，距县城11公里的漆树村，因其四周环山，产业基础薄弱和群众内生动力不足等诸多因素，曾是集“老、少、边、穷、弱”于一体的深度贫困村。2018年3月，我被单位派驻到漆树村开展驻村扶贫工作，有幸地成为漆树村脱贫变化的见证者，脱贫摘帽的亲历者与脱贫巩固的参与者。在各级党委、政府的坚强领导下，在广大扶贫干部用心、用情、用力的帮扶下，在全村群众齐心协力的奋斗下，如今的漆树村已顺利摘掉了贫穷的旧帽子，摇身一变，成了远近闻名，山明水秀、产业丰富、风景宜人的乡村旅游示范村。

## 一、硬化道路通到户，铺就幸福小康路

“要想富，先修路”，交通条件对地方发展来说至关重要。在开展脱贫攻坚工作以前，漆树村全村上下甚至连硬化道路都没有通。由于交通条件实在落后，步行往往是人们唯一可以选择的外出方式。每天天未亮，村民就需要打着手电筒，步行数个小时前往县城售卖农产品；清晨五六点，村

里的学生们就得起床洗漱，打着手电，头顶着星辰，翻山越岭，走上一两个小时才能抵达漆树小学上课。寒来暑往，春去秋来，多少年来，漆树村的人民就这样往返在泥土路上。

能够尽快通上硬化路成为全村人民的共同心愿。民之所望，施政所向。得益于彝良县龙头山生态陵园在漆树村的道路硬化建设项目，2015 年，一条从堰坝塘通蜿蜒盘旋至漆树村韩营村民小组的长达 11 公里，宽 8 米的水泥硬化村组公路在漆树村修建完成。随着脱贫攻坚进程的不断推进，漆树村各村民小组的户间道路也先后得到硬化。短短 5 年时间，宽阔的村组公路和平坦的户间硬化道路编织成为漆树村四通八达的交通网。随之而来的摩托车、电动车、小轿车、面包车等各种交通工具，使得漆树人民出行方式更加多元、便捷。

“以前我从中寨走到县城去卖菜，来回最快都得 4 个小时，现在路修通了，骑上摩托车，最多 20 分钟就可以抵达县城，这在几年前根本是想都不敢想的事情。路修好了，城里的人每逢节假日和周末也愿意开车来村里呼吸一下新鲜空气，体验一下农家生活，漆树村的人气真是越来越高了。太感谢党和政府帮助我们修好了路，真是为我们漆树人民干了一件实实在在的大好事啊。”中寨村的李志荣满怀感慨地说道。毫不夸张地说，硬化道路成功打通了漆树村与县城的“最后一公里”，不仅是漆树群众与党委政府的连心路，更成为漆树群众奔向幸福生活的“小康路”。

## 二、樱花桃花李花开，漆树人民心花开

无论是在脱贫攻坚还是乡村振兴，产业的发展始终是经济发展的命脉。曾经的漆树村产业基础极为薄弱，农业生产以农户散家散户自主经营为主，管理方式粗放，产品质量良莠不齐，经济效益较低，再加上交通条件落后，

销路闭塞等多重因素，村民靠天吃饭的根本现状没有实质性的变化。

如何才能有效激活产业活力，提高农产品的经济效益，成了深深困扰者漆树人民发展的重大难题，也是开展脱贫攻坚工作的重点与难点。为此，角奎镇镇党委、政府多次组织农业专家赴漆树村开展实地调研，立足于漆树村气候、地形、土壤、水利设施等因素，提出了种植樱桃、桃子和李子的种植产业发展规划。自 2017 年昭通市农业农村局挂钩帮扶漆树村以来，立足于自身的平台优势与资源优势，先后多次指派种植专家，面向漆树群众组织开展樱桃、桃子、花椒等修枝整形、肥水管理、病虫害防治等提质增效的农业技能培训工作。干田村民小组的组长童天银就是其中的受益者："一开始，农业局的专家对我们进行种植与管理技术的培训，不少人心里都心存怀疑，不相信修剪树枝可以让果木更好地生长，提高产品的质量，不愿意干。但我想现在无论干什么都得讲究方法，相信科学，我就想大胆一试。本来一开始也不抱多大希望，结果发现按照专家的指导对自家种植的樱桃树进行修枝后，当年樱桃结的果实就明显比其他家的要好，拉到市场上去买均价都要比别人的高。周围的农户看见我家樱桃树长势那么好，也开始让我去指导他们修剪树枝。现在我们这个社每家每户都学会了这项技术，樱桃、花椒、李子、桃子的品质比起以前也好得多了，赚的钱也越来越多了，大家发展产业的信心与干劲也越来越足了。"童天银高兴地说道。

如今，科学种植的观念早已深深扎根于漆树人民心中，樱桃、花椒、李子和桃子已成为漆树人民家家户户的致富树。每年二月白色的樱桃花，三月粉色的桃花与白色的李子花宛若漆树人民的心花，绽满了漆树村的每个角落。

## 三、绿水青山变金山，山村成为后花园

地处乌蒙山腹地的漆树村，一步一景，春樱冬雪，夏雨秋叶，一年四季，各具特色。然而，曾经落后的交通严重地阻碍了漆树村与外界的人文交流，即使坐拥良好的生态资源和旅游资源，却“养在深闺无人识”。近年来，打赢脱贫攻坚战的号角应时而起，在各级党委、政府的全力支持和关心下，漆树村的基础设施条件有了巨大飞跃，加之樱桃、花椒、李子等优势种植产业的规模化发展，也为打造“醉美漆树”的名片奠定了坚实的基础。

驻村扶贫工作队与村“两委”干部的脚步踏遍了漆树的16个村民小组，因地制宜提出要将漆树村良好的交通与种植产业相结合，发展渔业垂钓、农家乐、果园采摘等项目，将漆树打造成为集生态、观光、休闲、娱乐为一体的乡村旅游示范村的发展规划。在上级领导的关心与行业项目资金的大力支持下，2019年漆树村顺利完成了漆树水库环湖路的打造，农、田、水、路等基础设施也有了更大的提升。

“如今，漆树村已初步发展形成了以漆树水库的渔业垂钓，以下寨、中寨、童元、电塘、杉林等村民小组的果园采摘和以干田村民小组农家乐为重点的乡村旅游格局。谁能想到漆树村能够在短短几年时间摆脱贫困，摇身一变成为乡村旅游示范村。每每在外面听到别人夸赞漆树村的青山绿水，心里都是满满的自豪。现在，路修通了，产业发展起来了，发展乡村旅游的条件具备了，城里人想往漆树村跑。漆树村在今年顺利地完成了脱贫任务，递交上了满意的答卷，也一定能在乡村振兴中发展得更好。”村支书回望过去，放眼现在，动情地说道。

为有牺牲多壮志，敢教日月换新天。硬化村组公路和户间道路从无到有，产业基础从有到好，乡村旅游资源从好到优，短短5年时间，漆树村华丽地完成了从一穷二白到村有亮点、组有看点、户有支撑的“白富美”的华丽转变。正如习近平总书记说的那样，脱贫只是幸福生活的起点，我

坚信在不久的将来，勤劳、智慧的漆树人民一定能够使农业强、农村美、农民富的生活画卷成为现实，衷心地祝愿漆树村的明天更加美好！

（作者时任昭通市农业农村局畜牧渔业科四级主任科员）

# 花椒飘香　淡雅半山

李　壮

在彝良县将军山一侧的半山腰上，这里遍布花椒树，每年花椒收获的季节，在风中都能闻到一股花椒的清香，而在花椒林中那显得格外宁静的村落，便是马窑村的半山村民小组。

这个村民小组只有38户人家，村民的主要收入就是花椒。初识半山给人的感觉是：一条从上而下的公路晴天是厚厚的一层尘土，雨天则是泥泞不堪，道路两旁的花椒林枝条杂乱，一棵棵花椒树就像一个个头发蓬松的流浪汉，这个村民小组就好似一个穿着破旧衣裳又没有梳洗的姑娘一般。

而也正是这个村民小组，经过努力，最终改头换面，成了马窑村一朵艳丽的花，展现出"我花开罢百花杀"的气势。

## 一、修　路

老话说："要致富，先修路"，道路在一定程度上影响着当地的经济发展。从柿桃线连接半山的这条1.5多公里弯道大、坡度大、路面凹凸不平的土路如一双铁手紧紧扼制住半山的脖子，制约着半山村民小组的发展。大车不敢轻易开下去，特别是遇上雨天车辆则无法行驶，群众出行亦困难重重。每年花椒收获的季节，都会因为道路不便严重影响花椒收益。由于道路不便，采摘花椒路远效益低，因此部分农户都是选择性地进行采摘，而未能及时采摘而变老的花椒会影响花椒树来年的生长与挂果。

雨季来临，雨水将道路进行刻画，整个路面颇有一幅沟壑纵横的画面感，泥泞加上坑坑洼洼，无疑是雪上加霜。村民们对于一条好的道路的渴望早已如久旱盼甘霖一般。2019 年，通过争取，政府将投入 20 万从二坪子重新修建一条 1 公里公路从二坪子通往半山村民小组，修建这条路建成通路后，半山的群众出行将节省半个小时左右的时间，而且道路平坦，出行安全有了很大的保障。可是修建这条公路并不是一帆风顺的。首先，道路需要从其他几个村民小组的承包地里经过，占地面积较大，有的说要修房子、有的嫌补偿过低、有的想让半山的群众拿土地换……为此，工程一度未能开工。其次，关于补偿占地群众的补偿金来源问题，一直是个难题。

为了解决修路占地问题，我曾多次与包片干部老周、村民小组长老李一块到被占地农户家进行协调，诉说修建后的种种好处，不仅方便半山的群众，也方便道路两旁有耕地的群众，并询问农户的真实想法。后来，我们将被占地农户的想法进行汇总分析，得出了结论：虽然想法各式各样，但是都是围绕着补偿款过低进行的。为此，我们组织半山的村民召开群众会，经过大家商议，一致决定统一补偿方式，补偿标准按彝牛二级路征地标准补偿，各家各户按人头凑钱给予被占地的农户相应的补偿。为了修这 1 公里路，半山村民小组村民自筹了 34 万元用于补偿被占地的群众。通过多方不懈的努力，二坪子至半山公路修通。

土路修通了，却依然会面临一个问题，那就是雨季来临时，道路泥泞无法出行；晴天时尘土飞扬。在道路经过一个雨季沉淀后，地基已经相对稳固。为了解决“晴通雨塞”问题，村“两委”、驻村工作队积极与上级部门对接，争取到了 3.6 公里硬化道路的项目，用于硬化半山社的入社道路。随后，半山社出入的两条公路相继完成硬化，从此这里不再孤独。现如今的半山，已经不再是那个被一条土路限制出入的村民小组了，两条新硬化的公路似彩带一般将她环绕，亦像是她伸出的双手，连接着外面。

## 二、蓄 水

“水是生命之源”，万物生长需要水的灌溉与湿润。半山村民小组的花椒树种植量在马窑村排名第一，在周边亦是家喻户晓，但是，季节性缺水导致了灌溉供水不足，这成了制约半山村民小组经济发展的重要因素。天旱的时候由于没能及时给花椒树浇水，很多花椒树面临着落叶、干枯等问题，花椒树死亡、不挂果等问题持续存在，每年的花椒产量一直无法保证。为此，我们召开群众会，与半山的村民们集思广益，最后决定采取“以蓄抗旱”的方式，解决季节性灌溉用水缺少的问题。

说干就干，村“两委”与驻村工作队商议之后，形成专题报告，向镇党委政府反映情况，争取到了部分资金支持。由于资金少，我们动员群众自筹资金修建蓄水池，修建后的蓄水池共管共用。经过商议，政府的给予补助资金，加上群众自筹部分资金，共新修建30立方米蓄水池10个。

资金来源已经解决，接下来是水池选址问题。为了让水池发挥出最大效益，水池的选址条件需要满足三个条件：一是地势相对要高；二是靠近取水点；三是能够覆盖所有花椒林。为了选好地址，我们的足迹踏遍了半山花椒林，最终选定了10个地址。可是问题也就接踵而至了。部分水池需要修在花椒林中，需要将花椒林砍了，部分老人不同意。为了说服老人，我和老周、老李带着本子到群众家里逐一给不同意的老人算一笔经济账，从选址的利弊、到水池发挥的经济效益等方面一一进行解释，最终取得了老人的支持。

在大家的共同努力下，10个蓄水池顺利完工并投入使用，雨季的时候，将水池蓄满，待旱季来临的时候取水浇灌，这就保证了灌溉用水，确保花椒产业的稳定。

## 三、学　技

半山村民小组的花椒是整个村民小组收入的主要来源，但对于花椒的种、管技术，一直是短板。为此，半山村民小组长老李多次找到我，让我们协助帮忙提供技术支持。经过与村委干部、老李多次交流沟通，我们决定采取“送—学—建”的方式解决这一难题。

（一）送，即将技术培训班开到村，送技术上门。昭通市农业农村局派出专家，在马窑村开展了多期花椒提质增效科学管理技术培训，以课堂讲授 + 田头操作讲解的方式向农户传授技术。

（二）学，即组织农户到花椒新品种种植基地进行学习。我们组织村民到临近村的花椒培育种植基地学习，请基地管理员对新品种花椒种植管理进行讲解，并在后来的一段时间里跟进指导。

（三）建，即建立花椒提质增效百亩示范园。利用产业扶贫资金 4 万元，在半山村民小组建立了一个花椒提质增效百亩示范园，通过修枝、涂白、施肥等措施，将现有花椒林进行改造。通过花椒林的改造提升群众对新技术、新管理模式的接受程度，从而推动新品种花椒的普及，提高产量。现如今，半山村民小组现在成了马窑村花椒产业比重最高的村民小组，家家户户都种有花椒，年均总收入 114 余万元，户均收入 3 万元以上。

## 四、人　居

半山村民小组村民的半山精神在改正多年以来养成的不良生活习惯上体现得淋漓尽致。以前垃圾倒门前菜地里或斜坡下、牲畜粪便堆在畜圈边上，散发着恶臭、路上随处可见的食品袋、尘土飞扬……

在脱贫攻坚大决战中，我们多次来到半山社召开“三讲三评”工作会、“感党恩、听党话、跟党走”主题教育、爱心超市积分评定等会议，利用会议宣传人居环境提升政策，同时听取群众的意见，与群众同策同力。

在会上，大家各抒己见，李华文老人提出了看法，他说：“我们现在各家的环境卫生都不是很好，垃圾没有地方放、喂有猪的圈又靠近路边，我们认不得咋个整，需要政府组织帮忙……”

针对存在的问题，我们在会上一一分析研究对策。一是垃圾无处堆放问题，争取项目，修建垃圾池；二是每户人家需打扫干净自家院落，驻村干部、村组干部入户检查；三是落实每户人家的责任区，负责自家房前屋后及入户道路的环境卫生；四是入社公路的管理，由村民小组长组织各家各户定期巡视打扫清理。

2019 年，政府给予资金修建垃圾池，垃圾池从选址到修好投入使用，用时不到 3 天。各家各户在引导之下也逐步改变陋习，室内屋外焕然一新。黄开美老人笑道：“活了一辈子，这么干净的路、这么门前门后这么干净还是头一次见。”如今的半山，人居环境大有改善，伴随着花椒香气，透着一股淡淡的优雅之气。

乡村多番变，自强自立创新颜。现在的半山已经不再是从前的半山，她从一个路烂缺水少收入人居差的村民小组，变成了今天环境优美，花椒飘香的村庄，成了一道马窑村的一道旗帜。

（作者时任昭通市农机安全监理所派驻彝良县角奎镇马窑村驻村扶贫工作队第一书记）

# 倾心帮扶暖民心　扶贫路上践初心

## ——国家统计局昭通调查队扶贫挂包帮纪实

李世顺　邓淋晟

2015年9月至2017年10月，昭通调查队挂钩帮扶威信县扎西镇干河村。2017年10月至今，按照市委统一部署，昭通调查队转战挂包帮扶镇雄县盐源镇铁炉村。挂包帮扶期间，昭通调查队深入贫困村，用心、用情、用力扎实开展精准扶贫工作。

## 一、挂钩铁炉村基本情况

铁炉村隶属昭通市镇雄县盐源镇，距盐源镇政府12公里，距县城84公里，下辖14个村民小组，共有常住人口482户1936人，其中彝族2户9人、苗族10户54人。全村现有建档立卡贫困户210户975人，其中已脱贫100户493人、未脱贫贫困人口110户482人，贫困人口管理系统贫困发生率为24.9%。全村国土面积14平方公里，其中，耕地面积3958亩，林地面积11000亩。村境内平均海拔1400米，年平均气温20℃。主要种植的农作物有玉米、马铃薯等，全村经济收入主要依靠种植业和外出务工。有新型农村经营组织1个，主要发展竹产业。

## 二、用心用情用力开展帮扶

### （一）开展调查研究，理清帮扶工作思路

昭通调查队多次深入扶贫挂钩村开展“挂包帮”“转走访”，通过召开村干部、党员座谈会，走进田间地头、实地察看等形式，广泛听取群众意见，全面了解村情民意，及时了解和掌握了干河村和铁炉村的基本情况，确定了工作重点，本着输血与造血相结合、理思路与具体帮扶同步走的办法，厘清帮扶思路。在深入调研、统筹协调的基础上，制定了帮扶方案。队领导班子本着“天下大事必作于细”的务实精神常常亲自深入帮扶村进行走访调研，通过开展帮扶活动，进一步密切了党群、干群关系，确保了结对帮扶工作有序推进，加强了结对帮扶活动的有效落实。

### （二）发挥统计行业部门优势，为扶贫出策

昭通调查队认真贯彻落实党中央、省委、市委关于脱贫攻坚工作安排部署，充分发挥调查队“轻骑兵”优势，多次组织中坚力量深入铁炉村开展扶贫调研和政策知识宣传。通过调研及时了解掌握贫困村贫困情况、致贫原因、产业发展和群众满意度调查，及时向省委、市委及当地党委政府反馈调研情况，提出脱贫攻坚工作意见和建议，为各级党委政府科学决策提供科学参考。通过住户调查、贫困监测及劳动力调查等工作，及时向市委及县委反馈贫困户收入情况、劳动力就业情况。

### （三）精准信息，精准结对帮扶

挂包帮扶期间，昭通调查队先后派出驻村工作队队员、督导员 5 人，全体帮扶干部坚持定期或不定期走访，适时详细掌握贫困户基本情况，精准致贫原因、精准帮扶措施，落实帮扶责任，完善贫困村、贫困户帮扶资料，切实做到村村清、户户清，确保帮扶干部对帮扶对象的家底清、底数明。

自开展挂包帮扶以来，昭通调查队帮扶干部多次深入走访，因村、因户、因人精准施策，制订科学帮扶计划，确保帮扶措施到村、到户、到人。

### （四）加强基础设施建设，夯实脱贫攻坚基础

基础设施建设是抓好精准扶贫的基础性工作，基础设施薄弱是制约贫困村发展的一大瓶颈。驻村帮扶以来，昭通调查队积极协调投入资金强化帮扶村基础设施建设。挂钩干河村期间，协调解决干河村村民饮水问题、村级办公场所建设、村级文化活动场所建设及村组公路修建经费共计 28.8 万元；挂钩帮扶铁炉村期间，协调解决铁炉村桥梁建设、村组公路硬化、村级活动场所建设经费共计 23.1 万元。

### （五）抓产业扶贫，增强内生发展动力

为变“输血”式扶贫为“造血”式扶贫、变“开发式”扶贫为“参与式”扶贫，增强帮扶村内生发展动力，提高贫困群众的自主脱贫能力，促进贫困人口增收，实现稳定脱贫。昭通调查队在精准掌握致贫原因基础上，因地制宜，助推帮扶村产业发展。根据干河村地理气候和自然资源情况，协调投入发展产业资金 40 万元，组织贫困群众发展大棚蔬菜种植和辣椒种植，帮助贫困群众实现户 / 年增收 4000 元以上。立足铁炉村气候、自然资源和地理条件，投入 3 万元组织铁炉村贫困群众试种白芸豆、辣椒；协助镇雄县委、县政府组织贫困群众发展方竹种植，共协助组织方竹种植 5000 余亩。

### （六）抓好教育扶贫，阻断贫困代际传递

帮扶期间，昭通调查队积极协助挂钩帮扶村落实立德树人根本任务、实施教育扶贫工程。看望慰问困难学生，发放学习用具，4 年来，分别向威信县干河村小学、镇雄县铁炉村小学、永善县江北村幼儿园发放学习用品折合人民币 6 万余元；协助当地教育部门、学校及村委会落实“两免一补”、特困学生救助及“雨露计划”等教育帮扶措施；协助村“两委”及驻村工

作队抓好“控辍保学”，高位推动保学工作，确保帮扶村义务教育阶段学生辍学率为零。

### （七）提升人居环境，改善村容村貌

人居环境整治工作关系美丽中国、美丽乡村建设。在精准扶贫过程中，昭通调查队连同挂钩帮扶村、贫困群众扎实开展“百村示范、万村整治”行动，大力治理农村脏、乱、差现象，深入推进、持续治理，农村人居环境明显改善。共计协调投入公厕建设、垃圾集中处理点建设、贫困户院坝硬化建设等经费共计 27.4 万元。

### （八）抓实党建促脱贫攻坚，实现党建扶贫双推进

在精准扶贫过程中，昭通调查队党组发挥机关党建示范引领作用，将基层党建和扶贫工作双推进，重视和发挥党员干部的作用，队机关支部同挂钩村支部开展联系共建。农村基层工作，仅仅依靠村干部是不行的，还必须依靠一批能征善战的党员干部，通过对他们的素质提高和积极性发挥，来影响和带动身边的农民群众，一起走上勤劳致富的发展道路。做好挂钩村的扶贫工作，就是要首先把一批党员干部团结在周围，让他们带头学习新技术，带头做产业项目，带头创业闯市场。这样，农民群众才能学有样板，赶有目标，奔有方向。为认真贯彻落实“双联系、一共建、双推进”工作要求，昭通调查队党组班子认真研究、精心安排部署，狠抓帮扶村基层党建工作，提升基层党组织凝聚力、战斗力，在脱贫攻坚工作中充分发挥基层党组织战斗堡垒作用和党员先锋模范作用。看望慰问贫困村困难党员和老党员，深入贫困村支部开展“感党恩、听党话、跟党走”主题教育活动，深入贫困户家中“同吃、同住、同劳动”强化工作认同、情感认同。积极搭建平台，鼓励农村年轻党员在脱贫攻坚工作中带头创业致富。

## 三、选派单位骨干开展扶贫驻村

在习近平新时代中国特色社会主义思想和党的十九大精神指引下，昭通调查队以解决人民群众最关心、最直接、最现实的利益问题为出发点，认真贯彻落实“三大攻坚战”要求，一以贯之地将扶贫作为重中之重的中心工作，选派单位骨干全脱产驻村，落实驻村办公设施“六个一”、生活设施“九有”保障，解决驻村生活补助和交通问题，积极办理驻村同志意外保险，协调落实通讯补助。把驻村帮扶工作作为培养、锤炼干部的重要途径。党组班子不定期到村看望驻村队员，谈心谈话、组织慰问，以实际行动重视和支持驻村工作，积极做好驻村帮扶工作的坚强后盾，为打赢全市脱贫攻坚战发挥积极作用。

经过多年不懈的努力，威信县扎西镇干河村已于2018年实现脱贫出列。今年镇雄县盐源镇铁炉村以将迎来脱贫出列。为保障最后的堡垒能够攻下，昭通调查队必将精锐尽出、攻坚拔寨，用心、用情、用力啃下脱贫攻坚最后的硬骨头，为全市经济社会发展和脱贫攻坚贡献力量。

（作者李世顺时任国家统计局昭通调查队副队长，邓淋晟时任国家统计局昭通调查队住户调查科科长）

# 无悔扶贫路　浓浓驻村情

王　平

中国建材集团有限公司积极响应中央坚决打赢脱贫攻坚战动员令，自2015年定点挂钩帮扶绥江县板栗镇罗坪村以来，中国建材秉承国企勇担当，情注绥江扶真贫，迄今为止帮扶了罗坪村巨大的财力和物力，并选派了两批四名驻村干部，他们用心、用情聚力脱贫攻坚，用一个个坚实的脚印、一件件惠民的实事，将央企的责任与担当深深刻在罗坪的土地上。截至2020年8月，这个位于乌蒙山腹地，绥江县最偏远的小山村，77户卡户312人中76户311人已稳定脱贫，贫困发生率由原来的53.8%下降为现在的0.17%。

2018年3月的一天下午，我像往常一样下班回到家，正在陪孩子写作业。这时微信有消息发来的声音响起，拿起手机一看，原来是党支部群里发的中国建材集团《关于选派定点扶贫干部的通知》，这立马引起了我的兴趣，看完文件，我心里久久不能平静，去报名扶贫的想法马上在我脑海里冒了出来。吃晚饭的时候，我把集团通知和我的想法跟父母妻子提了出来，没想到他们异口同声支持我。时隔两个月，我接到了集团组织人事部的正式通知，我被集团选派到云南省绥江县罗坪村挂职任第一书记。

2018年5月15日下午，我踏上了去北京的高铁，父母、妻子和孩子一直把我送到小区门口，这一年大女儿7岁，小女儿1岁，我深深记得小女儿摇着手喊爸爸的情景。2018年5月17日下午，在集团工会副主席苗小玲的陪同下，搭乘飞机从北京飞往宜宾，绥江县委组织部的王云同志已早早在宜宾机场等候。自此，我开始了两年多的挂职扶贫工作，从中央企业到扶贫基层，从北部平原到南部山区，无论是工作内容上，还是空间跨度，对我来说，都是巨大的挑战。

从企业到农村，我就是一个新入学的学生，一切都要从头开始，杨天杰书记、韦正乾队长、刘成学队长、张友强主任、刘顺贤主任等老同志，都是我的老师，从他们身上学到了很多基层工作的方式方法。我们村“三委”和驻村工作队心往一处想，劲往一处使，让罗坪村的各项工作迈上了一个新的台阶，两年多，我也切身经历了罗坪翻天覆地的变化。

## 筑牢堡垒聚人心

在脱贫攻坚中，罗坪村党支部始终坚持党建引领一切，充分发挥党员的先锋模范和支部的战斗堡垒作用。

村里办公场所年久失修，墙皮脱落、电线裸露、到处布满蜘蛛网，2019年我积极争取中国建材帮扶资金10余万元对400平方米的办公场所进行了修缮改造，建成了敞开式的便民服务大厅。如今走进便民服务大厅，便可以看到雪白的墙壁上，党支部的各种规章制度整齐排列；村“三委”班子、驻村工作队每名同志的工作内容公开透明，便于群众监督。很多百姓一进门就说：“这环境看着心里就舒坦。”村干部也说：“现在干工作也舒心多了。”通过诚信感恩教育、脱贫光荣教育、“三讲三评”活动等一系列活动增进了干群关系，激发了群众的内生动力。为改善村容村貌，提升人居环境，通过党员示范带头，我们还制定了“逢五逢十”村庄保洁和每月的卫生评比制度，并建立了“爱心”公益超市，2020年，集团派驻罗坪村的我、陈朝文、杨文峰3人，申请资金5万元用于公益超市的运营。

## 布局产业稳基础

罗坪村只有1200多亩耕地，但是有近50000亩林地，山高林密空气湿度大。2018年我刚来的时候，村集体经济为零，群众主要的收入是务工收入，主要的产业是各家各户零散种植的方竹、散养的蜂蜜。

产业扶贫，关键在精准定位，难度也在精准定位。群众要想增收致富发展产业，还是要从这片山上做文章。借助2019年绥江县打造罗坪万亩方竹基地的契机，我们村“两委”、工作队多次召开群众大会，做群众工作，宣传上级补贴政策，苦口婆心打消群众顾虑，引导群众加入合作社并签订合作协议，最终77户卡户全部加入了合作社，大家抱团发展，抗风险能力显著增强。截至2020年5月，方竹产业规模已有12167亩，成为绥江县乃至昭通市最早打造的方竹种植基地。两年间，罗坪蜂蜜也渐渐打开了销路，我和集团派驻罗坪村挂职的陈朝文、杨文峰两位同志，积极协调资源，从2018年到2020年间，中材高新材料股份有限公司、山东工业陶瓷研究设计院有限公司、北京中材人工晶体研究院有限公司、江西兴国南方水泥有限公司、泰山玻纤邹城分公司等通过消费扶贫的方式，累计采购罗坪蜂蜜4000余斤，户均增收近3000元。两年多的发展，我们利用1个村级服务中心，3家专业合作社，采用“党支部+公司+合作社+能人+贫困户”模式，确立了以方竹、中草药、蜜蜂养殖为主的产业发展体系。产业发展逐渐步入正轨。

## 真心服务换真情

脚上沾有多少泥土，心中就沉淀有多少真情，干部重视民生，才能赢得掌声。

木瓦沟，罗坪的一个自然村，距离村委会约6公里，其中3.8公里是只能走人的山路，2017年通过异地搬迁安置，现在群众都已搬了出来，但是还有不少林地和产业在里面。2018年9月的一天，我和村“两委”、工作队一起到木瓦沟动员拆旧工作，那是我第一次到木瓦沟，3.8公里的山路走了近3个小时，也就是这一次经历，我深刻体会了路不通给群众带来的不便。为方便群众出行、采笋、管护方竹，我们积极申请项目，争取资金100余万元，完成了道路硬化3公里、道路保通4.5公里，极大方便了群众的出行。2018年5月，我刚到罗坪村的时候，3个异迁安置点已经建好，群众也搬入了宽敞的新居，但是院坝硬化、户间道硬化、畜圈建设等还未开始。两年多来，在上级党委政府、绥江县政协、中国建材集团、广东中山的帮扶下，罗坪村完成了院坝和户间道硬化；新建了污水处理终端，每户的污水都接入终端处理；新建了下安置点活动广场，丰富了群众的业余生活；硬化了绥串线，整洁的柏油路穿村而过，一点一滴都记录着罗坪的变化。每到傍晚，广场上广场舞的音乐响起，妇女们跳舞，老人们聊天，孩子们戏耍，我不禁想起了《桃花源记》里那句话“黄发垂髫，并怡然自乐。”

如何推动乡村善治，我们村“两委”、工作队也绞尽了脑汁，在入户的时候他经常发现垃圾桶满了没人管，家里的水管没有用水还开着，污水管路破裂没人修，个别群众家里卫生脏乱差等现象，针对这些问题，我们起草了《罗坪村用水管理制度》《罗坪村垃圾清运管理制度》《罗坪村污水处理终端管理制度》《罗坪村居家卫生清理制度》等一系列制度，让群众的事情自己解决，尤其是几个收费制度，原以为推动执行的难度会很大，没想到在开党员会和群众代表会的时候，大家一致通过。

教育可以改变未来。罗坪村委会背后是罗坪小学，这也是绥江县学生最少的学校，学校虽小但来自社会各界的关爱非常多。2019年8月中国建材发起了“中国建材集团善建七彩课堂”活动，在集团定点帮扶的5个贫困县同时开展，设立了13个教学点。其中的一个教学点就设在了罗坪小学，短短5天时间，志愿者在学习上对孩子们一对一的辅导，在生活上无微不至的关怀，用实际行动为孩子们种下了希望的种子。两年间，我、陈朝文、杨文峰和学校的孩子们也成了好朋友，我们3人每年都参加孩子们的六一儿童节活动，并协调爱心企业和爱心人士为罗坪小学的教室安装了空调、教学一体机等设备，为孩子们购买了羽绒服和校服校徽等物品。

两年多的驻村扶贫经历，我深深地感到通过“精准扶贫”农村的党群关系更加密切，乡村政权得到了革命性重塑，党的执政基础更加牢固。通过精准扶贫，赢得了民心，真正解决了群众实际困难，党员干部也真正融入群众中去，精准扶贫开始后，县镇干部经常到村，入户走访，每家每户都有帮扶责任人，群众看到挂钩干部为他们付出了大量心血，从情感上也更加信任干部、亲近干部；通过精准扶贫，转变了民风，从纠正党员干部作风入手，着力改变了村民很多不良的风气，以前酗酒、赌博、懒惰的越来越少，引导群众把要我脱贫变我要脱贫，摒弃了“等靠要”的思想，乡村环境民风民俗持续向好。“关山千万重，山高人为峰。”在实现中华民族伟大复兴的征程中，脱贫攻坚是至关重要的一步，无数扶贫干部走出了新时代中国共产党员的风采。

（作者时任中国建材集团有限公司选派挂职绥江县罗坪村第一书记）

# 脱贫攻坚追梦行　山乡巨变气象新

## ——昭通市气象局脱贫攻坚大决战实录

吴星霖　袁兴洪　刘少荣

有这样一支来自昭通市气象局干部队伍，2015 年 8 月至 2017 年 10 月 22 日挂钩帮扶昭阳区苏甲村，2017 年 10 月 23 日起又与昭通市农业局经管站共同挂包帮扶彝良县角奎镇花桥村。他们本着“访真贫、扶真贫、真扶贫”的火热初心和帮扶情怀，从 2000 ~ 3000 米高山到 600 ~ 900 米深谷。5 年间，敢做追梦人，不畏沟壑纵横，道路艰险，只争朝夕，不负韶华，积极融入脱贫进程，体现昭通气象人的使命和担当，最终成功完成了昭阳区苏甲村和彝良花桥村的脱贫攻坚帮扶任务。

回首当年，苏甲村 2015 年贫困发生率为 17.7%，花桥村 2017 年贫困发生率为 22.3%，贫困发生率高，发展滞后；两村大部分地处高寒半山区，自然条件极为恶劣；晴通雨阻交通条件差；村容村貌落后，房屋普遍为毛坯房；庭收入低、自然灾害频繁，子女上学更加大了村民的家庭支出。脱贫攻坚大决战打响后，山乡发生巨变，破茧成蝶，田在云上，云在天上，果花飘香，田间道路蜿蜒延伸；白墙黛瓦，安置新房“拎包入住”；忙碌作业，产业发展干劲十足……两村如期实现脱贫出列，村庄旧貌换新颜，生产生活水平有了极大的提高，一幅幅全面决战决胜脱贫攻坚的致富画面生动有力。

## 严密组织，派出驻村工作队队员和驻村工作督导员

脱贫攻坚是一场没有硝烟的战争，一线扶贫干部就是冲锋陷阵的战士，要“把最能打仗的精兵强将挑选出来，选派到扶贫一线去”。2015 年 8 月以来在气象防灾减灾工作形势严峻、任务艰巨的情况下，总计选派了 7 名驻村工作队队员和 1 名驻村工作督导员驻村协助村“两委”开展扶贫工作，其中 2017 年 10 月 22 日前派出 3 名驻村工作队队员到挂钩帮扶的昭阳区苏甲村，2017 年 10 月 23 日切换调整到彝良县角奎镇花桥村。2019 年 3 月 29 日起向彝良县角奎镇河湾村增派了 1 驻村督导员，到 2020 年 10 月 15 日根据市委组织部通知要求回到本单位。青年员工在力所能及为扶贫事业作出贡献的同时，自身也得到了锻炼和成长。

## 行走山间，做好“挂包帮”“转走访”工作

“决不让一个贫困人口掉队”，既是党委政府亲民爱民的公仆情怀，亦是昭通气象儿女团结奋进的铮铮誓言。为切实摸清全区所有农户基本情况，进一步夯实贫困人口精准识别基础，除单位领导亲临指导走访、驻村工作队队员日常走访、地方党委政府规定的重要时间节点组织专题遍访等外，在苏甲村，每年组织全局 57 名职工进行 4—5 次全覆盖现场走访。在花桥村严格按照每两月一次现场走访、每月进行电话回访的要求，组织全体 52 名在职职工对贫苦户进行全覆盖走访或回访，开展各项脱贫攻坚帮扶工作。据不完全统计，截至目前走访累计达 1836 人次。5 年以来全局职工“挂包帮、转走访”累计行程近 80000 公里。

## 基础先行，解决群众后顾之忧

2015年8月以来单位自投经费60余万元（不包括单位职工现场走访的出差费），协助资金投入700余万元用于解决村组道路、用水用电、产业发展、教育扶贫等方面的实际问题。除此之外，我们还针对办公、走访、产业发展等做好电脑、车辆、农用工具等必要的物力投入，帮助做好定点扶贫工作相关的后勤保障工作助力脱贫攻坚。协助实施五小水利项目128项，村组公路约30千米，新修和改造住房417户。对于自然条件差、交通基础设施落后的地方，按照“一方水土养不活一方人”，积极宣传易地搬迁政策，做好群众思想动员工作，打消群众的思想顾虑。最终易地搬迁93户378人、同步搬迁35户152人，实现挪穷窝、发展致富的新道路。

## 扶志扶智，提振脱贫“造血”功能

做好技术培训，在“扶技”上下功夫。在帮扶期间，我们共组织了6次针对苹果、花椒等林果的技术培训，并积极开展人力资源办组织的各类技能培训。累计培训3200余人，实现公益性岗位就业近200人，外出稳定务工3100余人。两村建档立卡贫困户均掌握了一门劳动技能，解决了贫困群众发展缺知识、缺技术的实际问题。参训的贫困群众露出满意的笑容，说：“现在懂得技能方法多了，干起活来也顺手多了。”

做好教育扶贫，在“扶智”上下功夫。16周岁适龄青少年辍学的17人全部劝返入学，无因贫辍学现象发生；通过雨露计划、东西扶贫协作职业技术教育补助等兑现各类学生补助3700余名。让贫困学子顺利完成学业，激励他们通过刻苦学习、自立自强彻底摆脱贫困。

2016—2017年，昭通市气象局通过直通式气象服务，在苏甲村帮助云南益雄药业基地发展。该公司通过“公司+农户”的方式，每年为苏甲村创造2万元的集体经济收入；帮助村内有三个专业农村合作社发展，种植核桃和生猪产业，有56户贫困户加入了合作社种植核桃；通过投入一定经费进行产业扶持，全村247户贫困户每户养殖一头能繁母牛，另有80户养殖母猪和仔猪，实现贫困户100%有增收产业。

另外，2018年，还积极协调，积极为彝良县角奎镇引进培植魔芋产业扶贫项目，并邀请专家进行技能培训。另外，开展了专家论证工作，进行角奎镇产业发展规划的编制工作，将花桥村产业发展纳入角奎镇产业发展规划，助推产业发展。

2015—2017年10月，经对贫困户遍访、回访和回头看等多次入户调查，确定苏甲村建档立卡贫困户221户826人，除有1户收入未达到3200元的标准（贫困发生率为1.46%，低于3%）外，人均纯收入由2014年建档立卡时的2484.3元，上升为2016年年底的4505.8元，实现了贫困户脱贫增收的目标。2017年脱贫出列21户67人，整村达到脱贫出列的考核指标要求。2017年10月，花桥建档立卡贫困人口834户3343人，到2019年人均纯收入由4500元左右上升到人均7600元，全村饮水基本有保障，全部参加了养老和医疗保险，贫困户和贫困人口清零，贫困发生率为零，整村达到脱贫出列的考核指标要求。

## 全力做好气象服务，科技助力全市脱贫攻坚工作

昭通是全省气象灾害最多的地区之一，全力做好气象防灾减灾工作，切实减少因灾致贫、因灾返贫现象，助力脱贫攻坚战略，是昭通气象人不懈的追求和努力的目标。我们坚持做好气象信息进村入户工作，除向基层乡镇村

干部发送气象信息外，在对接组织部驻村办的基础上，每年及时将更新后的驻村工作队队员和第一书记（包括挂包贫困村“两委”班子成员、村民小组长）名单共计5700余人分发到各县级局，纳入决策群组进行灾害性天气信息发送。通过驻村工作队队员将重要天气信息转达村社和贫困户，组织主动防灾避灾以减少因灾致贫、因灾返贫情况的发生，同时也为驻村工作队队员出行安全保驾护航；我们持续利用有利天气，积极实施人工增雨，降低干旱的不利影响；同时，严密监视，做好人工防冰雹工作，有效保护农经作物（烤烟 31.61 万亩、其他经济作物 103.66 万亩、其他作物 165.41 万亩），尽最大可能避免或减轻气象灾害的不利影响；我们围绕昭通高原特色农业产业发展需求，优化气象服务供给。稳固烤烟气象服务提质增效，全力开展苹果、马铃薯、竹产业、天麻等特色农业产业气象服务，新建苹果、葡萄、花椒、天麻、马铃薯等特色作物监测站 9 个，基于物联网的苹果精细化生态监测站 2 个，每年为农决策气象服务产品达 1300 余期次。2019 年，我们在对接发改委的基础上掌握了角奎镇、花桥村等全市所有重点异地搬迁安置工程信息表。1 月中旬开始，将工程负责人纳入气象信息发布群组尽心直通式气象服务，组织市县气象局制作发布扶贫专题气象服务产品累计 1092 期次，促进异地搬迁重点工程充分利用利天气抓紧施工，以确保异地搬迁任务的完成。

一枝一叶总关情。如今，乌蒙大地，这里的乡村田间，处处看到的是日新月异的变化和扶贫干部脱贫致富的干劲，听到的是群众的一片赞扬声和喜庆的笑脸：“现在走的是水泥路、吃的是自来水、住的是小楼房、用的是新餐具、种的是致富树，嘻嘻……”昭通气象扶贫干部们用真情贴近群众，用脚步丈量民情，为乡村振兴奠定了较好的基础，助力村民致富的路越走越宽阔……

（作者吴星霖时任昭通市气象局扶贫办主任，袁兴洪时任昭通市气象局花桥村驻村工作队队长、第一书记、督导员，刘少荣时任昭通市气象局原驻苏甲村驻村工作队队长、第一书记）

# 《昭通市脱贫攻坚大决战实录》后记

经过半年的筹划，历时一年的编撰，《昭通市脱贫攻坚大决战实录》〔全套书共 19 卷，其中市级 8 卷、县（市、区）11 卷〕终于在党的百年华诞之际与广大读者见面了。这既是政协昭通市第四届委员会文史工作的成果展示，又是对我市脱贫攻坚工作客观真实的记录，更是用真实的故事展示历史资料的大胆尝试。

反贫困是世界性难题，也是现代国家面临的迫切任务。党的十八大以来，以习近平同志为核心的党中央把扶贫开发摆到治国理政的重要位置，提升到事关全面建成小康社会、实现第一个百年奋斗目标的新高度，纳入“五位一体”总体布局和“四个全面”战略布局进行决策部署，加大扶贫投入，创新扶贫方式，出台系列重大政策措施，扶贫开发取得巨大成就。

昭通作为全国、全省脱贫攻坚的主战场，是最难啃的“硬骨头”。2015 年习近平总书记首次离京考察就到昭通，对昭通脱贫攻坚工作提出了“三个更加”的重要指示要求。昭通全市上下牢记习近平总书记的殷切嘱托，坚持把脱贫攻坚作为全市工作的主题主线，坚持“双统领”“双保障”“双推进”，践行“133”工作思路，汇聚中央和省定点单位、东西部扶贫协作、社会扶贫和各族干部群众磅礴力量，在昭通脱贫攻坚主战场上打响了一场史无前例的脱贫攻坚大决战，长期困扰昭通发展的主要“瓶颈”得以突破，实现根本性跨越，全市 185.07 万贫困人口全部脱贫、1235 个贫困村全部出列、10 个贫困县（区）全部摘帽，昭通大地发生了翻天覆地的变化，困扰昭通千百年的绝对贫困得到历史性解决。

为充分发挥政协文史资料“存史、资政、团结、育人”功能，客观、真实地记录昭通市在脱贫攻坚中各项建设和群众生活发生的变化，记述各级干部群众在脱贫攻坚工作中可歌可泣的感人故事，市政协党组拟组织相关部门、专家对 2015 — 2020 年我市开展脱贫攻坚的重大事件、典型故事进行搜集整理，编撰《昭通市脱贫攻坚大决战实录》丛书。

在市政协成联远主席亲自关心和指导下，编委会拟订了编撰工作的初步方案和《昭通市脱贫攻坚大决战实录》的整体框架，并于 2019 年 8 月 7 日向市委报送了关于编撰《昭通市脱贫攻坚大决战实录》的请示，市委杨亚林书记批示“此项工作很有意义，同意组织编写，请联远主席牵头负责”。按照市委的批示，市政协党组迅速行动，成联远主席亲自安排、统一部署，及时组织专家拟出了《昭通市脱贫攻坚大决战实录》编撰任务分解方案，经反复讨论、多次修改后，于 2020 年 3 月 30 日上报市委，市委杨亚林书记批示“同意所报方案，客观精准务实地做好工作”。

2020 年 4 月 14 日，市政协组织召开了《昭通市脱贫攻坚大决战实录》专题会议，市委副书记朱家伟出席会议并作动员讲话，编撰工作在全市正式启动，会议统一了认识、明确了要求。为进一步细化任务、落实责任，编委会于 2020 年 4 月 23 日印发了《昭通市脱贫攻坚大决战实录》编撰任务分解方案的通知，加强对市级单位和县区市编撰工作的指导。随后，市政协副主席陶仁带领专家对 11 个县（市、区）的编撰工作进行了调研、培训、指导、督促，推动各县（市、区）编撰工作有效开展。针对全市编撰工作存在的问题，编委会经反复研究，统一思想，召开了由 40 多个市级部门参加的征求意见协商座谈会，在此基础上，进一步完善了编撰任务细化量化分解方案，印发到各县市区加强指导，并于 2020 年 7 月 16 日召开了《昭通市脱贫攻坚大决战实录》编撰工作推进暨培训会议，推进编撰进度，提升编撰水平。

为把《昭通市脱贫攻坚大决战实录》打造成“建党一百周年特别献礼工程”“昭通脱贫攻坚工作特别纪念”，市政协抢抓时间，及时出台系列配套文件，明确了市政协机关各委室联系各单位、部门及市政协委员，专门负责催稿工作，2020 年 10 月底稿件收集基本结束。为使编辑审稿工作有序推进，落到实处，市政协从昭通学院和市委党史研究室聘请专家对编辑工作进行审稿（其中，昭通学院教授唐靖负责市级篇章《综合卷》和《巧家卷》，市政协原经农委主任王华国负责市级篇章《产业就业扶贫卷》和《鲁甸卷》，昭通学院教授傅奠基负责市级篇章《基础设施建设卷》和《盐津卷》《大关卷》，昭通学院教授陈玥负责市级篇章《易地搬迁扶贫卷》和《永善卷》，昭通学院教授王琼负责《民生扶贫卷》和《镇雄卷》，昭通学院教授任继敏负责市级篇章《挂钩帮扶及社会扶贫卷》和《水富卷》，昭通学院教授周玲负责市级篇章《扶贫协作卷》和《彝良卷》《威信卷》，市委党史研究室副主任翟昭明负责市级篇章《组织保障卷》和《昭阳卷》《绥江卷》）。2020 年 11 月 18 日，市政协陶仁副主席主持召开《昭通市脱贫攻坚大决战实录》统稿工作会，统一了丛书形式和内容、结构和逻辑框架。

在市政协党组的坚强领导下，在各位编撰专家、市直各单位、市政协机关各委室、各县市区政协以及编撰办公室成员的大力支持和共同努力下，经夏历冬，数易其稿，2021 年 3 月初，《昭通市脱贫攻坚大决战实录》样书基本成型。2021 年 3 月 17 日，市政协副主席陶仁主持召开《昭通市脱贫攻坚大决战实录》样稿讨论会，进一步推动《昭通市脱贫攻坚大决战实录》编辑出版工作。

首先，本丛书的编撰出版得益于各级领导的正确领导，特别是市委杨亚林书记、市政府郭大进市长、市委朱家伟副书记的指导和支持。其次，本丛书的编撰出版得益于市政协党组的坚强领导，特别是成联远主席亲自指挥，亲自督战，亲自修订纲要，并亲自撰写总序和文章。第三，本丛书的编撰出版得益于全市 200 余家单位和部门的积极参与，全市领导干部，基层工作人员，脱贫攻坚督导员、驻村工作队员，政协委员，他们不仅是脱贫攻坚一线指战员，同时还撰写亲身经历脱贫攻坚工作的真实故事。据统计，全市共有 1700 余人参与《昭通市脱贫攻坚大决战实录》撰稿工作中，收到初稿 2526 篇。应该说，本丛书的编撰工作是我市脱贫攻坚工作的有机组成部分，同样也凝聚着全市干部群众的智慧和心血，是集体智慧的结晶。最后，特别要提的是昭通学院对本丛书编撰工作的支持和帮助。昭通学院党委大力支持《昭通市脱贫攻坚大决战实录》的编撰工作，在师资紧缺的情况下，委派出周玲、傅奠基、唐靖、陈玥、任继敏、王琼等六位教授参与编撰工作中，为编撰工作注入了智慧和力量。

在编撰《昭通市脱贫攻坚大决战实录》时，编撰专家精心筛选、整理、提炼，力求将那些散落于基层的珍珠捡拾起来，洗尽铅华，还原本真，形成真实的历史故事。这套书注重文史资料“亲历、亲见、亲闻”原则，以第一人称行文，部分新闻通讯、消息类稿件，在公开媒体上发表过，体现新闻的真实性，也作为资料收录，补充《昭通市脱贫攻坚大决战实录》内容。编者旨在通过真实、感人的故事让脱贫攻坚工作在时代的聚光灯下接受检阅，给过往和经历者以心灵的依稀穿越，获取一种灵魂的战栗和反思。同时，给不曾经历，甚至不曾听闻过的后人以另一种历史的演绎，告诉他们当年自己的祖先那段荡气回肠、可歌可泣的脱贫史。

虽说《昭通市脱贫攻坚大决战实录》丛书已呈现在读者面前，但由于编撰时间紧迫、人手不够、水平有限，不免存在内容欠全面、认知不到位、归类难把握等问题和瑕疵，恳请各位方家在阅读过程中批评指正，不吝赐教，我们定当虚心接受意见建议，进一步加以修改完善，以遗后人，真正达到“存史、资政、团结、育人”之目的。

编委会办公室